中国的房地产业向何处去

赵李南 /著/

ZhongGuo De FangDiChanYe Xiang HeChu Qu

GUANGXI NORMAL UNIVERSITY PRESS
广西师范大学出版社
·桂林·

图书在版编目（CIP）数据

中国的房地产业向何处去 / 赵李南著. —桂林：广西师范大学出版社，2018.1
ISBN 978-7-5495-8606-6

Ⅰ. ①中… Ⅱ. ①赵… Ⅲ. ①房地产业—经济发展—研究—中国 Ⅳ. ①F299.233

中国版本图书馆 CIP 数据核字（2018）第 027288 号

广西师范大学出版社出版发行
（广西桂林市五里店路 9 号 邮政编码：541004
网址：http://www.bbtpress.com）
出版人：张艺兵
全国新华书店经销
济南继东彩艺印刷有限公司印刷
（山东省济南市市中区段店南路 264 号 邮政编码：250022）
开本：720 mm ×1 020 mm 1/16
印张：16.5 字数：160 千字
2018 年 1 月第 1 版 2018 年 1 月第 1 次印刷
印数：0 001~6 080 册 定价：65.00 元

目录

第二部分　中国房地产业发展趋势

序幕　与泡沫共舞

第一章｜房市泡沫很大

成功投资的关键因素之一就是拥有良好的性格——大多数人总是按捺不住，或者总是担心过度。成功意味着你要非常有耐心，而且在你知道该采取行动时能够主动出击。你吸取教训的来源要广泛，而不是仅仅从你自己的糟糕经验中吸取教训，你就能变得越好。

“你必须有浓厚的兴趣去弄明白正在发生的事情背后的原因。如果你能够长期保持这种心态，你关注现实的能力将会逐渐得到提高。如果你没有这种心态，那么即使你有很高的智商，也注定会失败。”

——查理·芒格

（【美】彼得·考夫曼《穷查理宝典》，第124页）

第一节　所有人都在赚钱

当所有人都在做一件事，且做这件事都非常赚钱时，聪明的投资者就会警惕。从长期看，绝大多数的投资在剔除通胀之后都是零和博弈，故而当一种投资品让大多数人都赚钱的时候，都是不正常的。聪明的投资者总是在大家尚未看清楚未来时提前做好决定。这种决定并非冲动、迷信和一厢情愿，而是经过严密的逻辑推理和实际的论证之后得出的。

笔者在酝酿拙作的过程中，正值美国电影《大空头》上映。在《大空头》中，一小撮聪明的投资者在美国房地产泡沫破灭之前买入了大量的信用违约互换。但是，问题发生了，这些聪明的投资者虽然看清楚了房地产泡沫即将破灭，次级贷款的市场价格却一直在走高，即便是在出现了比较严重的违约之后，次级贷款资产的价格还是强势上涨。这对空头来讲，必须缴纳保证金，否则互换合约会被强制平仓。这个过程是煎熬的。聪明的投资者永远是孤独的。

房地产是中国经济近20年来最热门的话题。1998年住房制度改革后，中国住房由单位分配改为市场化运行。从2000年开始，国内关于房价的泡沫之争一直不断。其中，最负盛名的是谢国忠先生。谢国忠先生因预测了东南亚金融危机而声名大振。他曾是摩根士丹利的亚太区首席经济学家，毕业于美国麻省理工学院。但是这样一个人物在预测中国的房地产市场走势上折戟，不少读者对他嗤之以鼻。

相反，任志强先生的豪言壮语，在全国读者面前引起了极大的反响。任志强先生是房地产的多头。不少专家、学者、业界人士对房地产市场的走势众说纷纭。但只有少数人有严谨的逻辑分析框架，能够在充足的证据和严密的逻辑下进行分析，认清事实的本来面目，而这些少数人就是格雷厄姆所提及的“聪明的投资者”。查理·芒格是笔者十分钦佩的一位富有智慧的人。芒格言语不多，大多数时间是在读书和思考问题。据说一个投资项目放在芒格面前，他5分钟内就能做出决定。沃伦·巴菲特与芒格搭档了几十年。虽然芒格的财富并没有巴菲特多，但是巴菲特在做决策时，基本上是芒格具有决定权。在每年的股东会上，芒格补充巴菲特发言时，所有与会者都要竖起耳朵，生怕遗漏了这位富有智慧的老头说出的任何一字。芒格为什么能够迅速地判断出一个投资标的的价值和严重风险所在？答案就在本章开头芒格精悍的两段话里。

炒房究竟赚了多少钱？我们可以将国家统计局公布的住宅销售数额除以住宅销售面积数据，得出全国住宅的均价（读者可能质疑数据偏差，但这个数据的偏差并不影响我们的结论）。全国住宅均价从2006年的3000元左右上涨至2016年的7500元左右，10年间累计实现了133%的收益。同期，沪深300指数的收益率大概为270%左右。乍一看，买房并未赚多少，但是房地产大概有3倍左右的杠杆，而股市的杠杆则比较晚，且股市的杠杆并非像房地产应用那样广泛和常态。如此算来，炒房的实际收益为133%×3=399%，折合年复合收益率①为17.46%（第一，笔者也同意统计局数

①本书所指的所有的收益率和增长率都按照复合增长计算。例如，10年时间，某一投资标的从100元上涨至1000元，则复合增长率R的计算公式为$100\times(1+R)^{10}=1000$。

据的确有偏差；第二，专业投资房地产的投资者可以通过不断抵押继续放大杠杆；第三，该数据的估计未将房屋产生的租金计算在内，估计每年的最低租金收益率在2%左右。故在此可将该数据理解为炒房最低收益率）。

17.46%是个什么概念呢？让我们计算中国A股所有的上市公司在2006～2015年这10年间的年化复核ROE①。我们的样本总计有2755家公司，得出的均值ROE是10.5%，中位数是11%。其中有84%的上市公司在过去10年里年化复核ROE没有达到17.46%。也就是说，只要在2006年买房，截至2015年底，你的资本回报率在这10年间可以超过84%的上市公司。上市公司是中国企业最精锐的一个群体，目前84%的上市公司不断地调研市场需求、研发新技术、生产满足市场需求的产品、制定市场营销方案，但是到头来，仍然不如啥事不做只在2006年买房然后收租来得划算。

图1　全国住宅均价

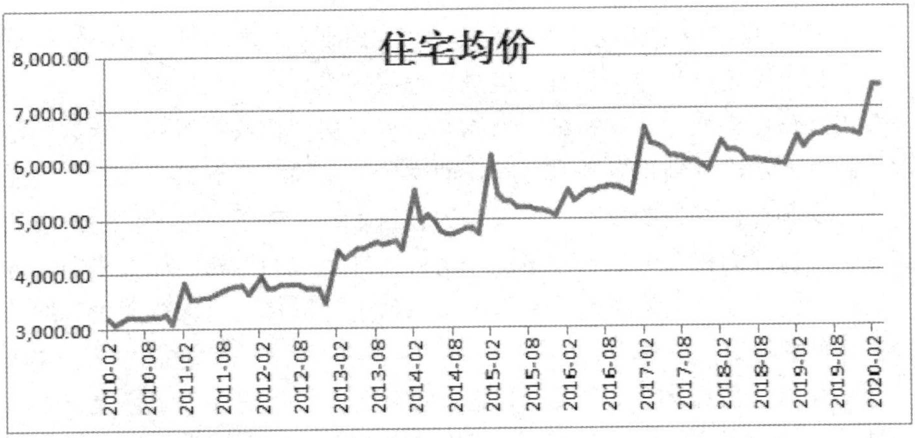

数据来源：wind

这是违背常理的，因为真正的经济产出应该是在企业部门生产的，而不是房地产。一栋房子自从建成之后就不会为经济产出再产生贡献，但是名义GDP却因为房地产的价格走高而高估。

①ROE，即权益资本回报率=净利润/所有者权益，是企业财务分析的核心指标，代表着股东投入的资本能够带来多少回报。如果ROE=20%，意味着股东投入1块钱，年回报的利润为0.2元。

第二节　是不是泡沫

我们有必要搞清楚这么赚钱的现象究竟是不是泡沫。长久以来，经济学界并未有权威的定义来界定何种程度的资产价格上涨才能算是泡沫。虽然我们无法精确度量泡沫，但是对泡沫至少有两点共识：第一，脱离了实际需求的价格上涨是泡沫；第二，泡沫之后的市场在接下来会跌回到原来的水平，只要有泡沫就一定会跌。如果价格处于永远上涨的阶段，不会跌，即便是涨幅再大也不是泡沫①（具体可详见美国二战之后的房地产价格暴涨就是这样的情况）。

中国的房地产市场存在泡沫，最主要的证据有四个。

第一个证据就是2000年以后租金的涨幅十分平稳。

房价上涨与租金平稳之间产生了裂口（同样的裂口在美国房地产泡沫期、日本房地产泡沫期都有，但是在德国却没有——众所周知的是德国没发生过房地产泡沫）。租金之所以可以度量房屋价格是否存在泡沫，是因为租金的形成受纯供求关系影响，而房价本身除了受到供求关系影响之外，还受到投机行为的影响，即在美国和日本都发生过房地产供过于求的情况下（表现为租金上涨十分平稳）房价继续上涨的现象。如果租金保持平稳，而房价发生大幅上涨，基本上可以认定为泡沫。这部分历史数据的分析详见本书第一部分。

中国官方发布的租金指数②覆盖时间较短，且数据并不十分具有参考意义。我们通过方正apabi报纸资源数据库在旧报纸中检索关于久远历史的一些片段，以此尽量还原租金的路径。

在住房市场化改革之前，出租房屋是个暴利的事情。由于经济改革，大量的农民涌入城市产生了住房需求。1994年9月27日的《杭州日报》有

①在专业投资领域还有正泡沫和负泡沫之分。正泡沫是指投机标的物的价格远远高于其内涵价值（即现金流折现而得到的现值），相反，负泡沫是指投机标的物的价格远远低于其内涵价值。正泡沫是因为集体性乐观导致的，负泡沫是因为集体性悲观导致的。本书所讨论的泡沫一律指正泡沫。

②国家统计局公布的CPI指数细项中可以查询到居民租金支出的涨幅，但是覆盖的时间范围较短。

篇题名为“农居出租房价格高，住户不堪负担”的文章，全文如下：

日前，金华来杭打工的黄小飞向本报反映，本市城乡结合部农居出租房房租相当高，七八个平方米月租金七八十元，十个平方米的租金高达150元，打工仔不堪负担。这是本报受理众多反映城乡结合部农居出租房租金高的一个普通实例。

在房地产被炒得颇为红火的今天，本市城乡结合部的村民也看准了出租空房这一生财之道。他们依靠外地民工涌入、城市拆迁户增多之“天时”，凭借地处城乡结合部、拥有闲置空房之“地利”，纷纷将房屋出租。这在一定程度上减轻了市区房源的压力，也解决了一部分拆迁户、外来无房户的困难。但那里房租高、价格乱的现状，却使租房者难以忍受。

城乡结合部的房屋租赁，不外乎以下三种情况：一是外地打工仔打工妹要在异乡寻找一个落脚地；二是城市拆迁户的过渡用房；三是外地单位的在杭办事处、经营部。

一般说来，外地打工仔打工妹的收入不高，昂贵的房租成了他们一个不小的负担。龙游来杭的傅雪英等两人还没有找到固定工作，便在定海村租了一间十四五平方米的房间，房租每月150元，不包括水电费。然而这还是相当便宜的。普遍的情况是，平均每平方米月租费10到15元。由于房租昂贵，打工仔打工妹常常两三人甚至五六人挤在一起。在荣达食品有限公司工作的安徽打工妹沈爱芳、陈晓花等五人租了一间面积约为13平方米的小间，月租180元，加上水电费，每月花费在200元以上。这对月工资只有300元左右的打工妹来说，是一个可观的数字。

城市拆迁户到城乡结合部租用过渡用房，也是一种较为普遍的现象。由于城头巷住宅小区改造，曹兆根师傅一家三口半年前在定海村租了一间17平方米的房间，月租费高达250元，还不包括水电费，而拆迁户拿到的住房补贴每人每月只有30元。这样按过渡三年计算，他们就要多支出5000多元。

至于外地公司厂家驻杭办事处、杭州经营部，由于其带有经营性质，房租更高。一间20平方米的房间，月租费竟高达1000元。

笔者从定海村治保委吴副主任那里了解到，该村总人口只有3000人，而外来打工、经商人员却达1000多人，城市拆迁户也有200人左右。因此，可出租的住房便奇货可居，房租高也就不足为奇了。

住房作为一种商品，其价格自然要受到市场供求决定。房源紧张，价格适当高一点，消费者是可以接受的，但总不能高得离谱。据定海村楼副村长介绍，该地区农民建造一幢居住面积为80平方米的普通楼房只需六七万元，平均每平方米800元左右。如果以每平方米每月13元出租计算，则5年即可收回建房成本。这是不是太高了？

在市区外来人口日益增加，城区道路、住宅建设快速发展的情况下，城乡结合部出租私房的现象将越来越普遍。如何加强对农民出租房的管理，使之有法可依，已是大势所趋。笔者从市房地产管理局市场处俞国强副处长处了解到，现有的城市房地产法适用范围太狭窄，忽略了城市近郊的房地产管理。看来，法规不健全，是城乡结合部房屋租赁价格高而混乱的一大原因，值得引起有关部门重视。（杭大实习生　袁明宠）

相比之下，我们可查到的1996年杭州公有住宅的租金①为0.9元/平方米（详见曹洁军：《我市调整公有住房租金》，载《杭州日报》1996年11月30日，第002版）。一个是市场化行为的租金为10元/平方米，一个是公有住宅租金为0.9元/平方米。两者相差了10倍。袁明宠的文章还提及了一点，就是“5年即可收回建房成本”。由此可知，在1994年的杭州，按照市场价格计算的租金回报率大概在20%左右。在1994～2015年这21年间，租金回报率从20%下降至2%左右。目前的租金回报率已经低于长期国债利率。

在巨大的租金增长的背景下，房价上涨是合理的，不足为怪。但从2001年以来，房价的涨幅却远远超过了租金涨幅。2001年7月5日的《杭州日报》第009版“消费时代”有一则标题为《租金：普通房跌，高档房涨》的广告，公布了杭州五个楼盘的租金价格（见表1）。我们在赶集网和百度乐居上进行检索，也整理了这五个楼盘2016年5月的租金价格（见表2）。

表1　2001年《杭州日报》广告公布租金价格

位置	楼盘名称	大小	标准	租金（元）
市中心	军督司巷	三室一厅	简装	1250
城东	景芳五区	一室一厅	简装	550
城南	滨江家园	两室一厅	无装修	900
城北	德胜新村	两室一厅	中档，设施全	2100
城西	花园南村	两室一厅	一般，设施齐	2000

数据来源：方正apabi报纸资源数据库《杭州日报》

①我国在1998年之前实行的是福利分房制度，公有住房就是单位建房之后出租给单位员工的住房，员工只享受使用权，但无房屋的产权。当时的公有住房租金由地方政府统一制定。

表2 2016年5月赶集网、百度乐居同样房源价格

位置	楼盘名称	大小	标准	租金（元）	售价（均价，元）
市中心	军督司巷	—	—	—	26542
城东	景芳五区	一室一厅	家电齐全	2100	17637
城南	滨江家园	两室一厅	精装修	3600	22988
城北	德胜新村	两室一厅	精装修	2600	14961
城西	花园南村	两室两厅	精装修	2900	30800

数据来源：赶集网、百度乐居

名义上看，租金的涨幅并不是很大。但是，我们需要调整两个因素：一个是房屋折旧，一个是货币购买力。伴随着房屋的老化，房屋的租金呈现自然下降的趋势。目前，我国的房屋使用年限在40年左右，故每年的折旧率为1/40=2.5%，2001～2016年累计折旧37.5%。另外一个因素是通胀，按照GDP平减指数①计算的结果，2001年1元钱的购买力大概相当于今天的1.72元。假设租房者不是很厌恶旧房子（这个假设与事实也较为接近，杭州2016年4月的样本住宅均价为16504元，上述楼盘虽然老旧，但售价并未明显低于均价）。我们看到的是这几个样本住宅的房租在2001～2016年长达15年间几乎没动。

图2 北京、上海、广州、深圳、天津、成都的房地产价格指数与租金指数

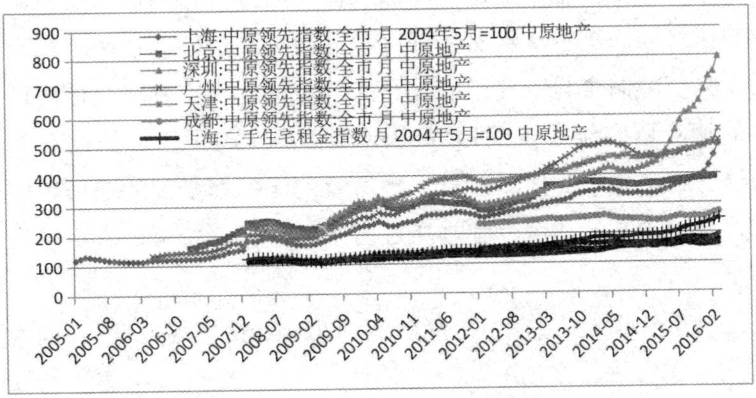

数据来源：wind

①GDP平减指数=名义GDP/实际GDP，用来衡量经济体内的加权物价涨幅，即可理解为货币贬值程度。相比之下CPI仅衡量了消费者日常主要的消费品价格，GDP平减指数的口径更宽，也更为准确。

通过中原地产统计的租金价格指数和房价指数，我们也可以明显地观察到，在北京、上海、广州、深圳、天津和成都六个城市租金的涨幅远远低于房价的涨幅。而在图2中我们没有用GDP平减指数对名义价格指数进行处理，如果考虑到通胀因素，实际租金的水平会更为稳定，在2008～2016年几乎没有发生上涨。

通过上述分析，我们至少能够得出如下结论：1. 2001年以后住宅租金涨幅相对于住宅价格的涨幅几乎微不足道；2. 有证据表明，1998年住房制度改革之前市场被压抑的需求十分强烈，表象就是市场形成的租金特别高，远远高于当时的公共住房租赁价格。

回到泡沫问题上。租金代表着房地产纯粹的需求与供给的结果，而排除了投机因素，因为对租金投机的行为在整个市场相对较少（投机的前提是投资品可以不断换手，住宅可以不断换手，但是租金换手不多，即现实中转租房屋的行为不多）。所以，在租金价格不涨的情况下，房价持续上涨不是由于需求推动的，而是投机因素驱动的。

第二个能够支持房地产有泡沫的证据是首次购房比例在下降。

我们在提及租金证据时，刻意强调了能够产生泡沫的投资标的一定是可换手的，投机标的换手率①越高，就代表着泡沫的成分越大。租金不容易换手，所以租金基本上仅有商品属性，租金价格的涨跌反应了供求关系。我们还可以通过首次购买住房比率来衡量买房的换手率。西南财经大学中国家庭金融调查与研究中心发布的《城镇住房空置率与住房市场发展趋势》的调查研究结果表明，2000年以后首次购买住房的比率处于不断下降的趋势中。到了2014年，首次购房者的比率在全部的购房者中只占了20%。这意味着80%的购房者都是买过房子的，代表着房地产市场换手率在不断放大。

所以，房价收入比②在中国能够达到30～40倍不足为奇③。因为我们的

---

①换手率=成交量/总市值，代表着投机者之间互相买卖某一投机标的的频率。该指标越高，代表投机氛围越重。

②房价收入比有很多种计算口径，如本书没有特别提及计算方式皆指的是房价收入比=单位整套住宅价格/单位劳动力年收入。

③美国在2005年房地产市场崩盘时的全国平均房价收入比为12倍左右，1991年日本房地产崩盘时的房价收入比也是12倍左右，东京地区的房价收入比为18倍左右。

房价不是靠工资支撑的，而是靠投资性需求支撑的。即2014年80%的购房者是有一套或一套以上房产的，购房者可以将已有的房产拿去抵押，再购买新的住房。因为，房价不靠工资支撑，所以房价收入比如此之高不足为奇。

图3 中国家庭首次购买住房比率

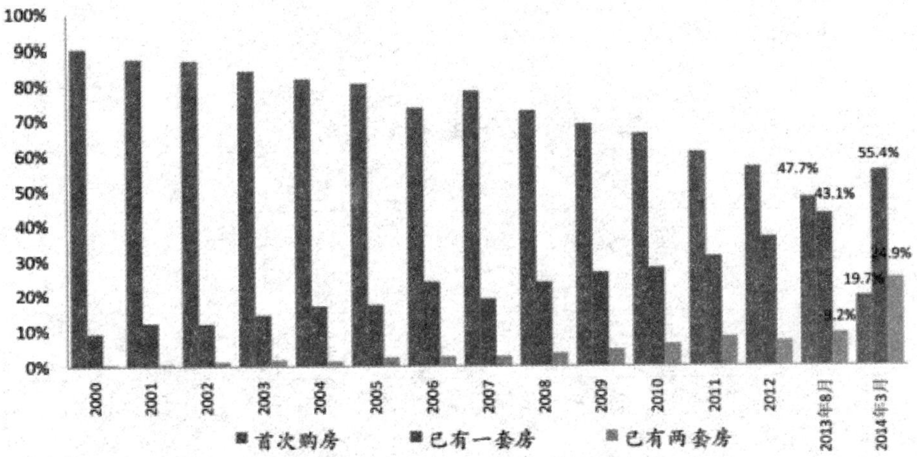

数据来源：西南财经大学 中国家庭金融调查研究中心

第三个证据是中国的套户比①已经不低。

万科在2015年的年报中有如下表述：

在2013年，我们对房地产行业进入白银时代已深信不疑。2014年的市场调整，让更多人接受了这个观点。但2015年市场的回暖意味着什么呢？我们需要修正自己的判断吗？

不！我们依然坚持自己的看法。确实，在2015年我们看到了主要城市的交易金额普遍回升，看到了个别城市的房价快速上涨，甚至看到了个别城市地价攀升到令人惊讶的水平。但我们也应该看到，更多城市依然处在去库存的过程中。

①按照万科的解释口径，套户比=厨卫浴齐全的成套住宅套数/常住家庭户数。

套户比是衡量住宅存量充裕程度的国际通用指标，一般认为其均衡线为1.1。2014年末，万科有业务的中国内地49个相对发达城市中，套户比低于1的有12个，套户比超过1但不超过1.1的有8个，超过1.1的则已经有29个。套户比超过1.1，意味着这个城市必须放缓新房开发的速度，来等待更多新增人口和家庭的进入。因此，2014年和2015年商品住房新开工面积持续下降，有其合理性，这是去库存必须经历的过程。

万科作为地产行业的龙头企业，并没有受到自身利益角度的控制，这是十分不易的。万科披露的套户比城市名单见表3。

表3　万科公布的各城市套户比

套户比	城　市
低于1	北京、上海、天津、徐州、温州、深圳、泉州、东莞、乌鲁木齐、合肥、宁波、太原
1～1.1	济南、武汉、南昌、厦门、海口、南京、佛山、广州
大于1.1	昆明、珠海、南充、常州、杭州、南宁、青岛、扬州、贵阳、唐山、无锡、苏州、郑州、长春、西安、成都、重庆、福州、烟台、中山、秦皇岛、大连、长沙、惠州、吉林、镇江、沈阳、鞍山、三亚

数据来源：万科2015年年报

虽然说我们通过其他国家的历史数据实证分析的结果是，套户比大于1.1，不意味着房价一定会立马下降，但是套户比超过1.1，房价上涨最终都会被跌回去。

第四个证据是中国的住宅市值/GDP处于高位。

这个指标类似于股票市场的托宾Q值，图4中中国的数据是通过国家统计局公布的城镇人均住宅面积乘以城镇人口乘以住宅销售均价得出的。美国的数据是美国人口调查局调查的房价中位数数据和住宅存量计算得出的。中国的比值高达232.75%。即便是美国在2005年的泡沫顶峰，该指标也仅为187.4%。

图4 中国和美国的住宅市值与GDP的比值

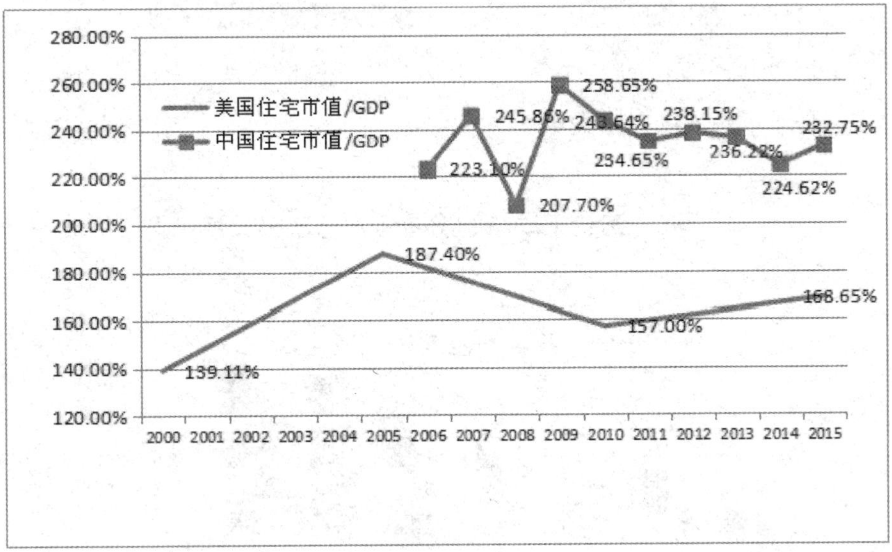

数据来源：中国国家统计局，美国人口调查局

第三节 中产阶级究竟会不会被套牢

根据西南财经大学中国家庭金融调查与研究中心披露的数据显示，城市家庭住房资产占总资产比例为65%，农村家庭也达到了54%。这意味着中国家庭一半以上的资产以房产的形式存在。

同样的，西南财经大学中国家庭金融调查与研究中心也测算了房价下跌对购房者亏本的影响。房价下跌50%，购房者平均亏损的比率会达到24.2%。

按照我们上一小结的估算，中国的房地产泡沫相比于日本当年有过之而无不及。日本的房地产价格从1991年开始崩盘，一直跌到了2016年，下跌时间长达25年。而日本2016年的房价与日本1962年的房价持平①，也就

①该价格是日本地价的实际价格，即日本的名义土地价格/日本CPI指数，剔除通胀之后的价格数据更能够反应真实的房价或地价的涨幅。

是说如果有人从1962年买入房地产，在不考虑房屋折旧的情况下，经过了54年，也就仅仅和通胀打了个平手，中间的繁荣都是南柯一梦。

一旦在供给过剩的大背景下，出现房地产价格下跌，对所有的购房者而言都是难以想象的财富毁灭。

图5 房价下跌与购房者亏本比率的关系

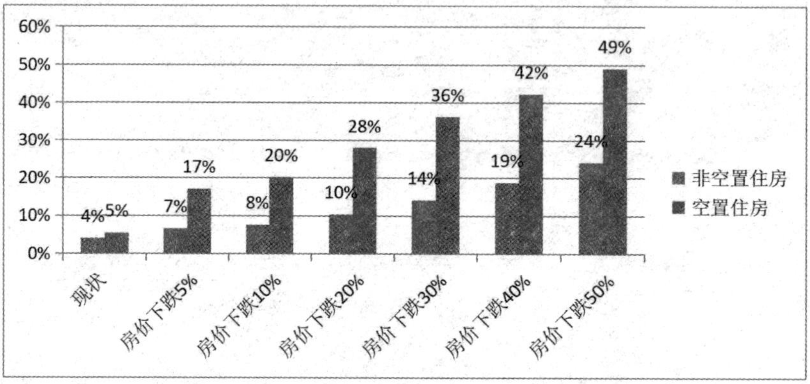

数据来源：西南财经大学中国家庭金融调查研究中心

第四节 如何拯救我们的财富

由于中国缺失房地产做空工具[①]，对应下跌风险的唯一办法就是，减少房地产的持仓占家庭财富的比重。一般的击鼓传花游戏与庞氏骗局有异曲同工之妙，都是先撤退的人赚钱，后进来的人亏钱。房地产交易市场是零和博弈市场，回到本篇开头的一句话，就是零和博弈市场出现大多数人赚钱时，是个虚假的现象，总有一天潮水会退去。

①在金融市场相对发达的国家，可以通过衍生工具对冲风险，美国的投资者可以通过做空reits（房地产信托投资基金）来对冲住房下跌的风险。

笔者在日常生活中也曾与不少投资者接触，投资者最喜欢问笔者的一个问题是，你看空创业板，看空楼市，能不能告诉我确切的见顶时间点是什么时候？笔者认为从2014年的6月，创业板就出现了泡沫，直至2015年的6月27日那天收盘之后，笔者才能确认说泡沫破裂的拐点已经出现了。而在这个过程中，创业板从2014年6月的1400点上涨到了2015年6月5日的4037点，涨幅为188%。而笔者在2015年6月27日可以确切地判断创业板泡沫破裂，距离其最高点已经下跌了26%。举这个例子只是用来说明，笔者无能力推算具体的泡沫破裂的时间节点，更为糟糕的是，即便当泡沫开始破裂之后，笔者的判断也是滞后的。而笔者认为，投资最重要的是要保证风险调整收益[①]最大化，而不是收益最大化。故而，当泡沫发生时，选择参与泡沫是一种不理性的投资行为。

如果投资者非要参与赚这最后一个铜板，笔者也只能够硬着头皮梳理一些先行的信号。主要有两点：第一个是利率因为某种原因抬升，第二个是因为高债务杠杆导致了债务危机爆发。对应中国的房地产市场，笔者认为投资者需要关注的有四点：1．美国加息进度及力度；2．经常账户差额；3．主要高层的表态；4．银行间债券市场的违约程度。

首先我们大概地分析一下利率和债务的问题，具体的更为细致的分析详见本书第二部分。

央行不得不维持市场低利率。主要原因有以下几点。

1．中国改革开放正值美国利率大幅度下行周期。

为了保证人民币兑美元汇率稳定，我们的利率受到美国的利率影响越来越大。

---

①该思想主要来源于威廉·夏普，1990年度诺贝尔经济学奖的获得者。他提出了投资绩效评估的夏普比率，风险调整收益=（收益－无风险收益）/收益的标准差。笔者认为在实际的操作过程中，夏普的计算方式可以有很多种方式进行调整的。

图6　中美10年期国债收益率

数据来源：wind

2．低利率是储蓄过剩的结果。

我国的储蓄过剩严重，根据经济学的基本原理，投资与储蓄的缺口即是净出口①。过剩的储蓄消耗只有两个途径：第一个是投资，第二个就是净出口。而我国的投资效率较低，在金融危机之后净出口逐渐萎缩的情况下，最终导致了利率持续走低。

3．抬高利率容易导致债务问题和资产价格泡沫破裂。

近些年，地方政府融资平台和企业部门的杠杆不断走高。在经济放缓的背景下，如果利率不下行，容易导致债务问题爆发。

资产价格泡沫主要是房地产。房地产市场对利率极为敏感，如果央行主动抬高利率，容易导致房地产市场不稳定。

综上，央行不具有长周期内提升利率的客观和主观动力。但是问题在于：第一，央行无法预计美国加息；第二，伴随人口红利的消失，储蓄率

①在正统的宏观经济学分析体系内，一个经济体内一定会得出如下的恒等式，储蓄S=投资I+净出口NX。我国金融市场配置效率和投资效率相对较差，导致我国积累了大量的储蓄。储蓄通过金融市场或金融机构形成债权投资或股权投资。我国经济的投资回报率不断下行，导致了利率也不断下行。

下降势不可挡；第三，用低利率政策供养房地产泡沫实为养虎为患。故而，房地产泡沫破裂的先行指标要盯住美国加息、净出口变化和高层意见。

第二，债务恶化。

目前来讲，中国的债务部门有中央政府、地方政府、企业和家庭。其中，地方政府债务逐步由中央政府债务置换，整体风险可控。家庭债务主要是房地产贷款，如果该部分债务恶化是房价下跌的结果，并非先行指标。重点是企业部门的债务，由于中国的债券市场存在刚性兑付的“潜规则”，导致利率传导十分快，即无风险利率的下降会迅速导致企业债券利率的下降。中国银行间债券市场大概有8万亿存量规模，银行间债券交易市场的利率是银行贷款利率的有力指导。如果银行间债券市场出现较大面积的债券实质违约，会迅速将风险溢价提高，进而导致市场利率走高。

所以，我们的先行指标总计观察4个：1. 美国加息进度及力度；2. 经常账户差额；3. 主要高层的表态；4. 银行间债券市场的违约程度。投资者需要在接下来的时间内密切关注这些能够影响利率和债务问题的因素，以便对泡沫做出提前的预判。

第五节 非泡沫理论的批判

任何一个泡沫市场都会流行很多故事，或者一些令人信服的逻辑推理，诸如历史上曾经出现的很富有诱惑力的故事和逻辑：东印度公司发现了遍地黄金的人间天堂——中国；互联网改变世界，改变一切；国企改革导致了中国股票市场大牛市……

笔者总结了市场上认为中国房价没有泡沫且支持房价继续上涨的的主要流行观点如下：

1. 目前房地产市场仍然处于供少于求状态；

2. 我国城市化率刚过50%，离发达国家的70%尚远，仍有3亿农民进城构成巨大的房地产需求；

3. 人口迁徙导致一线城市人口流入，支撑一线城市房价上涨，与其他城市涨幅分化；

4．中国的住房市场具有巨大的改善性需求；

5．地方政府控制土地供应量导致土地稀缺，价格上涨，进而导致房价上涨；

6．中国老百姓的贷款很少，与发达国家相比有很大差距，未来可以大规模贷款用来买房。

笔者对上述流行观点予以分析。

中国房地产市场处于供过于求的状态

租金、套户比已经在本章第二节详细解释过了，在此不再重复。我们主要考察人均居住面积和住房拥有率，其中人均居住面积数据来自于国家统计局，住房拥有率的数据来自西南财经大学中国家庭金融调查研究中心。

图7　城市人均住宅建筑面积（平方米/人）

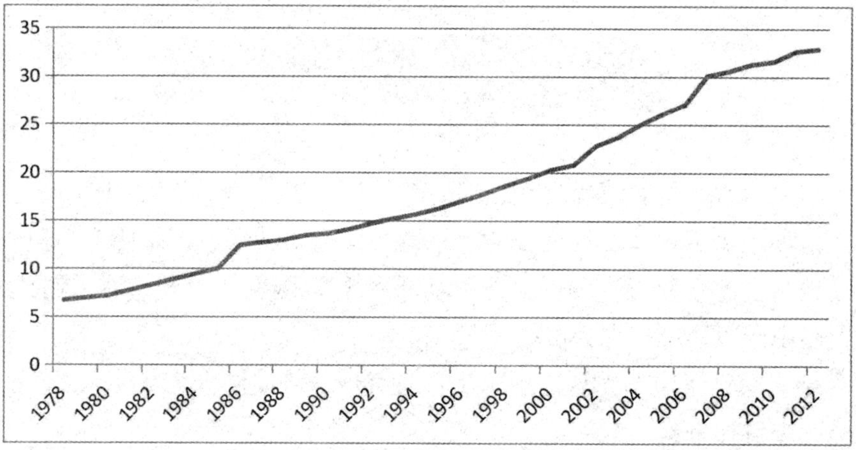

数据来源：wind

图8 城镇住房拥有率

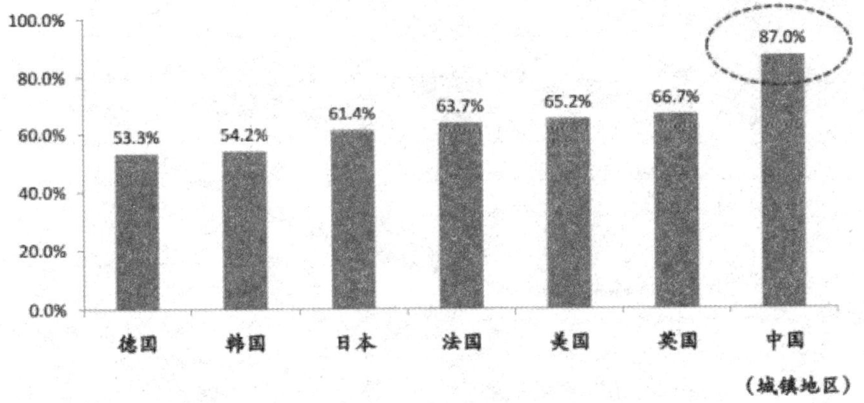

数据来源：西南财经大学中国家庭金融调查研究中心

中国的人均住房面积达到了32平方米，与世界上主要发达国家已经相差无几。我国的住房拥有率高达87%，这与其他国家相比也是最高的。加之，住房市场的租金在2000年之后剔除了通胀影响几乎没发生变化，大部分城市的套户比已经大于1.1。综上，从租金、套户比、人均住宅建筑面积和住宅拥有率数据可以证实，中国城市住宅市场目前的确处于供过于求的状态。

城市化进程并不乐观

不少学者认为，中国的城市化率刚刚超过50%，这在全世界范围内看都是很低的水平。所以，按照这个逻辑得出了中国的城市化还有非常大的空间，未来仍有3亿农民需要进城，这构成了巨大的住宅需求。

图9　世界主要国家的城市化率（%）

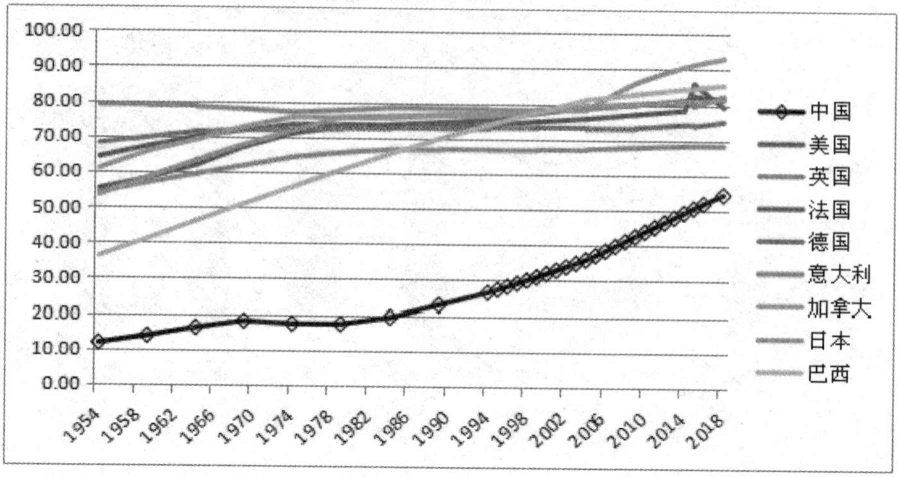

数据来源：wind

第一，纳瑟姆曲线不靠谱。

大部分学者认为，目前中国城市化率比较低，其理论根据来源于纳瑟姆曲线。该理论认为：当城市化水平超过30%时，第一个拐点出现，代表经济发展势头极为迅猛的高速阶段，这个国家进入工业社会；城市化水平继续提高到超过70%之后，出现第二个拐点，代表经济发展势头再次趋于平缓的成熟阶段，这时，这个国家基本实现了现代化，进入后工业社会。而我国2015年的城市化率为56%，按照纳瑟姆曲线的理论，正好处于城市化迅猛发展的阶段。

纳瑟姆曲线并不能解释所有国家的城市化进程，比如巴西。巴西的城市化率虽然超过90%，但是其经济却一直受失业和平民窟问题困扰。还有一个案例是肯尼亚，肯尼亚的城市化率虽然在提高，但是人均GDP一直停滞不前。所以，拿城市化率低这点说明城市化潜力很大，是不能让人信服的。如果按照这个逻辑，肯尼亚的城市化率在30%左右，它的潜力更大。但实际上肯尼亚深陷经济增长乏力的陷阱。

另外，在经济增长领域的研究中，经济增长的原因更多的是制度性的，并非一味提高城市化率就能够带来经济增长。美国的经济学巨擘西蒙·库兹涅茨在其史诗级著作《各国的经济增长——总产值和生产结构》一书中，在研究了14个国家长达200年的经济历史后得出的结论是，经济增长的动力与人口和资本都没什么关系，主要的经济增长动力归结于生产率的提高。而生产率主要是技术和制度在影响。而且，库兹涅茨指出："除日本外，目前的发达国家都在欧洲，或者为欧洲人的海外后裔。"这与德国社会学家马克斯·韦伯提出的新教伦理殊途同归。其实笔者认为，日本之所以在儒家文化体系下迈入了发达国家之列，最为根本的原因是日本二战战败投降之后，道格拉斯·麦克阿瑟在日本担任驻日盟军最高司令期间颁布的《和平宪法》。麦克阿瑟将军一举击碎了日本的传统军国主义文化，该部宪法为日后的日本经济腾飞奠定了强有力的制度基础。

反观纳瑟姆曲线的理论，这个理论被中国的学者一股脑地接受了（可以去翻阅关于城市化的论文，基本上所有的论文都把这个理论当成了真理，然后再开始进行论证），因为这个理论简单，不费脑子。笔者认为这个理论有非常严重的错误，就像中国的传统寓言《刻舟求剑》所说的故事一样。

第二，官方公布的城市化率被低估。

这个观点是李迅雷（笔者十分敬佩的一位国内经济学家）提出的。李迅雷认为，官方公布的城市化率被低估较多，"如果城镇化不以常住人口（在某地居住6个月以上）的概念来划分，而是以'城镇非就业人口'加上'全国非农就业人口'来估算城镇化率，则2011年中国的城镇化率就已超过60%了。这也意味着，我们所憧憬的拉动未来经济增长的城镇化因素，其动力已经比较有限了。"（李迅雷《中国还有多少农村劳动力可向城市转移》）

第三，农村大部分的剩余劳动力都是老弱妇孺。

根据国家卫生计生委发布的《中国流动人口发展报告（2015）》，2014年年末我国流动人口达2.53亿人，15～59岁劳动年龄人口约占流动人口总量的78%，大部分的流动人口都是年轻人。

图10　农村户籍中流动人口占比

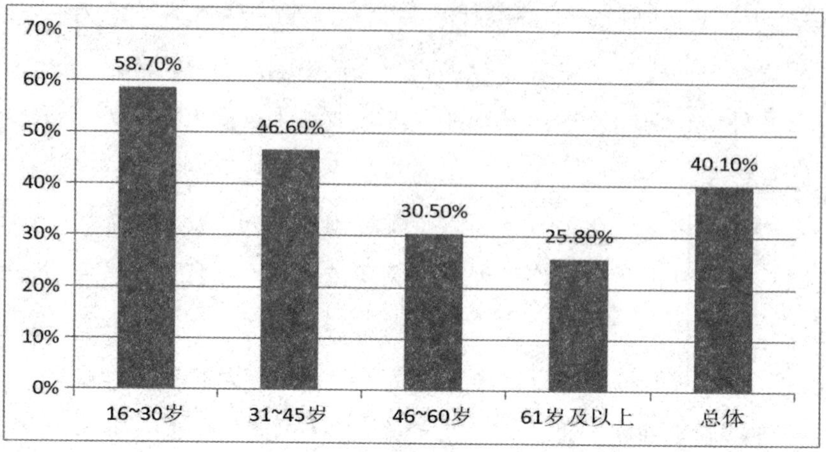

数据来源：西南财经大学中国家庭金融调查研究中心

根据西南财经大学中国家庭金融调查研究中心公布的数据显示，农村居民中40%是流动人口，其中16～34岁农村人口中有近60%是流动人口。大部分年轻人已经进城。

图11　不同学历农村户籍人口中常住城镇人口占比

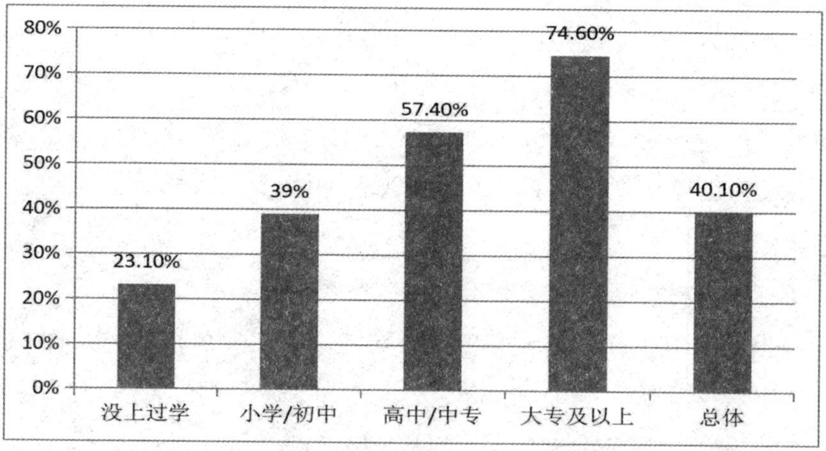

数据来源：西南财经大学中国家庭金融调查研究中心

另外，中国家庭金融调查研究中心公布的数据显示，大专及以上学历的农村户籍人口中常住城镇人口占比达到75%。即大部分高学历人口已经进城。剩余的农村劳动力人口大部分是老弱妇孺，学历较低，很难为以后的城镇化提供劳动力支持。

第四，强行城市化的后果就是失业。

有些地方政府为了完成城镇化的目标，直接在城市周边地区将原来的农村户籍修改为城市户籍。

“根据国家统计局公布的统计用区划代码和城乡划分代码，截至2013年8月，全国共69.4664万个社区。其中，29.5%的社区为城镇社区(居委会)，70.5%为农村社区(村委会)。另外，国家统计局从2009年起，每年公布各社区的分类码。从分类码的变化中可以看到，2009～2013年全国共有3.5%的社区由农村社区变为了城镇社区。居住在这些社区的农村户籍居民也就变成了城镇居民，他们就是我们所说的‘被进城’部分。”（甘犁《住房需求被高估 被进城与主动进城差很多》）

城市化的前提是城市能够提供稳定的就业，就业的前提是企业部门高度的发达。但是根据中国储蓄和投资的裂口（表象上体现为净出口），我国的劳动力市场和资本市场由于制度原因导致不能完全匹配，外在的表象就是经常账户盈余。

图12　按企业类型分的城镇就业人数（万人）

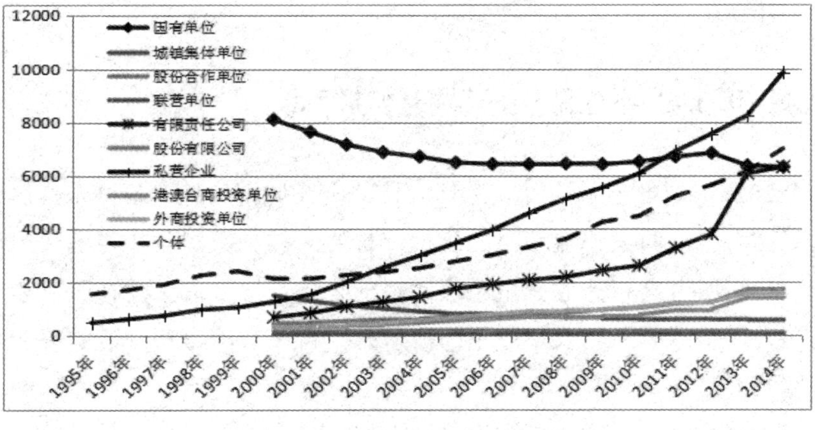

数据来源：中国国家统计局

我们看到作为中国经济的主体地位的国有企业在过去15年中的就业贡献是1790万人，而私营企业贡献的就业是8589万人。

图13　按企业类型分的就业贡献人数（万人）（2000～2014）

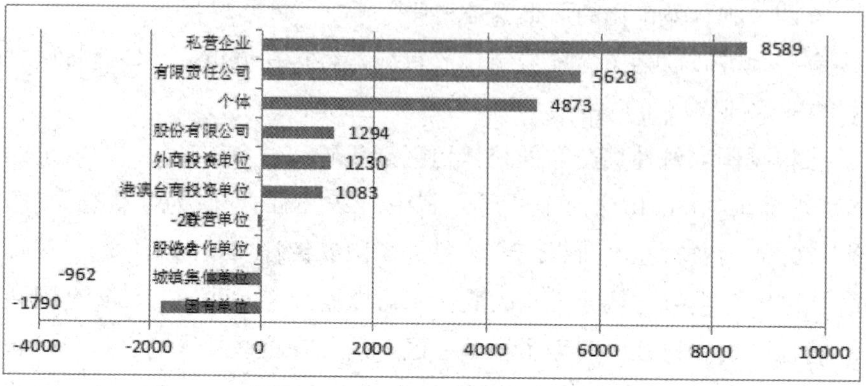

数据来源：中国国家统计局

“2007年，中国前500强企业中，69.8%为国有企业，其利润占500强的88%，资产占94%，税收占92.7%。可是，这些国有企业资产回报率只有1.4%，与500强中外商投资企业的8.5%及私有企业的6.1%差距很大。”（肖耿《中国经济的现代化——制度变革与结构转型》，第32页）。

由此可见，虽然国有企业占据了大量资本，但是没有对就业产生与之相配的贡献。在现有制度不发生根本性变革的情况下，城市吸纳就业的能力值得怀疑。

一线城市房地产不可能长期维持独立行情

从2015年下半年开始，以深圳为首的一线城市房地产价格涨幅脱离了全国平均水平，四大一线城市的房地产价格一枝独秀。不少专业人士的解读是，一线城市具有其他城市不可比拟的优势，比如北京就在吸纳全中国的高端人才，故而常驻人口的不断流入是支持一线城市房地产价格表现超过其他城市的重要原因。

笔者认为这种流行的逻辑也是经不住推敲的，主要有以下证据。

第一，住房市场不是被割裂的，而是全国统一市场。

从中外的经验看，住房市场是全国统一市场，各个城市之间的住房波动水平基本一致。我们观察美国、日本、中国三个国家不同城市的房地产价格指数可以看到不同城市的房地产价格波动基本一致。美国纽约与全国的房价指数基本持平，芝加哥则跑输了全国平均水平，只有洛杉矶跑赢了全国平均水平。日本的六大都市①在泡沫期脱离了均值，但是在泡沫破裂之后很快又回归到了平均水平，而且六大都市在泡沫破裂之后的跌幅远大于全国平均水平。

图14　美国20个主要城市房地产价格

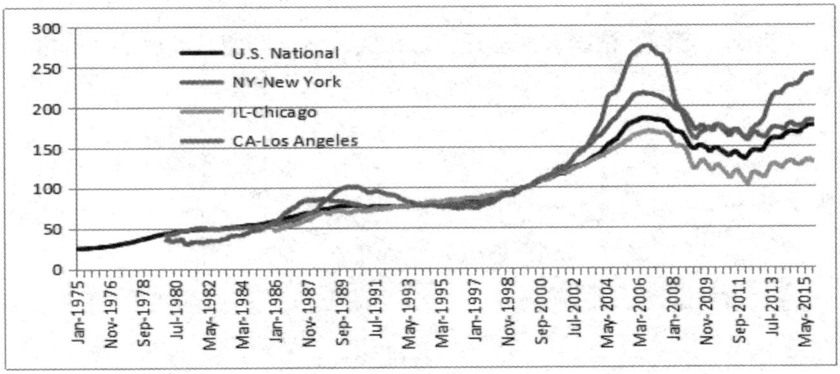

数据来源：S&P Dow Jones Indices LLC.

图15　日本六大都市与其他地价指数

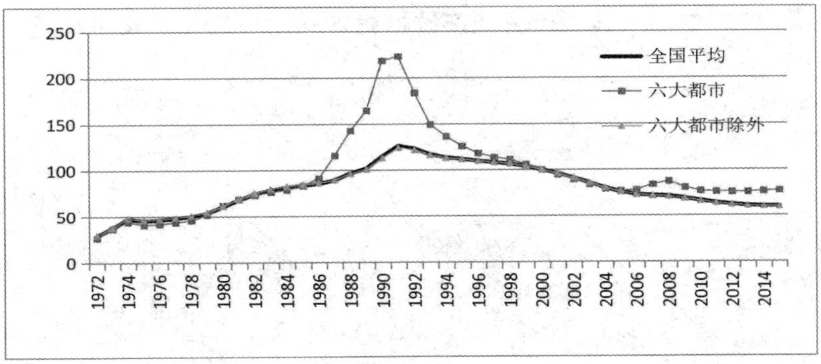

数据来源：日本统计省

①日本六大都市指的是：东京、名古屋、大阪、神户、横滨和京都。

更为有意思的是，房地产价格不单单是在国内各城市之间表现出一致性，在全球范围不同国家的房地产价格都表现出了一致性。我们观察美国、法国、英国、西班牙、加拿大和澳大利亚六国的房地产价格指数发现：英法两国中间隔着英吉利海峡，但两国的房地产价格指数自1970年以来就呈现了高度一致性。西班牙、法国和英国还相对近一些，而美国和加拿大在大洋彼岸，与欧洲相距十万八千里，为什么美国和加拿大的房地产价格与这三个国家也高度一致？还有，澳大利亚是大洋洲的孤岛，澳大利亚与欧亚大陆相隔印度洋，与美洲大陆相隔太平洋，为何它的房价也与欧洲和美洲的房价高度一致？

图16　美国、英国、法国、西班牙、加拿大、澳大利亚真实房地产价格指数

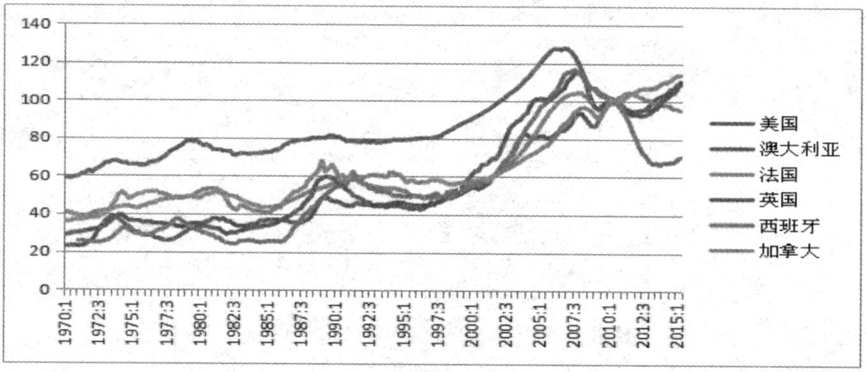

数据来源：OECD

图17　中国一线城市房地产价格指数同比与70个城市平均值

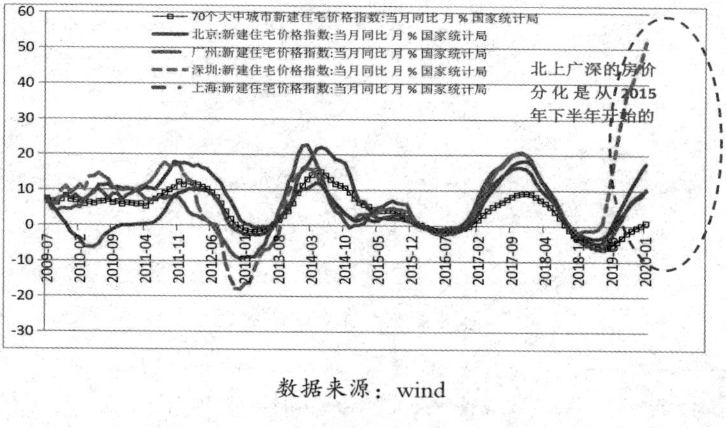

数据来源：wind

中国的北上广深四个城市与70个城市的均值相比，2005～2014年几乎与全国的水平同步，不过就是房价上涨时，北上广深涨幅大，而房价下跌时北上广深跌幅大。其中，深圳在2008年金融危机后的一年里，房价下跌了将近20%。真正的分化趋势是从2015年下半年的深圳开始的。那么，上述流行的逻辑如何解释2005～2015年这10年高度一致的全国住房价格走势呢？难道是全国的投资者都在2015年6月才突然意识到了一线城市对人口的吸引力？是他们大举投资一线城市房地产导致的吗？

为什么住房市场具有这样跨城市、跨国家的普遍性？这主要是因为在套户比大于1.1的情况下，货币因素和心理因素是可以跨城市、跨国家传染的，而个别城市的供求因素是各不相同的，故房地产价格呈现跨地区的一致性主要受到货币因素和心理因素影响，而不是受到个别城市供求因素的影响。目前全球主要国家房地产市场套户比都是大于1.1的，二战之后各国的大规模住房建设在上世纪70年代基本完成。

图18　2015年49城样本常驻人口数与样本住宅价格

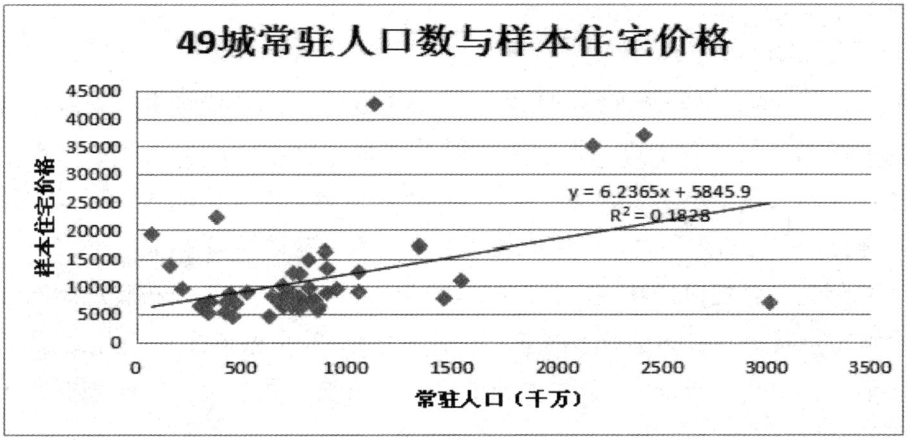

数据来源：wind各地统计局

按照49城样本的分析，我们看到的是，这个分析虽然有预期的斜率，但是R^2仅有0.182，统计学并不支持常驻人口与城市房价之间有什么关系。

鉴于各城市的面积不一样大，故上述的测度可能并不准确，我们进一步将各城市人口密度与样本住宅价格进行相关性分析。

图19　49城样本人口密度与样本住宅价格的关系（2015）

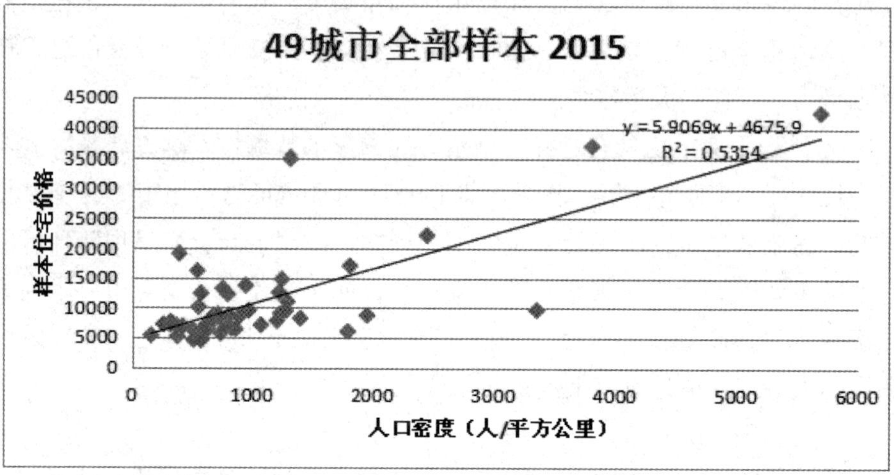

数据来源：wind，各地统计局

结果显示，人口密度对样本住宅价格的解释稍微好了些，R^2达到了0.535，这是一个差强人意的数字，意味着仅一半的住房价格受到人口密度的影响。从逻辑上讲，人口密度既是一个需求指标，也是一个投机指标，因为人多了才会想赌钱。但是我们无法区分这些聚集的人口有多大比率是出于居住需求买房，有多大比率是出于投机需求买房。

但是，我们很快发现，我们样本的个49城市正是万科公布套户比的49个城市。其中，有29个城市的套户比大于1.1，37个城市的套户比大于1。我们把套户比大于1的37个样本城市单独拿出来再做一次相关性分析（如图20）。

图20　套户比大于1的37城市样本人口密度与样本住宅价格关系

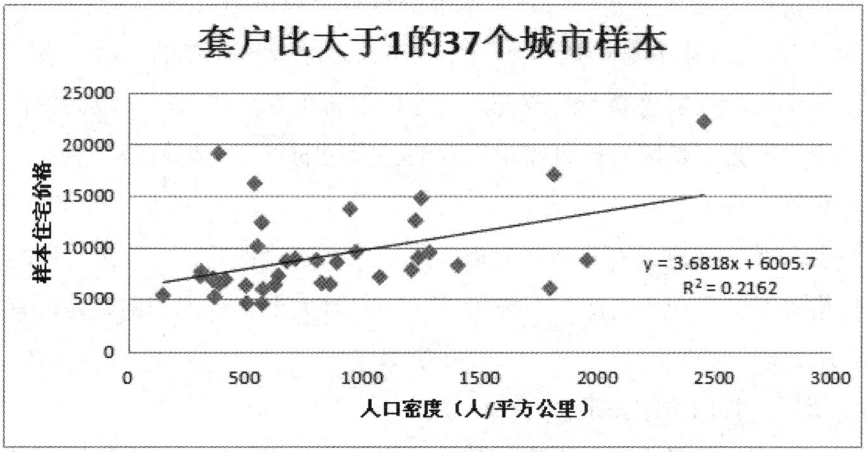

数据来源：wind各地统计局

我们看到了R^2立马下降为0.216。故，这与我们之前的结论——在套户比大于1.1的情况下，房地产价格主要受到货币因素和心理因素影响，不是受到个别城市供求因素的影响是一致的。

那我们再来看一张反映人均金融机构存款余额与样本住宅价格的关系图（即图21）。

图21　人均金融机构存款余额与样本住宅价格（2015年49城样本）

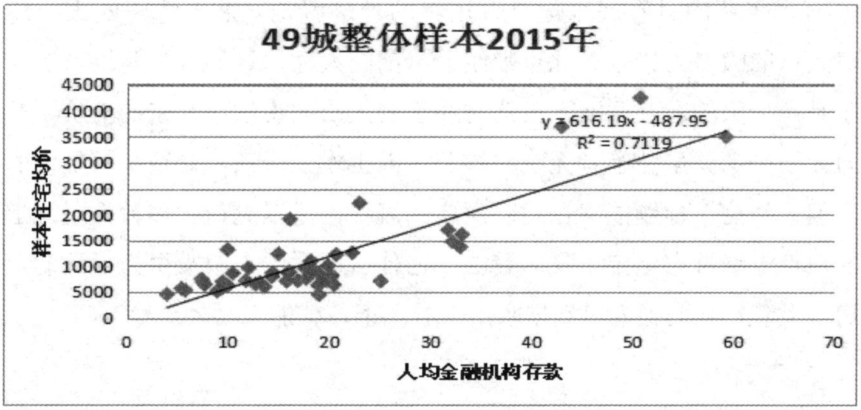

数据来源：wind各地统计局

我们看到了R^2高达0.711，这代表着货币是关键性的房价影响因素。

我们从逻辑上进一步分析，49个城市中有37个城市的套户比大于1，即占比为75%，笔者认为这个数据是十分可靠的。经过了30年的住房建设，目前全国的住房供求关系已经改变。在这样的背景下，货币能够成为房价的关键影响因素，是因为投机需求导致的。宽松的货币与投机是一对天生的孪生兄弟。

货币大幅超发的背景下，为何大米、水泥、钢铁的价格不涨，而房子的价格涨？就是因为对房子有投机需求，而对大米、水泥和钢铁是没有投机需求的。

所以，我们总结如下：

1. 住房市场是全国乃至全球的统一市场。一线城市脱离平均涨幅是因为有一个把所有人都洗脑的故事，在这个故事下产生投机需求导致的。

2. 住房市场是全国乃至全球的统一市场，是因为在供求平衡的背景下，货币和投机需求是决定房价的主导因素，而不是个别城市的房地产供求关系在主导各城市的房价。

3. 如果说人口的多少、人口密度的大小和房价基本上没什么关系，那么，说一线城市吸引人口的能力很强，而得出一线城市房价要涨的逻辑，真的只是一个故事。

第二，支持一线城市房价分化的关键证据——人口流入将被证伪。

有个重要的且看起来像符合逻辑的说法就是，北上广深四大一线城市对人口的吸引力极强，北京吸纳着全国的人才，这导致了房地产的需求几乎是无上限的。互联网一直流传某著名人士的说法，北京的房价要涨到80万元一平米。虽然笔者无法向该著名人士本人求证，此话是不是他的原意，但既然这个标题能够在互联网广为流传，足以见得大多数人对北上广深的房价上涨持有坚定不移的看法。为什么巨大的人口吸引力导致北上广深房价上涨？我们把人口数据拿出来看一下，就能立马弄清楚真实情况。

图22　北京年新增常住人口

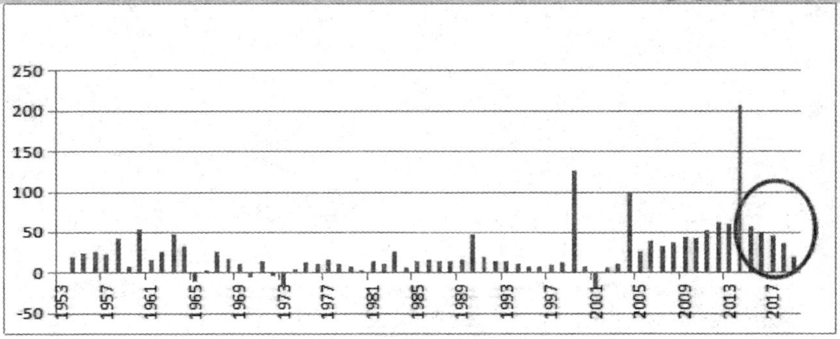

数据来源：wind

图23　上海年新增常住人口

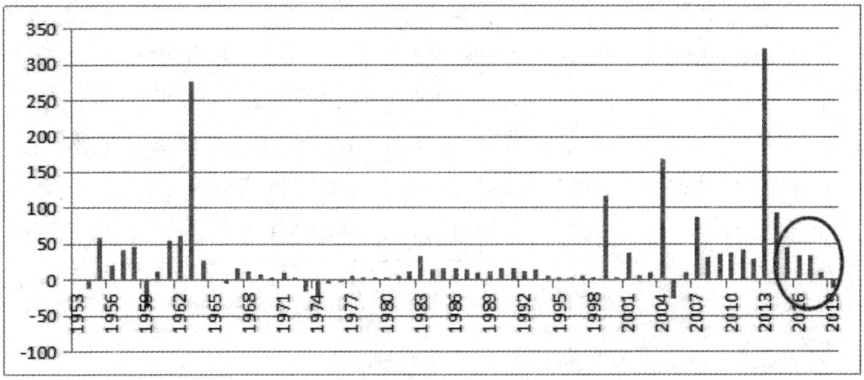

数据来源：wind

图24　深圳年新增常住人口

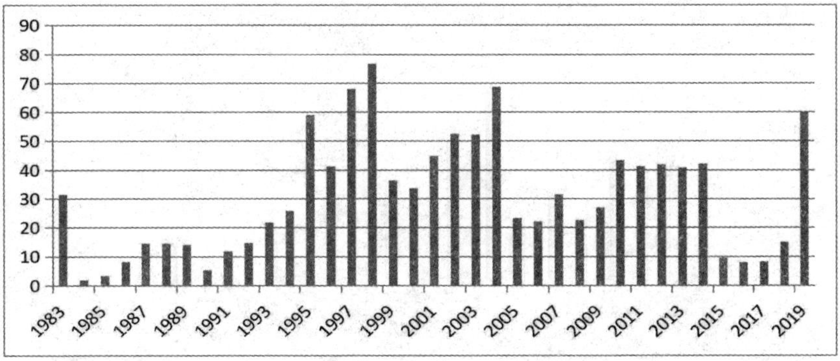

数据来源：wind

图25　广州年新增常住人口

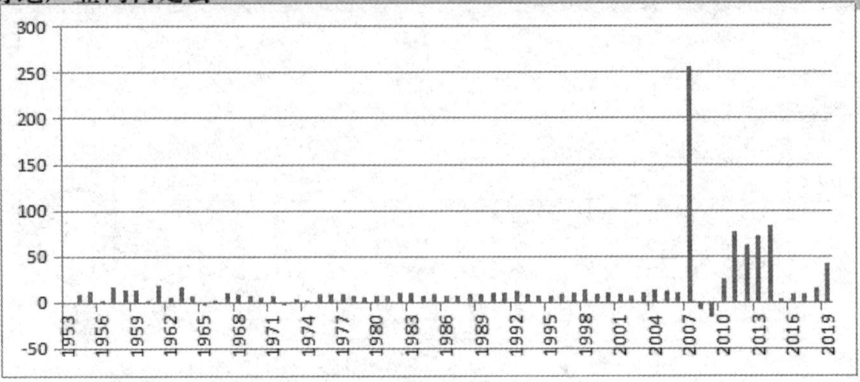

数据来源：wind，广州市统计局

从官方公布的常住人口数据看，北京、上海并未出现像多数人预期的那样人口持续流入，相反，上海的常住人口在2015年负增长了10万人。这里需要说明的是，除了每10年一次的人口普查得出的数据是普查数据之外，各个年份的常住人口数据都是各统计局进行抽样调查推测的数据。对于一座一线城市人口总量2000多万人来讲，抽样调查误差10万人，即0.5%也是有可能的。我们想到了一个替代方案：观察北上广深四个城市的幼儿园在园人数和小学生人口数变化。因为新增的常住人口几乎都要繁育下一代，因此，幼儿园在园人数和小学生数可以代替新增常住人口数，在一定程度上更能够反映真实的新增人口数。

图26　北上广深幼儿园在园人数

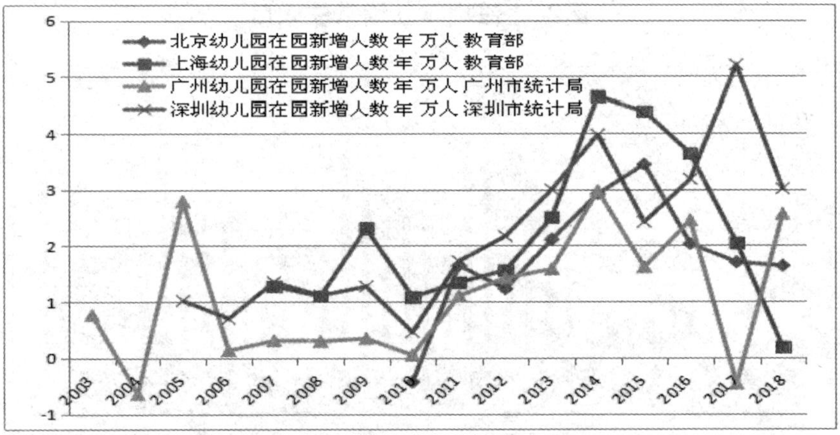

数据来源：wind，地方统计局数据整理

深圳的幼儿园人数已经超过了北上广，且北上广有下降趋势，而深圳一直处于上升趋势中，这是深圳与北上广明显的不同。这也可能是深圳房价涨幅远大于北上广的一个原因。人口因素对房地产的影响包括两个方面：一是真实需求，二是投机需求。本书第一部分会谈及15～65岁人口占总人口比重这个指标。这个指标在预测美国、日本房地产市场泡沫见顶具有十分的准确率。而且，这个指标也对日本的股市也具有预测作用。故而，这个指标即代表着真实住房需求，也代表着投机需求，即15～65岁是最喜欢投机的一个群体。

图27 小学生在校人数

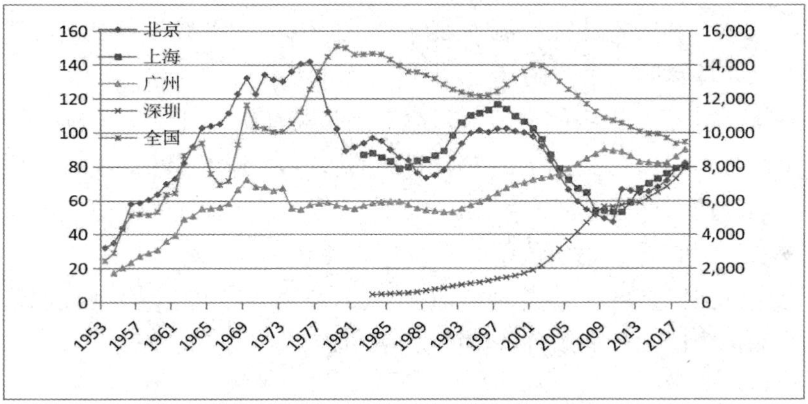

数据来源：wind，各地统计局数据整理

我们可以找到范围更广的小学生人口数据。令人惊喜的是，北京和上海的小学生在校数据从1978年来高度拟合。1972年，北京在校小学生数达到了历史峰值，即141万人，1993年北京在校小学生人数达到了历史第二峰值102万人。与此同时上海小学生在校人数1993年也达到了116万的历史峰值。从1993年开始计算，截止到2015年，间隔了22年。鉴于北京、上海的幼儿园（详见前文）新增在园人数迅速下降，我们预估2016～2020年是北京和上海小学生人口的顶峰值。

相比全国的在校小学生，北京和上海的峰值较为提前，这可能与北京、上海工作稳定、受教育程度高相关（即可能与生育率相关）。但是明显不同的是，全国小学生在1997年达到峰值之后就处于一路下行的趋势中，再也未增长过，这可能与新一代人受教育程度提高有关。但是北京和上海在2005年开始重新有上升趋势，这与北京和上海的移民有关。这批移民中80后逐步到了婚育年龄。我们所看到的是，北京和上海的幼儿园在园人数增速下降，这代表着流入北京和上海的常住人口数在减少。

相比之下，广州和深圳则较为特殊。广州虽然在2005～2010年小学生人数小幅下降后，又开始上升。而深圳则一直处于上升的状态中。按照广州和深圳幼儿园在园人数估计，广州和深圳小学生人口的顶峰显然在2020年之后。

由于深圳是纯粹的移民城市，未受到相关生育政策的影响，而且移民深圳的外来人员年龄较小，大多数都是年轻人，对下一代的教育形成刚性需求。虽然深圳的常住人口流入速度放缓，但新增学龄儿童很多，这可能是深圳如此特殊的一个原因。

综上，北京、上海的常住人口流入数量将在2020年左右见顶。虽然广州和深圳会滞后，但受到全国人口周期的影响，也会在2020年后见顶，并非像市场预期那样会不断地流入。

第三，人口流入与房价基本上没什么关系。

我们统计了48个城市在2009～2015年新增常住人口的均值与2010～2015年样本住宅均价涨幅的关系（如图28）。

图28　常住人口流入与房价涨幅的关系

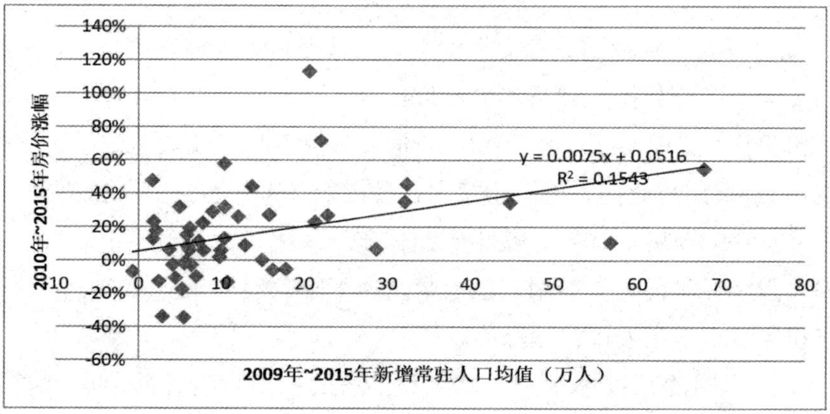

数据来源：wind

我们发现，虽然城市的常住人口增长与房价具有向上的斜率，但是常住人口流入对房价涨幅的影响并不大，为15.4%。因此，人口流入绝对不是房价上涨的主要影响因素。从逻辑上讲，人口流入仅是房地产住宅市场的需求侧，这完全没有考虑供给侧，也没有考虑到货币因素和经济产出。故而，这是个盲人摸象式的说法，经不起逻辑和实证的检验。

第四，浮游生物理论。

这个观点是信达证券陈嘉禾先生提出的：

“海洋中最微小的浮游生物的出现轨迹，也可以影响食物链顶端蓝鲸的分布。而研究蓝鲸的人，如果只注意到与蓝鲸同等大小的因素，忽视了浮游生物带来的影响，就无法做出准确预测。”（陈嘉禾《世界的规律你也许看不到：浮游生物理论、房租、房地产、新经济与银行业》）

“北京金融街周围的住宅租金，在每年年底到春节前都会显著下降。但是，金融街周围租住的大多是白领，他们的工作几乎没有季节性，而年底恰恰是他们发奖金的时候，按理说租房承受能力会上升才对。那么，为什么金融街周围的房租会在年底下降呢？

“答案出在城市外围的租户身上。他们中从事季节性更强的工作的人口比例更多，导致城市外围的房租价格会在年底下降。这种下降会一圈圈向城市中心传导，导致更内圈的租住者有更多的选择，在租房时拥有更多的议价能力。”（陈嘉禾《世界的规律你也许看不到：浮游生物理论、房租、房地产、新经济与银行业》）

“举例来说，目前北京中心区域的平均住房价格在5万元左右，而二线城市南京中心区的价格在3.5万元附近。如果南京中心区的房价下降到2万元，对于一个在北京工作的南京人来说，回到南京并住在一套100平米住宅里的生活成本，立即会降低150万元。在这种情况下，如果继续在北京工作，意味着需要多挣150万元。以30年的工作年限为例，则每年需要多挣5万元。

“那么北京的工资能够比南京的工资再多出5万元吗？平均来讲，明显不可能。2012年的统计数据显示，北京的职工平均月工资是5223元，南京则是5035元，两者相差无几。在这种情况下，当在北京的南京人在考虑购买北京的住房时，他所可以选择的替代品——南京住房的价格下跌，就会导致他不会继续接受同等价位的北京住房。”（陈嘉禾《一线城市的楼市一定能保持坚挺吗？》）

图29 北京、上海、广州、深圳房价与95城①均价

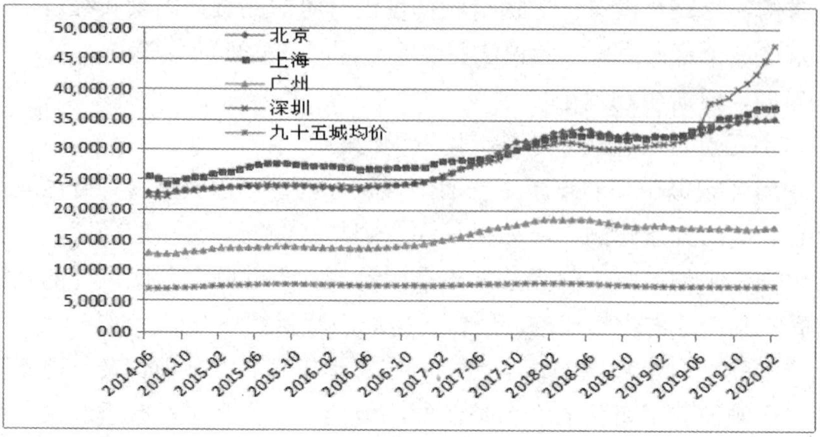

数据来源：wind

图30 北京、上海、广州、深圳工资与全国平均工资

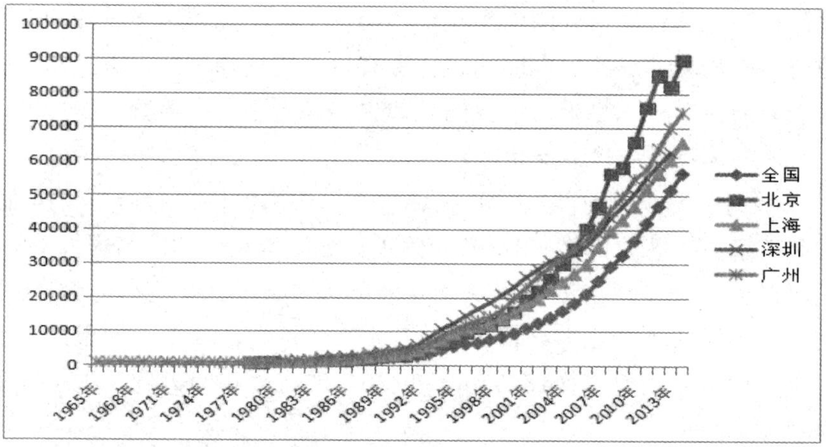

数据来源：中国国家统计局，北京统计局，上海统计局，深圳统计局，广州统计局

①95城是：天津、南京、杭州、武汉、成都、邯郸、菏泽、湘潭、呼和浩特、廊坊、长春、郑州、洛阳、潍坊、长沙、连云港、扬州、昆山、常州、昆明、南昌、徐州、日照、烟台、新乡、镇江、泉州、营口、东莞、桂林、南宁、沈阳、金华、西安、马鞍山、东营、株洲、无锡、德州、西宁、赣州、保定、常熟、银川、泰州、吴江、威海、乌鲁木齐、宿迁、贵阳、湛江、鞍山、厦门、合肥、衡水、吉林、鄂尔多斯、重庆、包头、南通、哈尔滨、青岛、福州、珠海、苏州、济南、嘉兴、石家庄、中山、聊城、大连、秦皇岛、淮安、柳州、温州、太原、惠州、绵阳、唐山、海口、北海、淄博、江阴、宝鸡、芜湖、张家港、兰州、台州、江门、绍兴、宜昌、佛山、三亚、汕头、宁波。

我们搜集了房价与工资的数据可以看出，四大一线城市的房价比95城的均值高2.6万元/平方米，四大一线城市的工资比全国平均水平高2万元/年左右。如果按照90平方米的房屋计算，一线城市的房价比95城的均值高2.6×90=234万元，按照工资的收入计算，需要117年才能补足这个差价。

虽然我们无法统计真实的“逃离北上广”的群体数量究竟有多大，但是在前一小节部分，可以观察到的是北上广深的幼儿园在园人数并不乐观。这代表着真正新增扎根在北上广的人口数量在减少，大部分的外来人口都是走走过场。

中国的住房需求主要来自于改善性需求?

改善性需求，顾名思义是一个家庭伴随着经济条件的改善将原有的房子卖掉，而购买条件更好、面积更大的房子。那么从逻辑的角度讲有两点：第一，家庭总数未发生变化；第二，买了一套、同时又卖了一套，总需求量并未产生变化。对于整个房地产市场来讲，套户比没变，即改善性需求并未改变房地产市场的供求关系。故而，改善性需求在逻辑上就是讲不通的。

从实证的角度看，根据2010年中国国家统计局的第六次人口普查数据分析住房结构，中国91%的房子是在1980年之后建设的。

图31　中国住房建筑年代占比

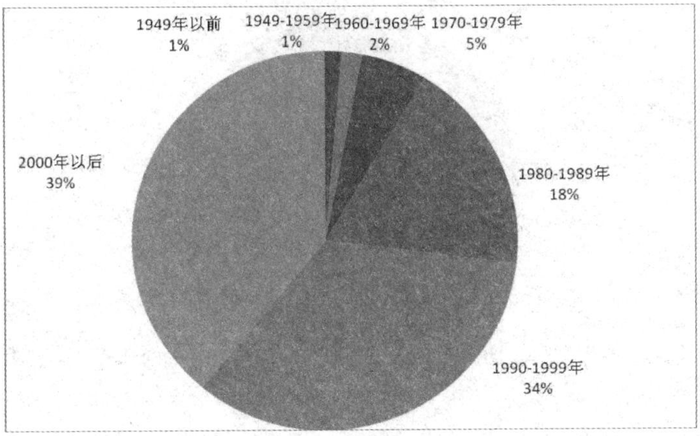

数据来源：中国国家统计局

按照国家统计局公布的住宅年销售套数计算，2005～2010年全国累计住宅销售套数为3800万套，而2011～2015年全国住宅销售为5000万套，按照这一数据估算，2000年以后的住宅至少占存量住宅的50%。这个数据占比在全球范围内都算是非常之高的（详见图32）。

图32　德国2011年住房存量房龄占比

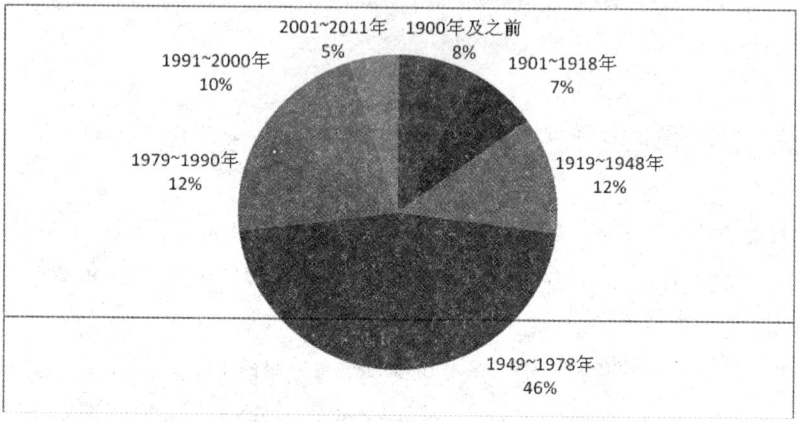

数据来源：陈洪波，蔡喜洋《全球房地产启示录之稳定的德国》，第37页

图33　日本2003年存量住房房龄占比

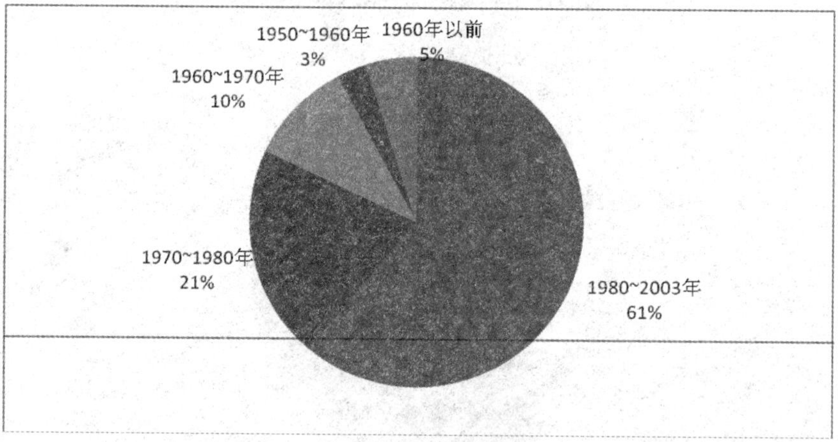

数据来源：吴东航，章林伟《日本住宅建设与产业化》，第6页

图34　美国2003年住房房龄结构

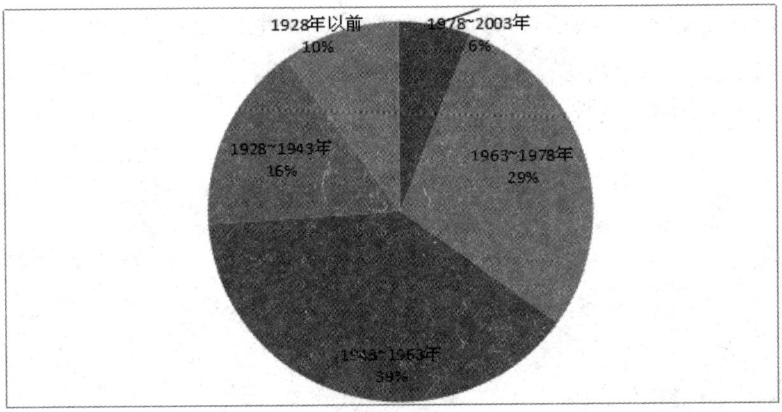

数据来源：吴东航，章林伟《日本住宅建设与产业化》，第6页

如此崭新的房屋，不断地换房的原因并非仅是居民谋求居住条件的改善，更多的是因为房价上涨，居民产生的投机性需求导致的。

政府控制土地供应量导致土地稀缺、价格上涨？

在本书中，我们并未着重区分地价与房价，因为这两者本质上其实是同一种东西。按照数学公式计算，房价=地价+建筑成本+建筑商利润+财务费用+其他费用。其中的建筑成本、建筑商利润、财务费用和其他费用在房价构成中都占小头，地价占大头。原因是伴随着技术进步，建筑成本长期稳定，并不是影响房地产价格的主要因素。而土地价格与房地产价格的变动呈现高度一致性，也有文献在实证分析究竟是地价影响房价还是房价影响地价。我们认为对该两者做格兰杰因果关系检验并没有太大意义。A与B相关，有三种情况：1. A是B的原因；2. B是A的原因；3. A与B是C或者C、D、E的结果。房价与地价相关，是因为需求、供给和金融因素同时在影响房价与地价。即A与B是C或者C、D、E的结果，而不是A是B的原因。

不少人认为房价上涨是因为中国特有的土地制度导致的，笔者认为虽然房价上涨可能与土地制度有关，但土地制度并不是关键因素。

从实证的角度看，土地购置面积的变化几乎就是受到房价因素影响的（见图35）。当房价上涨时，土地购置面积就增多，而当房价下跌时土地购置面积就减少。如果是地方政府有意控制土地供应，那么出现的情况应该是房价上涨时，土地的购置面积应该减少或者至少持平才对，但是实际观察的情况并不是这样。

图35　土地购置与房价的关系

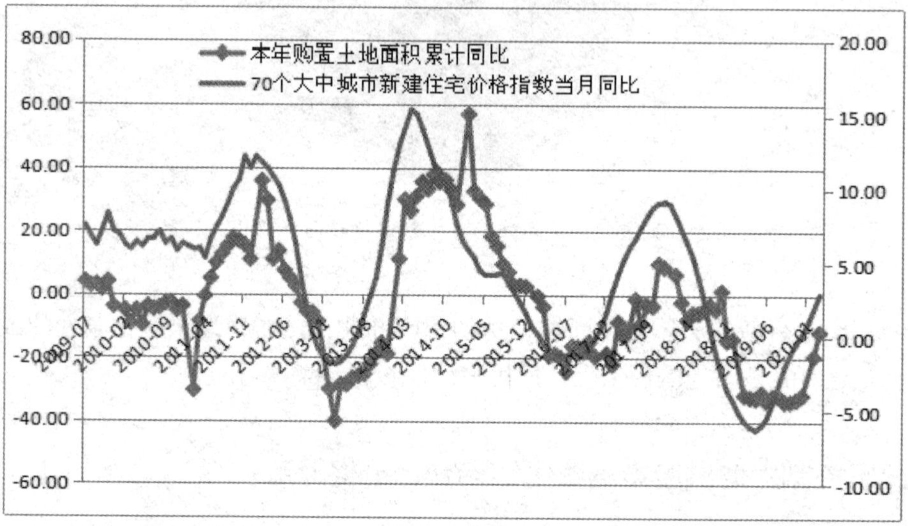

数据来源：windi

我们在实证中看到的是市场的需求完全决定了房地产土地购置。所以，地方政府控制土地供应量导致土地稀缺，进而导致房价上涨的猜想并不成立。

中国居民部门负债率很低？

在国内的学者和经济学界一直流行着一种观点，即中国老百姓不喜欢贷款消费，中国居民部门的杠杆率相比全球其他国家一直很低，故而，这构成了巨大的房地产需求。并通过了居民部门贷款余额/GDP的比值进行国际横向比较（见图36），美国的居民部门贷款余额/GDP的比值高达80%，而中国只有40%，故而形成了从逻辑上、实证上都看似成立的一个观点。

图36 中国、美国居民部门负债/GDP

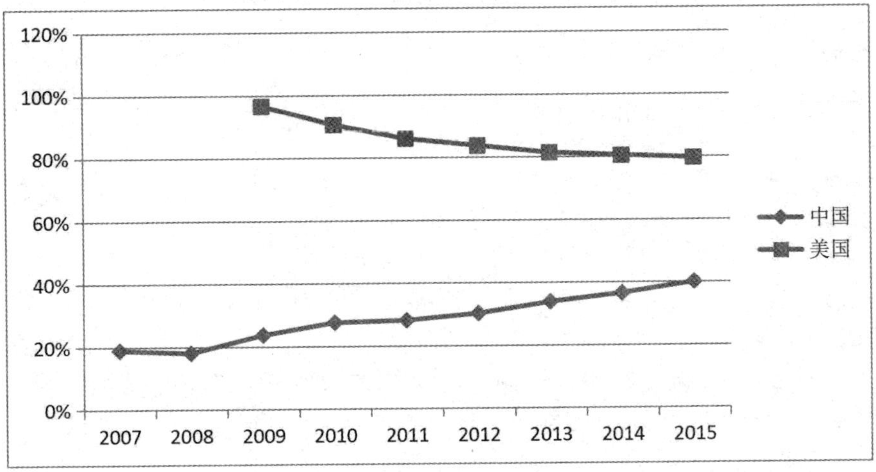

数据来源：央行，中国国家统计局，美联储

也有经济学者从另外一个角度出发，即中国的金融机构中房地产按揭贷款占所有贷款的比率相比于其他国家较低，而房地产按揭贷款是所有贷款中品质最好的贷款，故而中国的金融机构也有动力将房地产贷款比率提高。

但是上述的居民部门贷款余额/GDP有两个方面与国际上具有不可比性。

第一，中国的人均收入相比其他国家具有较大差距。人均收入的绝对值较低时，居民不得不将更多的支出用于基本需求消费，故而居民会考虑到还债的压力比较大而尽量不举债。我们观察中国和美国的恩格尔系数（食品消费支出占居民总消费支出的比率，该比率越高代表着一国的收入越低，也代表着一国的消费能力越低）差异，2013年中国城镇居民的支出35%都花费在食品支出上，而美国仅有7.6%的支出花费在食品上。在这种情况下，居民不敢大幅举债，故而观察到居民部门负债水平不高是较为合理的。笔者相信，这个逻辑与城市化率的逻辑是一致的。肯尼亚的居民部门贷款余额/GDP的比值肯定十分之低，但能就直接得出肯尼亚的消费潜力很大的结论吗？

图37　中国和美国的恩格尔系数

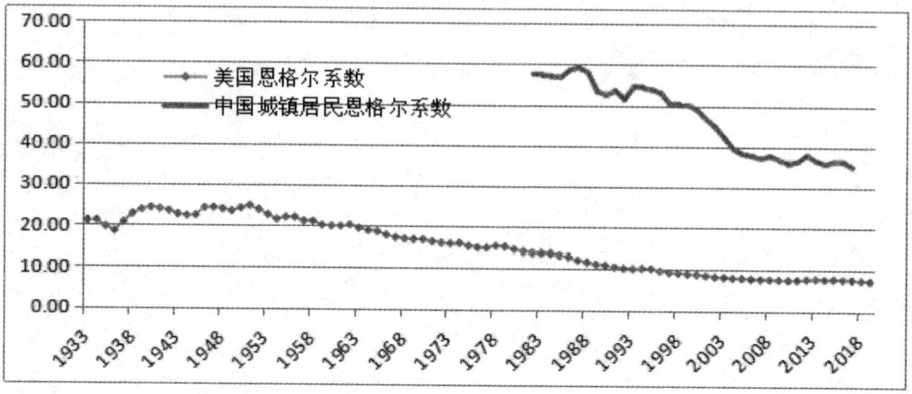

数据来源：wind

第二，居民部门贷款余额/GDP这个指标本身太粗略，从收入法的角度分解GDP，总计有政府收入、企业收入、居民收入三个部分，而研究居民债务不能笼统地直接去除以GDP，更为合理的做法是用居民部门的贷款余额/居民可支配收入。我们通过计算该指标得出的结论大大超出了大部分经济学者的想象，中国的居民债务比想象中高出很多。

根据央行公布的数据，2014年末我国的居民部门贷款余额为231510.73亿元，2014年我国的总人口为136782万人，两者相除，得到人均贷款余额为1.69万元。国家统计局公布的2014年中国人均可支配收入为20167.1元，用人均贷款余额除人均可支配收入得到我们想要的家庭债务收入比（household debt to income ratio）为83.93%。OECD（经合组织）也统计了其成员国的该指标，我们将此与中国的数据对比做图38。

图38 2014年中国与OECD国家家庭债务与收入比

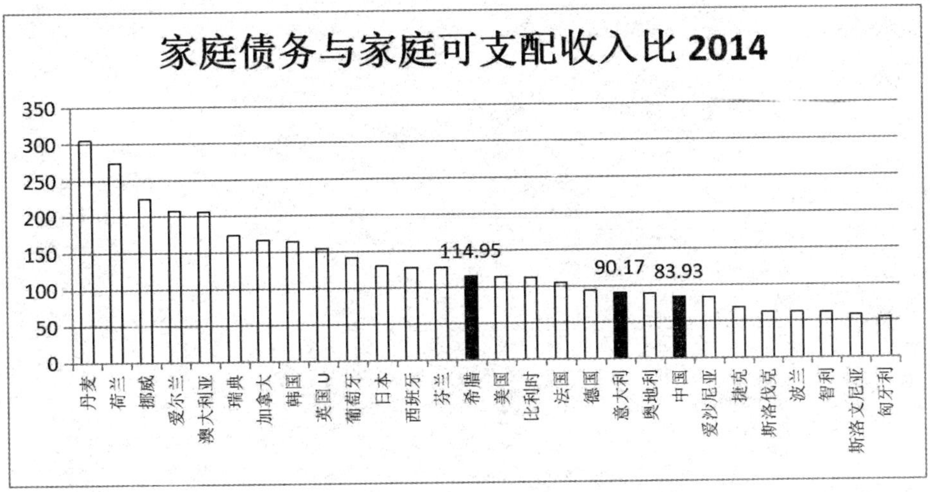

数据来源：央行，中国国家统计局，OECD

中国的家庭部门债务收入比与OECD国家相比处于中等偏低的位置，但是往上的空间也并不是很大。我们看欧洲“猪国家”①的意大利，其居民部门债务收入比也只有90.17%，剩下的“猪国家”大部分也只在150%以内，故而该指标过高是十分危险的。

通过时间序列数据分析，我们更能够看清楚世界大部分的国家自2008年金融危机之后都是处于去杠杆的过程中，而中国却处于加杠杆过程中。中国居民目前的债务杠杆与德国相差无几，考虑到我们的恩格尔系数仍然很大，故而中国的居民部门债务压力更高。

---

①2008年金融危机后，欧洲的五个国家由于过度消费导致债台高筑，被指责为欧洲五个“猪国家”，即葡萄牙(P)、爱尔兰(I)、意大利(I)、希腊(G)以及西班牙（S）。

图39 中国、美国、日本、德国家庭债务收入比

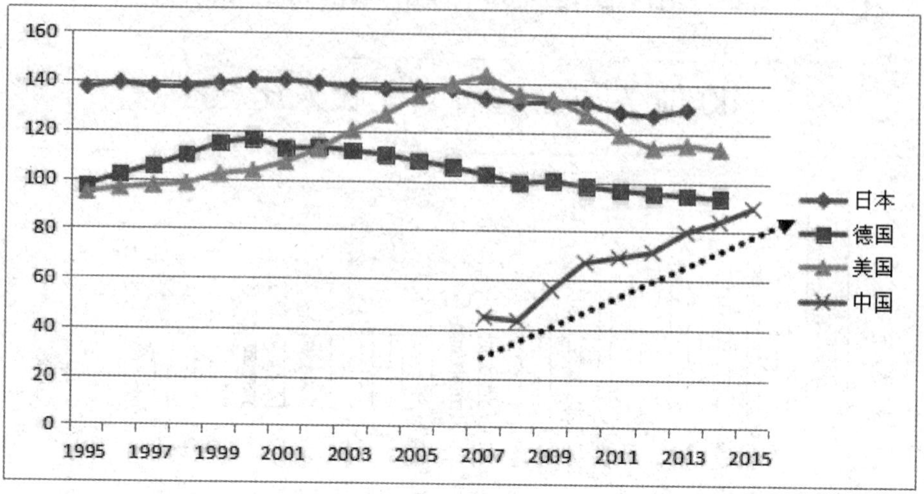

数据来源：央行，中国国家统计局，OECD

至此，我们可以证伪了中国居民部门仍有加杠杆的潜力这样的说法。

上文我们提及有经济学者指出，从金融机构的角度看，银行更有动力增加按揭贷款的比重。我们认为这样的说法也站不住脚，一个重要的证据就是房地产价格上升才导致居民的杠杆上升，而当房地产价格下降时，居民的杠杆就下降。这说明，居民部门的贷款余额完全不取决于供给方（金融机构）的意愿，而只取决于需求方（居民部门）的意愿。图40中我们观察到实线是美国家庭的债务本息支出占居民收入比重，虚线是美国的房地产价格。可以明显观察到的是，当房价高企时美国居民的杠杆就增加，而当房价下降时家庭的杠杆就降低。这与股票市场是一致的。

图40 美国居民部门贷款本息支出占收入比重与美国房价指数

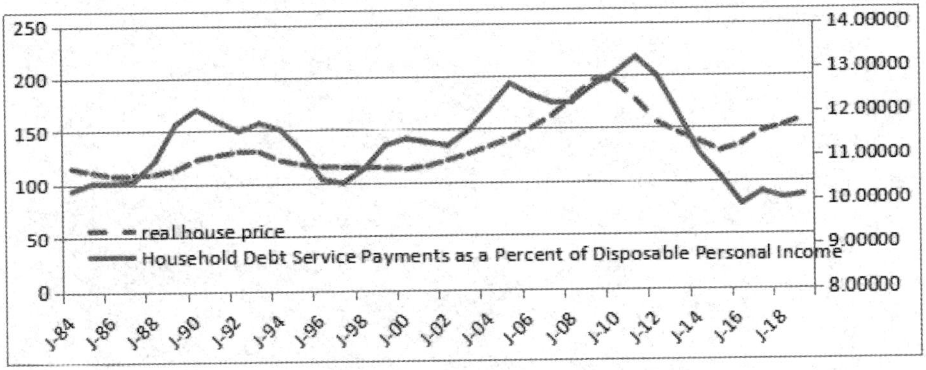

数据来源：美联储，Robert J. Shiller

故而，无论从哪个角度说，中国的居民部门杠杆率很低，还有很大的需求空间的说法都是站不住脚的。而且，笔者所做的分析也更为切合中国“房奴”的普遍状况，中国大部分的购房者的本息还款支出都会占到收入的50%左右。

第二章 | 探究房价本质的逻辑

"举秋毫不为多力，见日月不为明目，闻雷霆不为聪耳。"

——《孙子兵法·军形》

第一节 认识这个世界

这个世界有很多种现象，而现象是个性化的、零散的。而我们一直要做的事情就是透过这些现象发现规律，规律是普世性的、系统化的。这就好比我们发现了地心引力的规律以后，如果我们把一个手提袋扔到窗外，我们不用做就知道将要发生什么：手提袋会落在地上。二战时期的炮兵勘察手们，根据大炮的抛物线规律，在勘察好目标的坐标后，通过抛物线的原理对炮兵发射手下达指令即可命中目标，而不是要发射手打一炮先试试，然后再调整角度——如果那样做，敌人早就发现了大炮的位置并摧毁。所以，我们要做的是，通过我们已经检验过的规律对我们将要发生的行为进行指导，这样做可以节省成本，是人类行为的最优解。

那么，我们通过何种方法认识这个世界？在西方的先哲毕达哥拉斯那里，他提出了数是构成世界的本质。亚里士多德提出了逻辑论，通过逻辑推理命题的真伪性。伽利略则开辟了实证检验的标准。这三位富有智慧的人提出了科学研究的三步曲：第一步，观察现象（在经济学内，现象最好用数据来描述）进行逻辑推理，形成假说；第二步，对假说进行实证检验，形成实验数据，用实验数据来检验假说的预测结果；第三步，假说被证伪就重复第一步，假说被证实就用来指导实践，并在接下来继续去证伪已经发现的规律。我们对权威主义、经验主义和神秘主义不存在好感。

对应到任何投资品上，大部分的投资品在剔除通胀后都属于零和博弈的游戏。所以，对投资品的研究与判断变得异常重要，你的交易对手也在做上述的事情，无论是通过何种方法，都在力图寻找现象背后的规律。所以，回到开篇的引用，究竟是见秋毫还是见日月则至关重要。

第二节　房地产二重性

中外学者对房地产多年的研究积累了卷帙浩繁的文献与书籍，但是对于房地产的研究，逻辑清晰且实证证据充足的不多。房地产作为兼具有商品和投资品属性的一个种类，比普通消费品或金融产品价格形成的机制要复杂。普通消费品从大类上分为快消品和耐用品，快消品的研究主要看品牌认同度，耐用品的研究主要看市场渗透率。比如，空调属于耐用品，要研究空调在将来的市场空间有多大，方法相对简单，就是调查空调市场的渗透率，即户均拥有空调数量。耐用品在行业发展的初期具有高利润的特点，伴随着高利润的吸引，企业迅速地扩张产能满足市场需求，与此同时，市场渗透率也不断走高，当市场渗透率到达天花板时，企业的产能会迅速过剩。这个故事一直不断上演，诸如之前的电视机、空调等。房地产虽然具备上述属性，但也有重要区别，主要体现在：第一，房地产可产生租金；第二，房地产可交易。我们从未看见过有靠出租空调赚取租金的，也少见有人买了空调，之后再卖给其他消费者。但是在房地产领域，这两个特点是十分常见的。

我们先看房地产可产生租金这个特点。房地产可以产生租金，是房地产可成为投资品的根本属性。这也为我们提供了房地产估值的一个方法——租售比，即房地产的投资回报率。按照金融市场的规律，风险与收益对等。收益最低的投资品应该是国债，因为其背后是国家信用在支撑，故是所有投资品中风险最低的。而其他债权类的投资品，有更高的信用风险，必须要有信用风险补偿，故相同期限的企业债权利率-国债利率就是信用风险补偿。对于股权投资来讲，企业破产时，按法律上的分配顺序股权是最后一位，故股权的风险大于债权，在简化的方法下用企业的1/pe（近似等于股权收益率）-国债收益率来衡量股权风险补偿。然而，我们观察了不同国家长期的租售比情况，租售比在很大的时间范围和空间范围内低于国债利率。按照风险与收益对等的角度分析，房地产的投资风险与国家信用为支撑发行国债的风险，不言而喻的是投资房地产的风险更高。在证据面前，这个理论的预测结果与实际结果产生了差异。我们认为，产生这样的结果是因为房地产具有耐用消费品属性造成的，即，自有房地产的价格大于未来租金折现率的现值。自有房地产给人们带来了使用属性，这包括心灵的归属感、教育资源、医疗资源的占有，在中国还会有户籍额外赠送。而债券和股票不能够提供这样的属性给投资者。所以，房地产的价格超出房地产租金折现值的部分是合理的，是为房地产使用属性支付的对价。

我们再来看房地产可交易的特点。在房地产领域，买卖双方是不稳定的，即买方随时可以转换成卖方，而卖方也可以随时转换为买方。这是房地产与耐用消费品的重要区别。耐用消费品只会发生零星的二手交易，并不是耐用品市场的主要构成。我们很少在现实生活中见到有人不断买入空调，再不断卖出空调，但是在房地产领域我们经常看到这样的交易发生。一旦某种物品买卖方频繁发生转换，该物品就容易形成价格反馈机制（也可称为“泡沫”），即买了涨，涨了有更多人买；卖了跌，跌了有更多人卖。由于房地产的这个特点，房地产市场才会形成泡沫。所以，很多难以理解的房价收入比如此之高，为何房价还继续上涨，就是因为房地产价格不是靠收入支撑的，而是靠房地产价格本身支撑的。买卖房地产的交易者，在房价上涨的背景下，通过抵押、出售已有的房地产收入现金，再拿现金去买入其他房产，以此导致了房价大幅脱离收入。

在社会心理学的领域，对这样的集体行为研究得比较深入。社会心理学认为，人的行为更多是受到群体环境的影响，而非个体人的智力水平、道德品质、性格决定，而且受到群体的影响是隐性的，即人们不知道有这样的影响存在。举个现实生活中的例子，每年的9月10号教师节，各个学校门口卖花摊前人流攒动，小学生们集体排队买花。如果此时你问某位小朋友，为什么要买花送给他的老师？一般的回答是因为老师辛苦，没有人回答因为别人都在买。而事实的原因就是别人都在买导致个体出现这样的行为。社会心理学有很多实验证据在支持这个假说。本书不在此过多探讨上述的实验案例，有兴趣的读者可以参考加州大学洛杉矶分校的社会心理学公开课。

个体行为受到集体环境影响。在历史上形成了较多的大事件，比如二战、资产价格泡沫等等。拿二战来说，我们从理性的角度来分析一个普通的士兵是毫无理由要参战的，他面临着巨大的成本，即随时可能丧命，但是却仅有微薄的收益，即一枚镀金的荣誉勋章。从结果上看，从欧洲到亚洲，从大西洋到太平洋，先后有61个国家和地区、20亿以上的人口被卷入战争，作战区域面积2200万平方千米。据不完全统计，战争中军民共伤亡9000余万人，4万多亿美元付诸流水。今天我们再反观二战，感觉十分荒唐。为什么各国不好好发展贸易合作形成共赢？二战深远地影响了世界经济周期与房地产周期，接下来我们会讨论到。

房地产具备如上的二重性，导致了房地产价格如此复杂，我们希望透过复杂的现象，找到影响房地产价格的因素，并试图能够预测房地产价格走势。

第三节　人的冲动与约束

人的欲望是无止境的，在条件允许下，人们总是希望占有的越多越好。对应到房地产上，可以用套户比（社会存量住宅套数/社会家庭数）和人均居住面积（社会存量住宅居住面积/总人口）两个指标衡量。单纯从需求侧，我们无法锚定上述两个指标，目前我国的人均居住面积在30平方米左右，套户比在1左右。我们产生了这样的疑问：这样供给量是不是足够的？虽然从直观感受上看，这个数据的确不错，一家三口有90平方米的居住面积相对不那么紧张。但是更深一个层面，这是一个非常难以回答的问题。我们看美国的数据，美国的套户比达到1.15左右，人均居住面积有80平方米。这样一看，我们又和美国的差距不小，所以需求侧无法锚定这个数据。

在市场相对合理，并未形成反馈机制的情况下，我们从约束的角度锚定，即人均GDP或人均可支配收入（该两个指标长期角度看轨迹拟合几户一致）。经济发展水平决定了收入，收入决定了个人可以在住房上进行多少支出。所以，世界各国的经验都表明了，伴随经济的发展，人均住房面积在不断的扩大，用等式表示即：人均住房支出=人均可支配收入×住房支出系数=人均居住面积×住房均价。该等式主要有两个变量在影响人均居住面积，第一个是经济发展水平，第二个是房地产价格。

综上，房地价格的影响因素，主要分为三类：第一类是需求侧的指标——总人口、人口结构、人口迁徙、收入水平、房价收入比；第二类是供给侧的指标——套户比、人均居住面积、房地产渗透率（住房拥有率）；第三类是金融属性指标——利率、租售比、M2增速。

第四节 从现象到本质的证据

我们不断地在寻找影响房地产价格的证据，从常识的角度看，人口是必然因素，没有人口的聚集就没有房地产需求。但是，我们也发现了一些不可思议的现象：第一就是即便是在人口预期仍然要增长的情况下，房地产也会产生崩溃，比如1881年的芝加哥、1988年的洛杉矶和波士顿，以及1993年的海南；第二是人口已经下降但是房地产价格还在上涨，比如美国的底特律在1950年人口开始下降，但是房地产从1970年开始上涨，直至2007年才下跌。

表4 不同寻常逻辑的案例

阶段	案例
人口拐点未到的崩溃	芝加哥1881、洛杉矶1988、波士顿1988、海南1993
人口拐点已到的崩溃	日本1990、美国2006
人口拐点到来后的上涨	美国2000～2007、底特律1970～2007
人口拐点到来前的上涨	二战后的全球各国

这些证据证明了房地产价格可能与人口因素存在长期背离的现象，简单通过人口的因素去分析房地产价格，很可能得出的结论就是盲人摸象式的。美国经济学家海曼·明斯基的模型给了我很大启示："我们假定存在投机需求，且该需求已经转化为商品和金融资产的有效需求。一段时间以后，上升的市场需求对商品生产能力和现有金融资产的供应能力施加了压力。结果 ，价格上涨，新的盈利机会出现，并吸引了更多的厂商与投资者进入市场。此时产生了正向或称积极的连锁反应，新的投资增加了收入，从而刺激了进一步的投资，收入也进一步增加。这一阶段就是明斯基所谓的上升阶段。随着对生产和销售的投资，对价格上涨的投机也增加了。"（【美】查尔斯·P. 金德尔伯格《疯狂、惊恐和崩溃金融危机史》第16页）

所以，简化到住宅市场，我们希望通过如下的模型能够解释房地产价格的上涨。

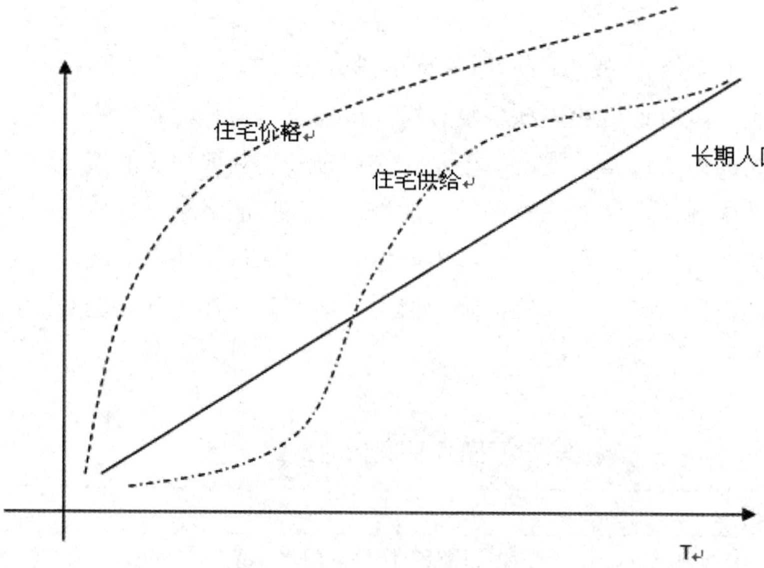

各国的人口增长形态几乎具有一致性，就是长期的缓慢（相比于房地产价格而言）的增长。人口增长导致了住宅需求增加，在蛛网模型下，住

宅需求增加导致了住宅建设增多，在短期内住宅建设的供给量有可能会超过需求量。在这个阶段，同时伴随着投机性因素，房地产价格出现快速上涨，两者因素叠加导致了人口拐点未到的房地产崩溃。而各国的人口形态也同步面临着总人口（或劳动力人口占总人口比重，即14～65岁人口占总人口比重）见顶的问题。在这个阶段之后出现的房地产价格上涨，更多是因为金融因素导致的，特别是低利率的盛行导致的投机行为。

本书的第一部分主要讨论在20世纪三大因素背景影响下，美国、日本曾经出现的房地产泡沫，包括德国未出现房地产泡沫的原因，以及全球各国新世纪以来普遍的房地产上涨趋势，以此探究影响房地产价格的关键因素。这部分的工作更多于搜集各国的经济史数据，更像考古而非经济分析。

本书的第二部分主要讨论为何中国房地产如此特殊的原因。我们首先分析了三大影响因素在中国的情况，而后分析了中国住宅市场的总供求，对房地产价格进行归因分析。最后，依据我们分析的因素，对住宅价格进行展望。

中国的房地产业向何处去

第一部分
影响房地产价格的因素实证分析

第三章|背景——不同的20世纪

人类文明从公元纪年以来，主要经过了两个千年。20世纪作为最后的千年，与以往漫长的人类历史相比发生了巨大变化，这些现象在人类历史上都是未曾有过的。伟大的经济史学家安格斯·麦迪森①对人类长期的历史经济数据进行了整理。“第二个千年世界总人口增长了22倍，人均收入提高了13倍，世界GDP提高了近300倍。这与第一个千年形成了鲜明的对比——第一个千年世界人口仅增长了六分之一，而人均收入并没有任何提高。”（【英】安格斯·麦迪森《世界经济千年史》）

图41　世界GDP（1990年国际美元不变价）

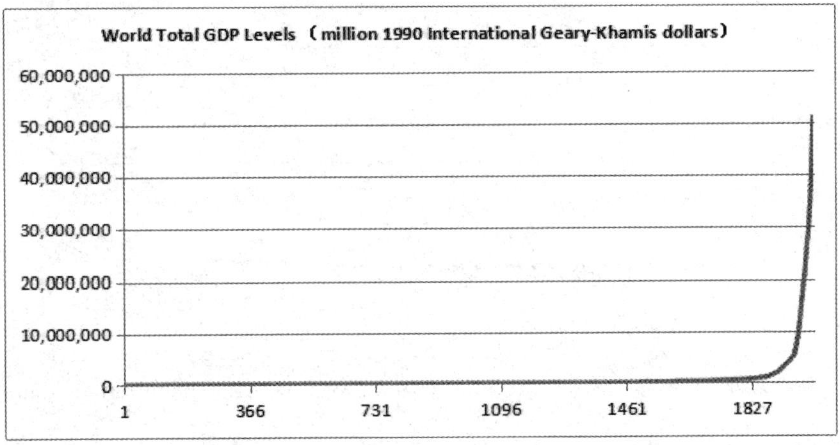

数据来源：: Angus Maddison http://www.ggdc.net/MADDISON/oriindex.htm

①安格斯·麦迪森（Angus Maddison），英国经济史学家。著有《世界经济千年史》、《世界经济二百年回顾》、《中国经济的长期表现》，2010年与世长辞。麦迪森一生致力于搜集和整理大量的经济史统计数据，并在个人网站上免费供各国的研究人员使用，为后人留下了十分宝贵的经济史统计数据财产。具体可详见：http://www.ggdc.net/MADDISON/oriindex.htm。

第一节　工业革命与人口爆炸

长期以来，人口的增长被战争、疾病等因素消灭。但是，工业革命后，技术进步（特别是医学的进步，如青霉素的发明）导致了死亡率大大下降，人口预期寿命延长很多。“在公元1000年，世界人口平均预期寿命很可能大约为24岁，这并不比我们纪元开始时的情况更好。到1820年时，它提高到大约26岁。”（【英】安格斯·麦迪森《世界经济千年史》）直到1999年，世界人口平均预期寿命上升到了66岁。这样的人口爆炸，在2000多年的文明史上是前所未有的。

图42　全球总人口数

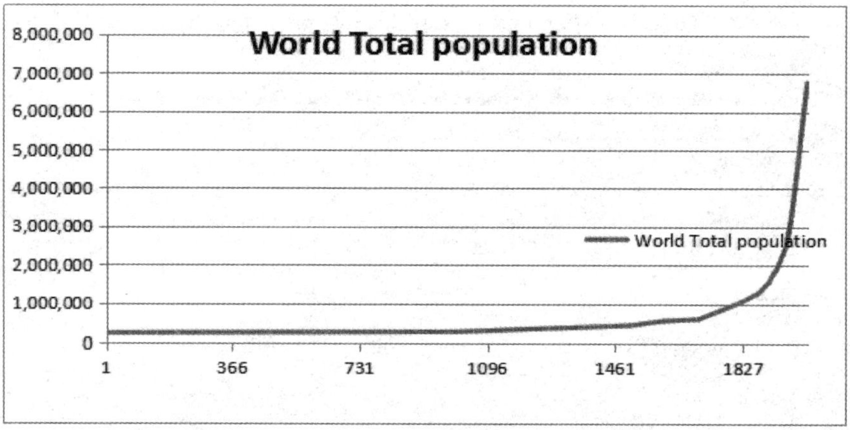

数据来源：: Angus Maddison，http://www.ggdc.net/MADDISON/oriindex.htm

伴随着技术革命，人们的生活水平开始提高，开始对工业品产生巨大的需求。“经过600年的沉寂，英国人均收入在1800年增长了近10倍。”（【美】格里高利·克拉克《应该读点经济史》，第175页）。收入增加会使得人们对不同商品的需求强度截然不同。最重要的是，当人们处于较高收入水平时对食品消费的需求几乎不会有太大幅度的增加。

德国的实际人均收入从1910～1956年增加了133%，但人均食品消费仅增加了7%，人均热量消费减少了4%，而蛋白质消费降低了3%。事实上，尽管现代欧洲人要比18世纪的人们富有10倍甚至20倍，但现代欧洲人饮食中的卡路里含量只是略高于18世纪的水平。（【美】格里高利·克拉克《应该读点经济史》，第175页）

图43　主要国家人均日摄入热量

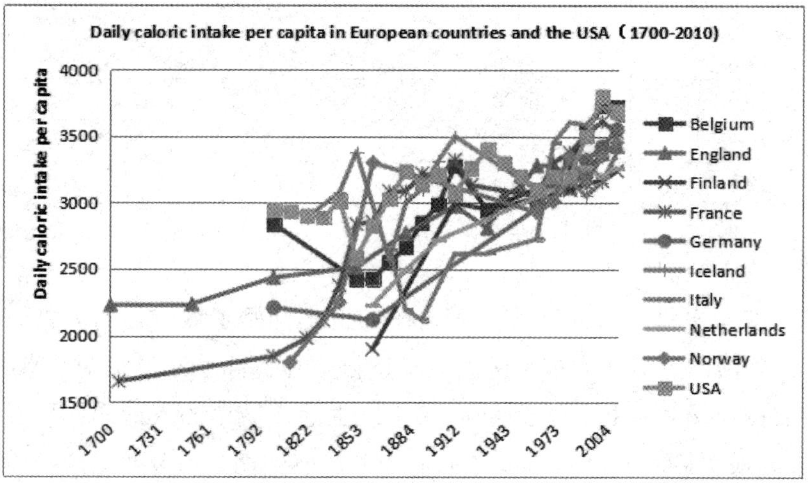

数据来源：http://ourworldindata.org/data/food-agriculture/food-per-person/

第二节　农业效率进步与城镇的吸引力

在农业生产效率进步的情况下，农业部门的单位产出有很大增长，“第二次世界大战之前，（美国）每英亩小麦的平均产量是19.8蒲式耳，1955年也是19.8蒲式耳。1958年由于氮肥革命，平均产量达到了27蒲式耳。”（【法】皮埃尔·莱昂《世界经济与社会史》，第246页）

到底是农业人口流出导致了农业生产率的提高，还是农业生产率的提高导致了剩余劳动力的流出，这个比较难以把握，但是这两者的结果是相同的，就是农村提供了大量的富余劳动力可以向工业部门转移。

伴随着人们收入的提高，人们对工业品的需求大幅度提高，而对农产品的需求并未有很大提高，加之农业劳动力进入门槛较低，故农业劳动力的回报长期低于工人的工资回报，这对农业人口具有强大的吸引力。

表5　美国家庭的平均收入

年份	A非农民家庭	B农民家庭	B/A
1947	2826	1963	67%
1950	3027	1970	65%
1955	4328	2111	49%
1960	5620	2875	50%
1965	7128	4119	57%
1970	10006	6773	67%

数据来源：【法】皮埃尔·莱昂《世界经济与社会史》，第247页

伴随着农村人口的迁移，各国在20世纪开始了城市化的大幕。20世纪，在美国，生活在大都市区的人口比例日益提高。20世纪初，有60%的人生活在农场和乡村。而到了1970年，生活在城市的人口比例已经达到了69%。很明显，人口向都市聚集是20世纪前半期人口分布最主要特点。（【美】布赖恩·贝利《比较城市化》，第33页）

表6　美日法英农业人口比重

农业人口比重				
	1850	1900	1950	2000
美国	84.60%	60.40%	36%	20.99%
日本	——	85.97%	62.71%	21.32%
法国	85.50%	79.90%	44.77%	21.66%
英国	59.20%	46.30%	21.02%	18.70%

数据来源：美国：http://www.census.gov/ 美国人口调查局。日本：http://www.stat.go.jp/english/data/chouki/02.htm 日本统计省。法国、英国：1850/1900数据来自【美】简·德·弗里斯《欧洲的城市化（1500～1800）》，第52页；1950/2000数据来自wind。

通过上述分析，在20世纪上半叶，世界总人口爆发式的增长且大部分的人口由乡村不断向城市涌入，这构成了城市对房地产的重大需求。美国的霍默·霍伊特在其巨著《房地产周期百年史——1830～1933年芝加哥城市发展与土地价值》一书中，对芝加哥100年的房地产周期与人口的关系进行了详细的统计分析。霍伊特认为，伴随着芝加哥土地价值骤变的正是人口增长率的巨大变化。人口从一个地方迁移到另外一个地方会增加住房需求。而突增的住宅需求不能立即得到供给，这时选择建筑地点、拿到土地所有权、规划建筑方案、安排资金、订购材料、修建房屋，总共需要6个月到1年的时间（同上，第314页）。

表7　芝加哥历次房地产周期的人口增长率 单位：%

时间	上升期	时间	下降期
1833～1835年	933	1837～1839	0.7
1852～1854年	70	1857～1859	2
1854～1856年	28	1873～1876	7
1864～1867年	37	1894～1897	11
1867～1870年	36	1927～1933	无增加
1870～1873年	27		
1888～1891年	24		
1919～1925年	26		

数据来源：【美】霍默·霍伊特《房地产周期百年史——1830～1933年芝加哥城市发展与土地价值》，第313页

但是，霍伊特认为，不能将人口的增长对房地产价值的影响过分夸大。“单是人口的急剧增长自身并不能导致土地繁荣。一方面，并非人口数量增长便会引起土地价值也快速增加，因为根据人口数据，在1845年、1862年、1897年、1898年、1909年和1910年芝加哥人口有显著的增长，土地价值却没有特别升高。另一方面，在1873年和1892年土地繁荣之前，城市人口稳定增长，没有在任何一年有意外的人口潮涌入城市。”（【美】霍默·霍伊特《房地产周期百年史——1830～1933年芝加哥城市发展与土地价值》，第314页）

关于城市化有三点内容我们需要进一步探讨：第一，城市化率与人均

收入增长具有很强的相关性。在后文中我们会探讨人均收入与房地产价格的关系。第二，失败的城市化的案例，比如底特律和拉丁美洲国家快速城市化过程导致了城市化问题严重。第三，美国城市化过程中出现的社会城市化现象。上述这三点，有助于帮助我们分析房地产与中国未来城镇化的情况。

城市化导致收入增加?

世界银行在2009年出版了《城市化与经济增长》（Urbanization and Growth）的长篇报告。报告指出："极少数国家能够在城市化水平低于60%时，达到人均收入超过10000美元（此处指1996年的美元平价购买力）。"虽然说，这样的简单回归能解释55%的国家城市化率与人均GDP的关系，但是该数据并未能够证明两者之间具有强因果关系。

图44　2000年世界各国城市化率与人均GDP（1999年美元）

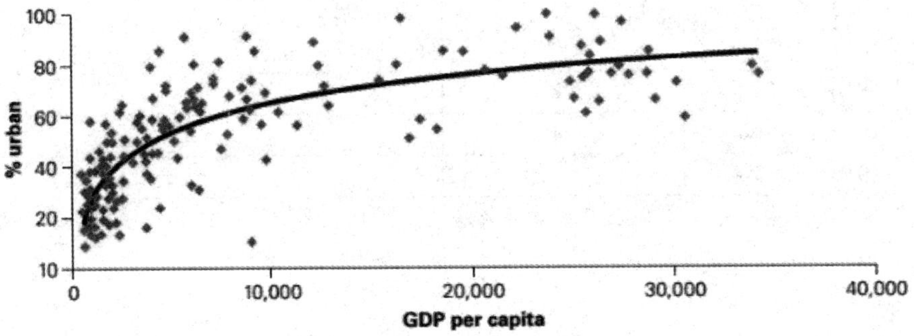

数据来源：世界银行《城市化与经济增长》，2009

通过美国的城市化和人均GDP的数据看，我们能够得出这样的结论：早期城市化阶段，农业部门向城市转移低成本的劳动力导致产业竞争力增加，进而导致经济增长；而在城市化的后期，更多的是工业和服务业竞争力的增强导致经济增长。

图45 美国城市化率与人均GDP

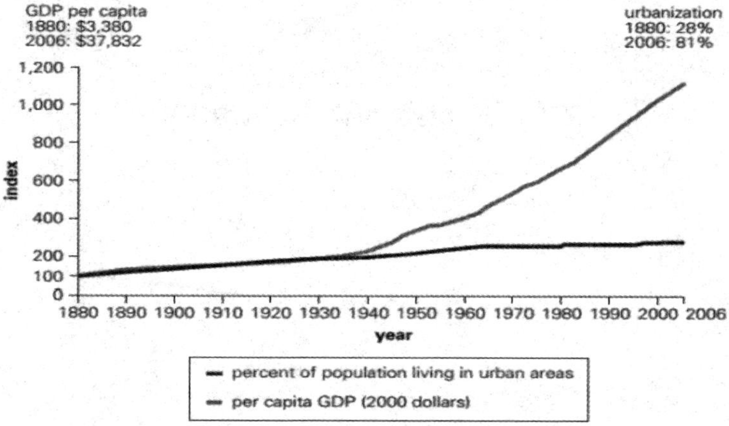

数据来源：世界银行《城市化与经济增长》，2009

失败的城市化

巴西在20世界60年代末期开始了快速的城市化进程，城市化率由1960年的45%上升至2003年的83%，但是，巴西的人均GDP收入增长缓慢。由1960年的人均2644美元增长至2003年的7205美元，增长了2.65倍，而在同期，中国人均GDP增长了11.7倍。

图46 巴西城市化率与人均GDP

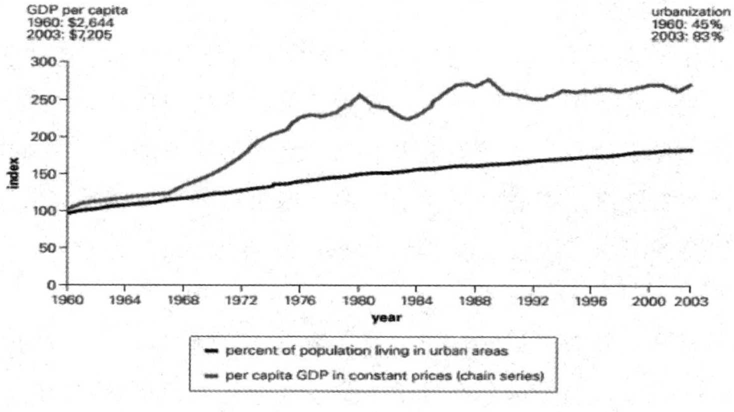

数据来源：世界银行《城市化与经济增长》，2009

肯尼亚的城市化过程并未与人均GDP的增长相伴，肯尼亚在1960年的城市化水平非常低，仅为7%。城市化率至2003年大约达到了20%，但人均收入停滞不前。显然肯尼亚的城市化进程并没有促进工业化生产。

图47　肯比亚城市化率与人均GDP

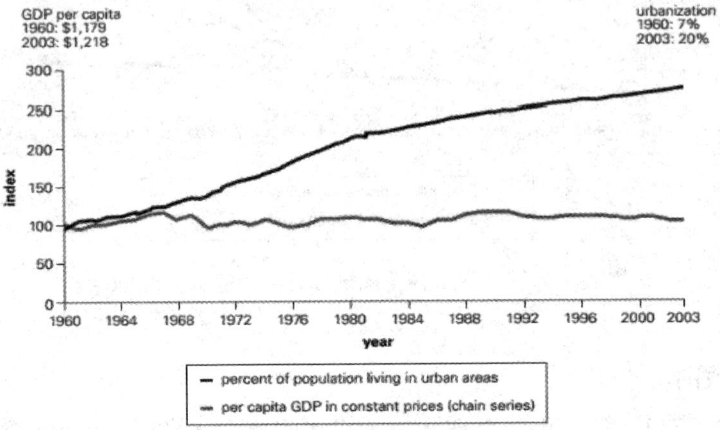

数据来源：世界银行《城市化与经济增长》，2009年

我们在此处列举了巴西和肯尼亚的例子，旨在为纳瑟姆曲线提出反例，城市化进程与人均收入虽然说在大部分国家存在着相关性，但是必要的前提是，城市化率的提高必需要以强工业竞争力为前提，不然就会导致进城的非农人口失业。

后工业化时间段内，也会存在这样的城市化问题，底特律就是美国后工业化时代的一个鲜明例子。底特律是美国密歇根州最大的城市，1701年由法国毛皮商建立，位于美国中东部，是底特律河沿岸的一座重要港口城市、世界传统汽车中心以及音乐之都。城市得名于连接圣克莱尔湖和伊利湖的底特律河，它源自法语“Rivière du Détroit”，意为“海峡之河（River of the Strait）”。

根据美国人口普查局2010年的统计数据，底特律以713777的人口位列全美第18大城市，但是这个数目已不及1950年代人口顶峰时期的一半。底特律成为美国过去50年中城市人口削减最多的城市之一。

底特律在1960年代和1970年代经历了痛苦的衰退。1967年底特律暴动和废除了种族歧视的公共汽车业使得白人大量逃离，再加上来自南方的非裔美国人不断迁入，因此底特律的黑人居民所占百分比迅速上升。随着零售商和小业主的离开，城市税收不断下降。十年间，城市东南部的大量建筑和房屋被遗弃。

底特律的城市治安声名狼藉，而种族问题依然困扰着整座城市。由于财政预算不足，城市的公共服务也不断变糟。2013年7月18日，底特律宣布破产，并于同年12月3日获法院批准，成为美国史上首座申请破产的最大城市。

图48　底特律的总人口与房地产价格

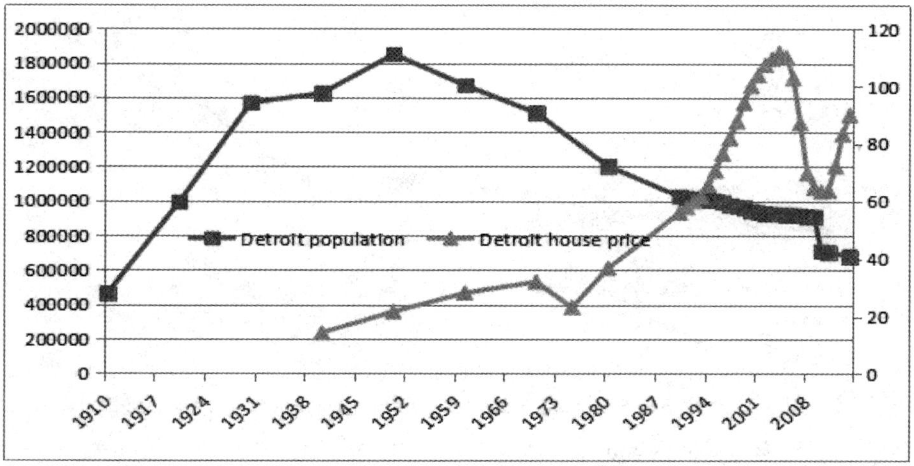

数据来源：

人口数据：

1840～1990：http://physics.bu.edu/～redner/projects/population/cities/detroit.html

1991～2011：http://www.worldpopulationstatistics.com/detroit-population-2013/

2014：http://www.census.gov/quickfacts/table/PST045215/2622000

房地产价格数据：1975～2014：Freddie Mac　http://www.freddiemac.com/

1940～1975：U.S. Census Bureau　http://www.census.gov/hhes/www/housing/census/historic/values.html

但是，当我们观察底特律的房地产价格指数数据与人口数据时惊讶地发现，底特律的人口在上世纪50年代开始大幅度减少，但是房地产价格却在1975～2005年的30年间上涨了4.75倍。在此期间，根据提供的380个美国城市房地产价格指数数据计算的房价平均涨幅为5.17倍，涨幅中位数为4.21倍。我们可以看到底特律的房价变动处于380个城市的中间水平，并不是垫底的涨幅。

图49　底特律房地产价格指数与美国房地产价格指数

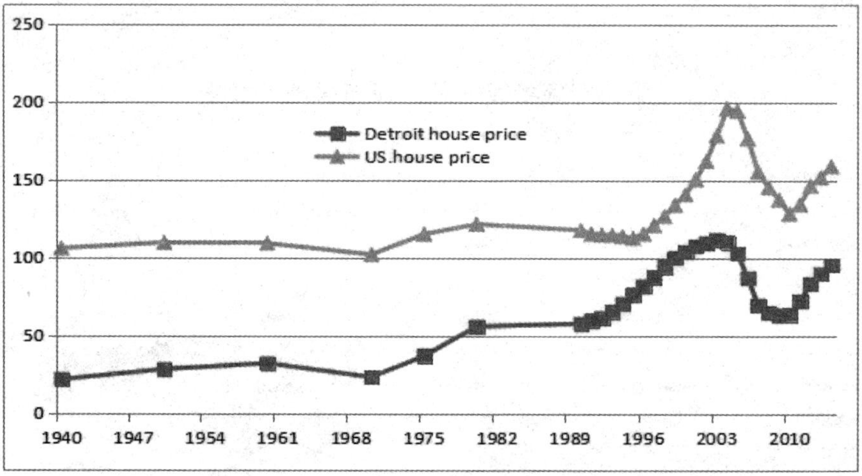

数据来源：

底特律房地产价格数据：1975～2014：Freddie Mac，http://www.freddiemac.com/ 1940～1975：U.S. Census Bureau

美国房地产价格数据：Robert J. Shiller

通过底特律的房地产价格指数与美国全国的房地产价格指数进行叠加后我们发现，底特律的房地产价格走势几乎与美国的平均水平保持一致。虽然底特律的人口大幅度减少，不少建筑物废弃，但是需求的萎缩却并未导致房地产价格下跌，房地产价格更多地受到了全美国房地产环境的影响。这从侧面证明了房地产市场具有全国性特点。我们可以得出这样的结论：对于房地产价格来讲，对单独城市的人口分析以推导总需求，基本上是没有意义的。

逆城市化

当农业人口向城市转移基本结束之后，城市面临着劳动力成本、物价走高的局面，这时摆在城市化面前的一定是提高产业竞争力，而不是让失业率走高。这点，在布赖恩·贝利的《比较城市化》一书中有详细的阐释。在20世纪70年代，美国基本上结束了农业人口转移的过程，此时，美国的城市显示出了强大竞争力，同时，伴随着技术高速发展，人们不再受到城市地域的限制。

“城市与乡村之间的差异正在缩小，几近消失。人群、物资和信息的流动如此之快，持续了一个如此之长的时期，以至于创造了一个全新的环境。说得更大胆一些，整个社会的城市化可能正在破坏现代城市所扮演的独特角色。”（【美】布赖恩·贝利《比较城市化》，第51页）

“在1960～1970年的10年间，美国大都市的人口增长了2600万，其中的2/3是在稳定的边界之内，其余1/3是扩展的外围地区，而外围第五的人口分布正趋于分散。60年代边界内人口增长中3/4属于自然增长，仅有1/4是外来的移民，而这些移民多数是来自于海外而不是乡村地区。这一结果表明：美国现在的发展，大部分是由于大都市自我增长所引发的，由于工业城市化导致的人口聚集已经结束。”（【美】布赖恩·贝利《比较城市化》，第52页）

1950～1970年的20年间，美国所有城市化地区的平均人口密度从每平方英里的5408人降低到了3376人。对于中心城市，更是从7786人降低到了4463人。在工业城市化中心发展起来的中心城市正在经历这种人口下降。1960年人口超过150万的21个中心城市有15个在1960～1970年间开始出现了人口流失现象。结果，在这10年里，几乎所有大都市的增长都集中在快速扩张的郊区。

第三节　两次世界大战

战争使得大量适婚男青年从军，参战国国内的经济转向军工生产，支持战争。

表8　二战主要国家参战人数及占总人口比重

国家	投入兵力	总人口1940	占比
美国	13364000	132164569	10.11%
德国	10000000	70747000	14.13%
日本	6095000	71933000	8.47%
中国	6000000	520843000	1.15%
英国	4683000	48220000	9.71%
意大利	4500000	43787000	10.28%
印度	2150000	316004000	0.68%
法国	5000000	39000000	12.82%

数据来源：

总人口数据：http://www.populstat.info

参战人数数据：World War II Fact Sheets

二战结束后，士兵们一夜之间回到了祖国，过上了正常人的生活。对房地产造成了相当的冲击，同时也导致了各国的人口周期性变动。

图50　美国新增人口数

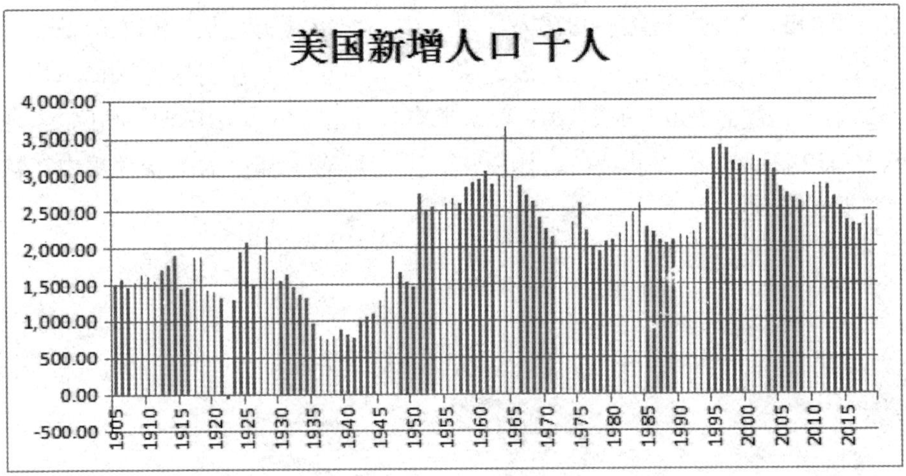

数据来源：美国经济分析局，美国人口调查局

图51 日本新增人口数

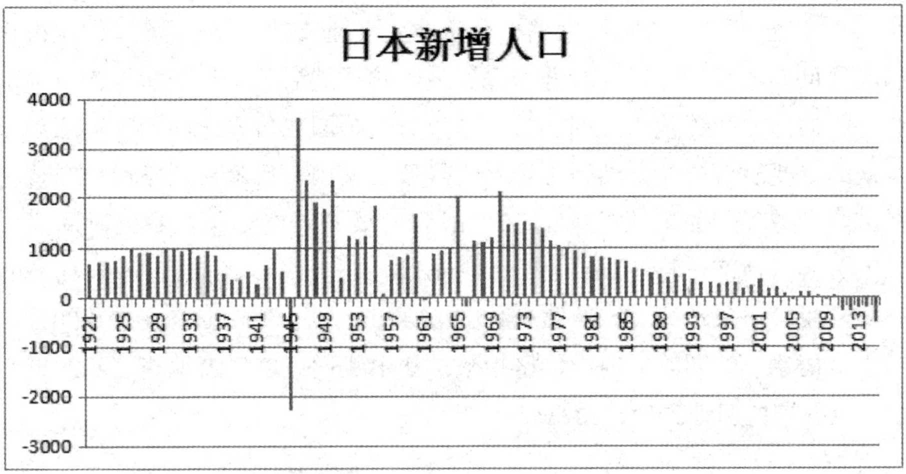

数据来源：日本总务省统计局

图52 中国新增人口数

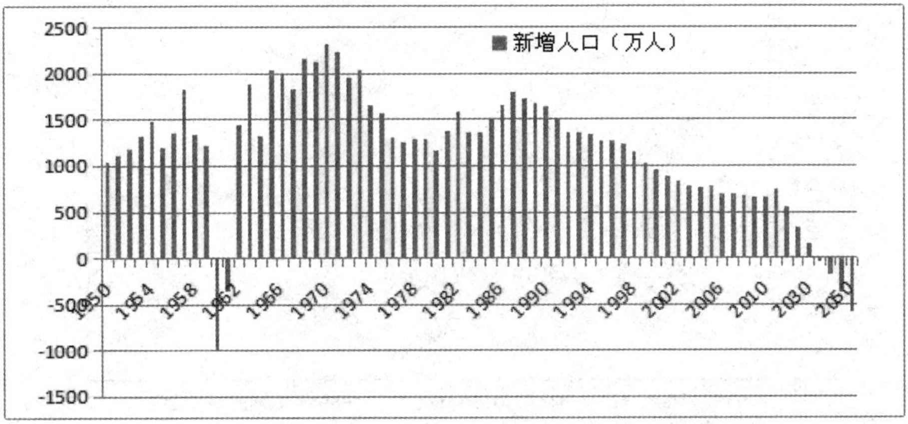

数据来源：中国国家统计局，蔡昉预测

第四节 本章小结

20世纪伴随着非同寻常的三件大事：工业革命与人口爆炸、城市化和两次世界大战。这三件事叠加深远地影响了战后几十年的房地产价格走势。我们把时间的镜头拉回至二战结束后，美国和日本等国的大兵回到家乡最为重要的事情就是结婚生子。这导致了美国、日本等国家房地产价格在50年代暴涨。而在此之前，在一战和二战间隔二十年左右的时间里，没人关心房地产价格。Katharina Knoll、Moritz Schularick和Thomas Steger在《*No Price Like Home: Global House Prices*（1870～2012）一文中构建了长期的房地产价格指数。从中我们可以清晰地观察到20世纪后半叶各国的房地产价格暴涨。

图53 法国房地产价格指数

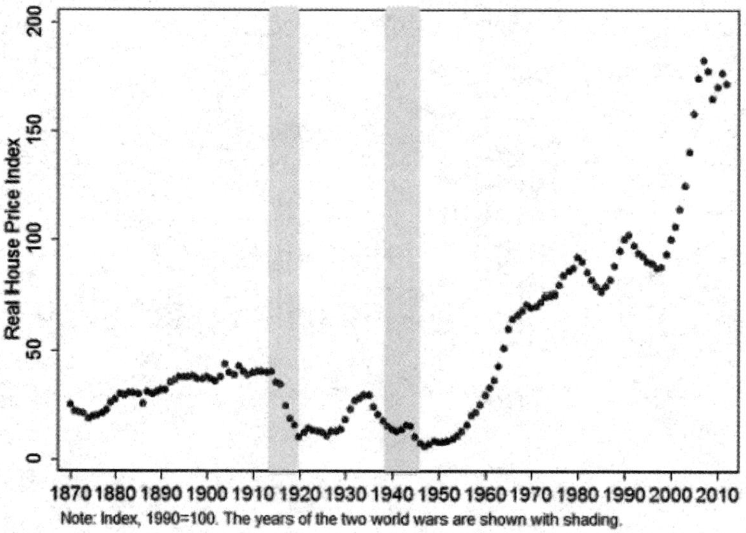

数据来源：Katharina Knoll, Moritz Schularick and Thomas Steger, No Price Like Home: Global House Prices, 1870～2012.

图54 德国房地产价格指数

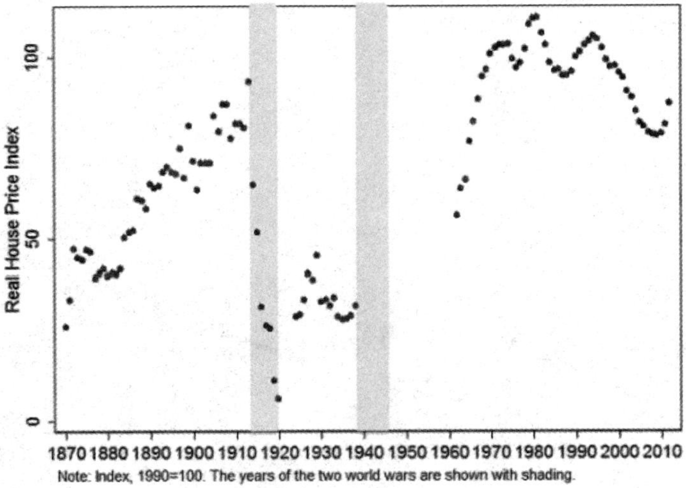

数据来源：Katharina Knoll, Moritz Schularick and Thomas Steger, No Price Like Home: Global House Prices, 1870～2012.

图55 日本房地产价格指数

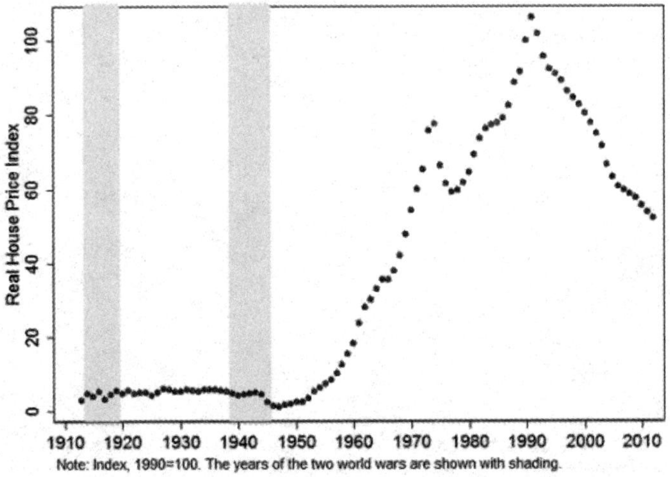

数据来源：Katharina Knoll, Moritz Schularick and Thomas Steger, No Price Like Home: Global House Prices, 1870～2012.

图56　英国房地产价格指数

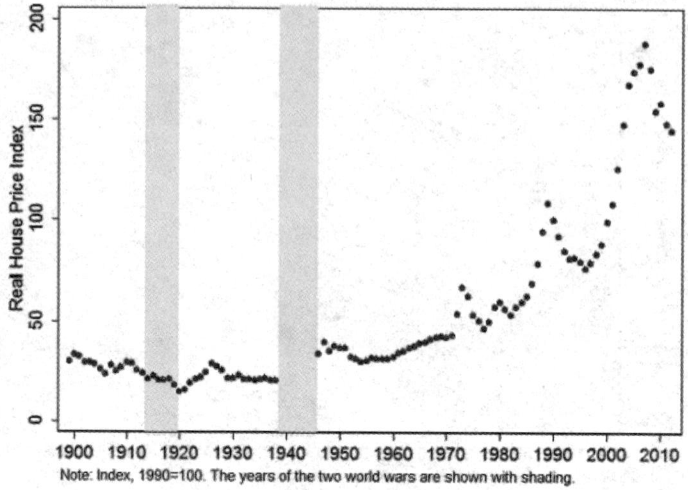

数据来源：Katharina Knoll, Moritz Schularick and Thomas Steger, No Price Like Home: Global House Prices, 1870～2012.

图57　美国房地产价格指数

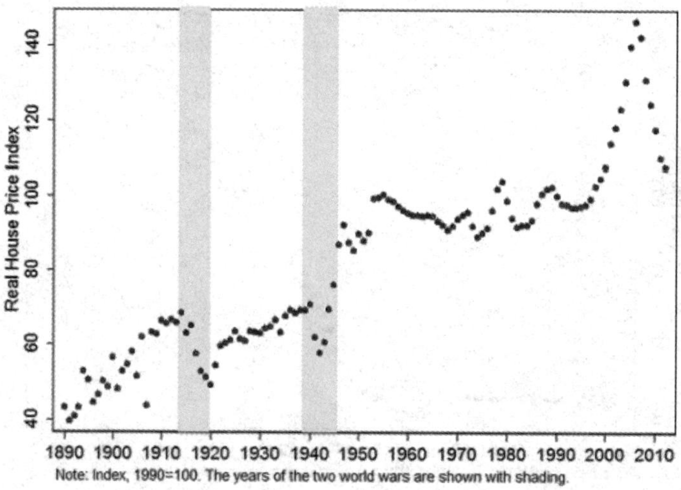

数据来源：Katharina Knoll, Moritz Schularick and Thomas Steger, No Price Like Home: Global House Prices, 1870～2012.

第四章 | 美国房地产百年史

提及美国的房地产，不得不说的人就是美国耶鲁大学经济学教授罗伯特·席勒。席勒因为对金融资产定价理论的贡献，在2013年获得了诺贝尔经济学奖，在此之前，席勒的理论被视为经济学的另类。席勒大量的实证文献是在证明金融市场经常处于无效状态，即相对于金融资产的基本面，金融资产的价格总是过度波动。他在《市场波动》一书中集合了他的论文集，《非理性繁荣》是他的第二本专著，深入浅出、通俗易懂。席勒构建了从1890年开始的长期美国房地产价格指数（见表9）。本章我们不做特别说明，我们所指的房地产价格都为真实房地产价值（真实房地产价值=名义房地产价格/通货膨胀率）。

第一节 概 述

我们从席勒构建的表9中观察，美国房地产市场史上出现了两次大幅度的价格上涨，一次是二战之后的房地产，1942~1954年期间出现了70%的涨幅。而从1955~1998年，美国的房地产价格涨幅仅仅为3.95%。1998年美国房地产价格开始第二次大幅度上涨，至2005年涨幅达到了62.19%。具体详见下表。

表9　美国房地产价格阶段涨幅

	期间	真实房地产价格涨幅	年累计价格涨幅	名义房地产价格涨幅	年累计价格涨幅	CPI累计	年均物价涨幅
1942～1954年	12年	70%	5%	188%	9%	70%	5%
1955～1998年	43年	3.95%	0%	538%	4%	511%	4%
1998～2005年	7年	62.19%	7%	94.75%	10%	20%	3%

数据来源：Robert J. Shiller

第二节　二战后的暴涨

“第二次世界大战期间，政府限制严重制约了新住房的供给。战后，退伍的士兵希望重新开始家庭生活，他们带来了剩余高峰。事实上，现有住房的价格在战争结束前的1942年后就开始上涨了，可能人们已经逾期到随之而来的住房短缺。”（【美】罗伯特·席勒《非理性繁荣》，第17页）。

图58　美国房地产价格指数与人口、建筑成本和利率

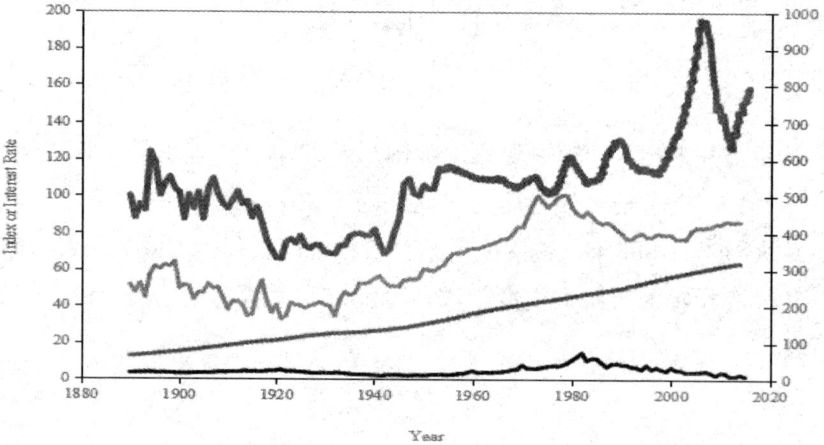

数据来源：Robert J. Shiller

详细分析美国的房地产供给，我们用套户比（家庭数/住房套数）指标来衡量房地产供给量，1940年美国的套户比为0.9987，1950年为0.9845。由于早期美国人口普查局每隔10年普查一次人口数据，我们无法确知在二战期间与二战结束后的最初阶段套户比是如何变化的，但可以肯定的是，1940～1950年套户比几乎没有产生任何变化（至少没有增长）。在此期间对应了房地产真实价格70%左右的上涨。这次房地产价格的上涨几乎完全是需求推动的。

“第二次世界大战结束之后，美国的住房价格迅速攀升。这并不意味着投机性繁荣的出现，住房价格并没有超越战后新的均衡点，后来房价也没有走向崩溃。”（【美】罗伯特·席勒《非理性繁荣》，第16页）

图59 套户比与美国房地产价格指数

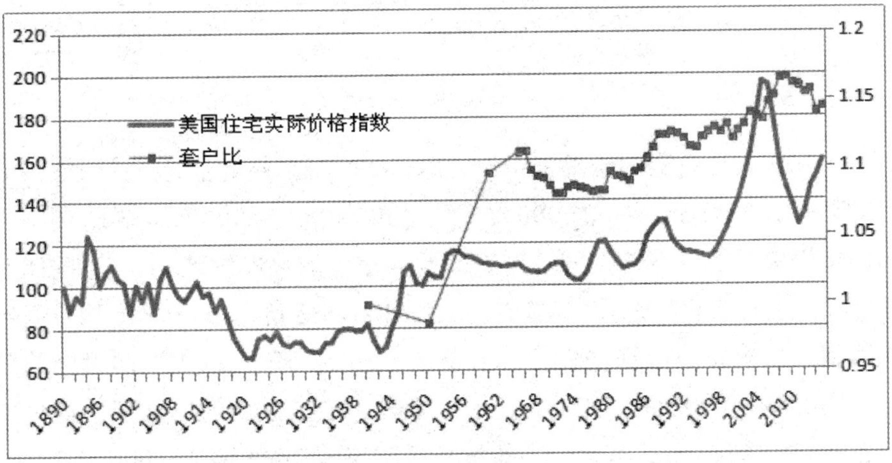

数据来源：Robert J. Shiller，Current Population Survey, Series H-111, Bureau of the Census, Washington, DC 20233.

伴随着美国房地产价格的上涨，美国新房开工也大幅度增长。虽然我们无法获得1959年之前的住房新开工数据，但是我们明显看到的是，1959～1970年房地产新开工的趋势大幅度增长。从住房拥挤程度上我们也可以推测出这个阶段房地产的大幅度供给。1940年美国平均房间超过1人的住房比例占到了20.22%，至1970年则下降至8.21%。1940～1950年这样的住房下降了将近5%，足以见得价格的上涨引发了大幅度的住房新开工供给。

表10　美国住房拥挤率

	自有住宅套数	过于拥挤（平均房间大于1.01人）		严重拥挤（平均房间大于1.51人）	
		数量	占比	数量	占比
1940	34447032	6964894	20.22%	3085922	8.96%
1950	42154443	6628292	15.72%	2607717	6.19%
1960	53023875	6113473	11.53%	1902923	3.59%
1970	63449747	5210874	8.21%	1408416	2.22%
1980	80389673	3648445	4.54%	1134619	1.41%
1990	91947410	4548799	4.95%	1911867	2.08%
2000	105480101	6057890	5.74%	2873122	2.72%

数据来源：美国人口调查局，http://www.census.gov/housing/census/data/crowding.html

1970年人口普查的结果表明，美国有6900万个住宅单元，然而在1950年却只有4600万个。在这6900万个住宅单元中，有305万是在1950年到1970年间建造的。在这期间，家庭数量的净增加数仅仅是204万。同期，低于标准单元的总数量降低了70%，从1700万回落到了500万。人均空间标准达到了历史新高，拥挤程度降至最低。在1970年，缺少水暖设施的单元降到了8%，其中的大部分是在乡村地区。过度拥挤的单元即平均每房间容纳人数超过1人的单元，其数量从1950年的15%降到了1960年的12%，到1970年达到了8%。中等规模家庭数量由1950年的3.1%降到了1960年的3.0%，1970年则为2.7%。将近2/3的美国家庭拥有自己的房产，独立家庭住宅超过了房屋总量的2/3。1971年建造的房屋比美国历史上任何一个时期都要多。（【美】布赖恩 · 贝利《比较城市化》，第58页）

这当中有个细节要注意，就是我们在上一章提及的蛛网模型，这个理论认为需求的增加在供给不变的情况下会导致价格的上涨，导致利润增加，导致企业扩张产能加大供给，但是这样的供给是滞后的。我们观察房地产价格指数数据发现，从1954年开始房地产在小幅下跌，直至1975年价格才开始回暖。而新开工的房地产直至1972年才见顶。在图60中我们可以明显地观察到，1959～2015年期间，美国房地产新开工量滞后于房地产价格的蛛网现象。

图60　美国房地产新开工套数与房地产价格

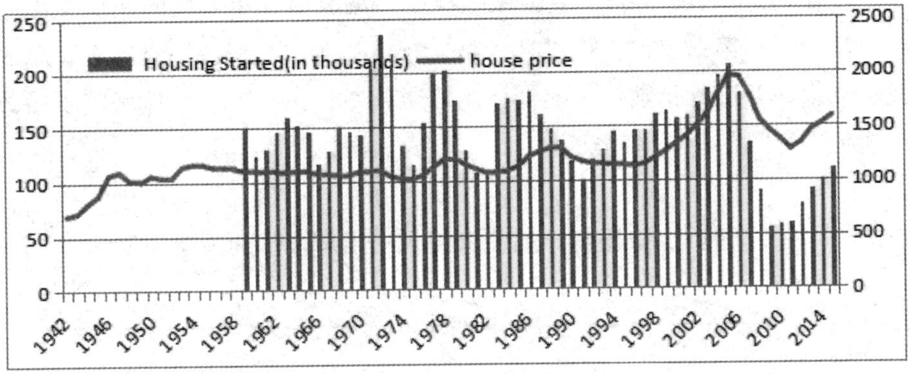

数据来源：美国人口调查局，Robert J. Shiller

第三节　世纪之交的暴涨

我们先介绍一下格里高利·曼昆（N. Gregory Mankiw）。曼昆是哈佛大学的经济学教授，是脍炙人口的《经济学原理》（经济学专业学生入门必读书之一）的作者。他在1989年写了一篇论文：《生育高峰、生育低谷与住宅市场》（*The Baby Boom, the Baby Bust, and the Housing Market*）。曼昆在此文中构建了房地产需求模型，以此来预测房价。他得出的结论是：生于生育低谷的一代人正在步入买房的年纪，20世纪90年代美国住房需求增长比过去50年间缓慢得多，如果历史的住房需求与住房价格的关系在未来不发生改变，真实的房价会在未来20年大幅下跌。但是人有失足，马有失蹄，享誉盛名的曼昆在预测房地产价格上栽了大跟头。美国的房地产在1990～2000年真实价格上涨了10.11%（可对比我们前文的数据1955～1998年43年间美国的真实房价上涨了3.95%），在2000～2005年真实房价上涨了54.66%。《广州日报》曾在2014年采访过曼昆。当记者提出要曼昆预测中国经济未来会如何时，曼昆直言："我觉得经济学家很不擅长预测。我们从经济史学到的是，经济学家倾向于不使用这方法。"可见一个人知道的越多，就会理解自己不知道的也越多。

在这里，我们有必要花点时间介绍一下曼昆的这篇文章的逻辑：第一步，曼昆通过统计74565个美国家庭样本，测算出各年龄段的住房支出曲线（图61）；第二步，根据过往和将来预估的人口数据，测算出人口总的住房支出，并进行指数化，测算住房需求指数；第三步，将住房需求指数与房价进行回归分析（图62）。

图61　曼昆统计的住房需求支出与年龄的关系

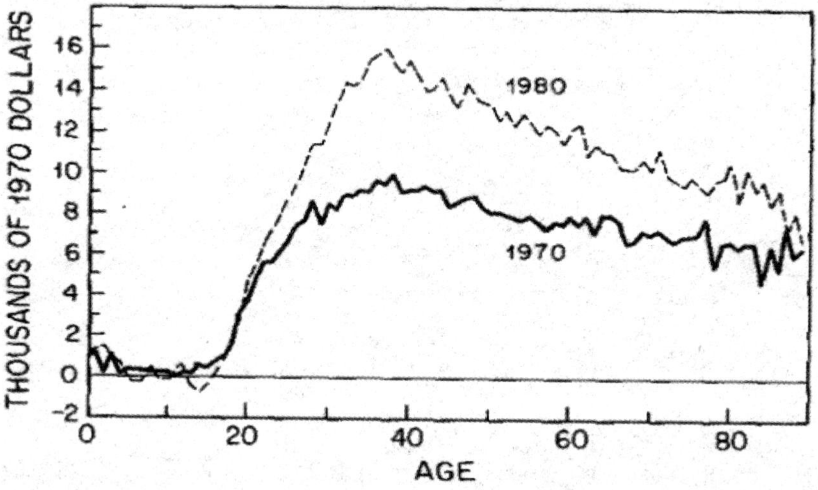

数据来源：N. Gregory Mankiw and David N. Wei，The Baby Boom, the Baby Bust,and the Housing Market.

图62 曼昆预测的住房需求与房价

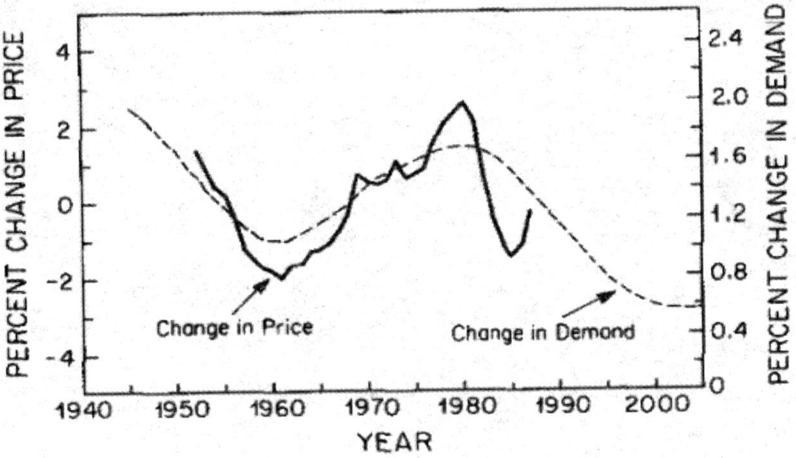

数据来源：N. Gregory Mankiw and David N. Wei，The Baby Boom, the Baby Bust,and the Housing Market.

其中，图中的虚线是曼昆预测的住房需求指数，实线是住房价格。后来实际房价的情况具体可见图63。那么，我们需要分析一下曼昆这样预测出错的原因在哪里。根据曼昆的需求测算，我们按照曼昆提供的数据，将1930～2014年人口住房需求进行对数指数化（一种数据处理方式，可以在图表中将百分比转换成绝对值幅度，视觉上看更为明显）处理，结果如图63。

我们发现，曼昆两个错误：第一，按照美国真实的1990～2014年的人口结构数据计算，曼昆需求指数与曼昆在1989年预测的结果不同；第二，即便是曼昆预测人口结构变化数据预测对了，其需求指数仍然预测不了1998～2005年的美国房地产大牛市。

图63　曼昆需求指数与美国房地产价格

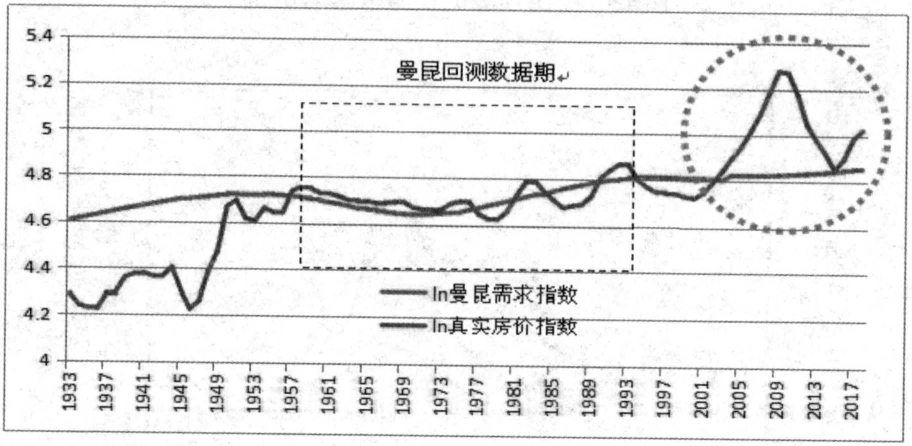

数据来源：N. Gregory MANKIW，wind，Robert J. Shiller

第一点，曼昆对人口结构的预测错误是因为美国移民导致的。曼昆在其文章中也列举了美国人口调查局1940～1980年之间的人口预测，与真实的结果相差甚大。那么，从这点来看，人口预测也是个难度较大的事情。如果没有移民因素，美国的14～65岁人口占比无法在2000年前后回升。

图64　美国14～65岁人口（劳动力人口）占比

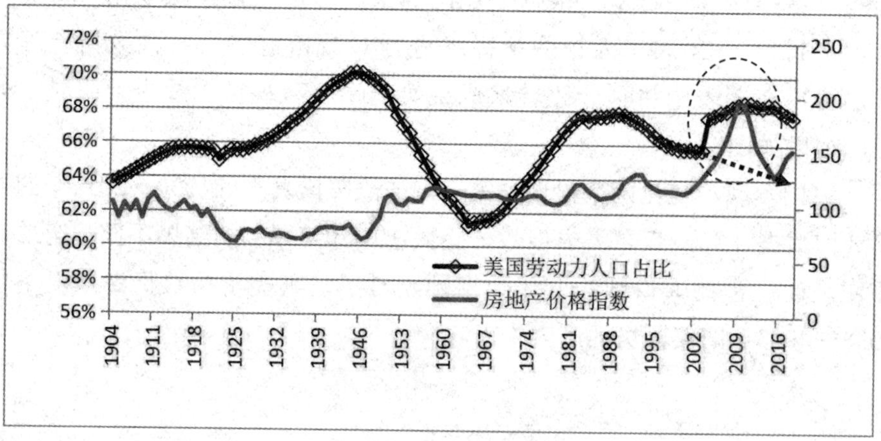

数据来源：wind，Robert J. Shiller

图65 美国移民人口

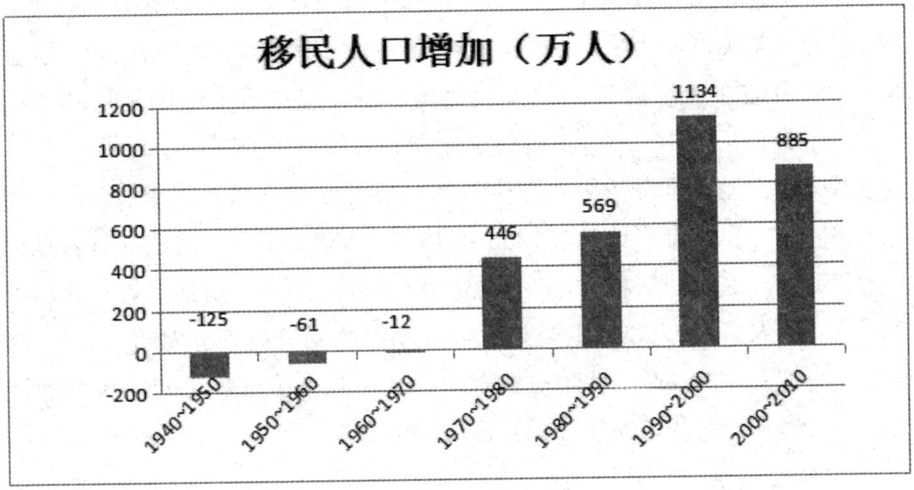

数据来源：美国人口调查局

https://www.census.gov/population/www/documentation/twps0081/twps0081.html

第二点，我们根据真实的人口结构数据绘制的曼昆住房需求指数，仍然解释不了1998～2005年的房地产价格高涨的原因。其实曼昆的年龄与住房需求的关系是根据1970年的数据样本进行求解的。这说明，2000年前后的住房需求增大了。

起源于1998年的这次上涨是美国房地产市场的第二次大幅度上涨，使人不禁联想到了当年美国股市的互联网科技泡沫。在金德尔伯格的史诗级巨著《疯狂、惊恐和崩溃金融危机史》一书中，他说道："大多数重大危机中，至少存在两个投机对象、两个市场。正如各国的市场是相互联系的一样，投机也很可能是相互联系的，前提是只要具有相应的信贷条件。"

"始于1998年的房地产市场的繁荣，发生在1995年股票市场开始明显上升之后的几年。这也许在一定程度上可以解释为房地产市场对股票市场的反应：国际清算银行最近发表的一份对13个发达国家住房价格的研究报告认为，住房市场的波峰平均比股票市场的波峰延迟两年出现。"（【美】罗伯特·席勒《非理性繁荣》，第15页）

如何从逻辑上解释这样的现象，取决于我们在界定资产价格的上涨时，是由于真实需求推动还是投机驱动。非常重要的两点是：第一，看基本面需求是否有实质性变化；第二，看金德尔伯格提出的投机因素的传染（比如1987年美国股市暴跌导致的全球各国股市暴跌，基本面因素、资金面因素不可能在短期内有如此大的变化，解释起来只能是因为“传染因素”的存在），在外在表象上看就是在同一时间段内存在多个投机标的。

首先，看基本面需求是否发生了实质性的变化。我们从套户比的角度看1998～2005年：套户比从1.1258上升至1.1351，而且套户比一直长期处于上升趋势。这无法解释房地产价格为什么从1998年开始暴涨。从住房拥有率（有房人口/总人口）的数据看，1998年的住房拥有率为66.4%，2005年的住房拥有率为69%，且住房拥有率也处于长期上升的趋势，同样也无法解释房地产价格从1998年开始暴涨的原因。

图表66　美国住房拥有率与房地产价格指数

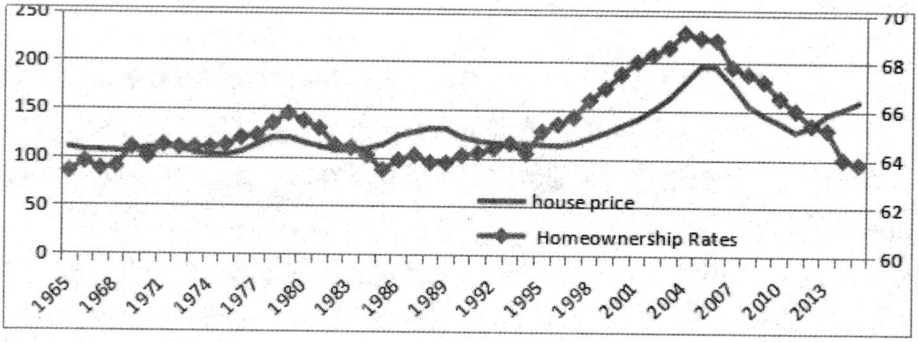

数据来源：美国人口调查局，Robert J. Shiller

任何资产价格上涨往往都伴随着看似合理的解释。

“对于20世纪90年代以来很多地区房地产价格的上涨，一种解释认为，人口压力使得土地资源日渐枯竭，必然导致住房价格上涨。但实际情况是，1990年以来人口增长非常稳定而缓慢，土地资源也并未枯竭。另一种解释认为，住房价格上涨的原因是，需求的过快增长导致建造住房所必须的劳动力、木材、混凝土和钢材的价格高企，但事实上建筑成本并未超出其长期运行的趋势范围。此外，还有一种解释认为，泡沫的出现，是由于很多国家通过降低利率来应对全球经济的衰退。当然，较低的利率水平是导致房地产价格上升的因素，但历史上各国中央银行曾多次降低利率，却从未出现过如此一致的房地产价格泡沫。”（【美】罗伯特·席勒《非理性繁荣》，第12页）

我们可以看到的是，美国房地产世纪之交的繁荣也出现了很多貌似合理的解释，然而这些解释都经不起逻辑的推敲。建筑成本、人口、套户比、住房拥有率都无法解释美国房地产1998～2005年的大幅度上涨。在排除了这些基本面因素后，可以将价格的上涨理解为泡沫。而后的事实也证明了这是个泡沫式的上涨，即在2005年美国房地产价格出现了大幅度的下跌。

第四节　明斯基时刻

资产价格泡沫破灭的顶点被称为“明斯基时刻”。

伴随着国债利率在1982年开始大幅度下行，美国的资产价格都产生了大幅度上涨。无论是股票还是房地产市场，在美国国债利率上行的大周期1960～1982年期间都是负收益（即无法跑赢通胀），而在1982～2005年的利率下行周期内，股票和房地产市场都是正收益，而且大幅度地跑赢通胀。

表11　国债利率影响下的资产价格变动

阶段	期间	国债利率变化	真实房价变动	名义房价变动	真实标普500变动	名义标普500变动
1960～1982	22年	4.72%→14.59%	-1.78%	221.70%	-25.00%	145.00%
1982～2005	23年	14.59%→4.22%	82.02%	267.00%	349.00%	805.00%

数据来源：Robert J. Shiller，http://www.econ.yale.edu/~shiller/data.htm

2005年，美国房地产价格迎来了明斯基时刻。我们重点关注这个时刻的房地产估值究竟达到了多高的水平。房地产的估值指标主要有两个：一个是租售比，一个是房价收入比。

先看租售比。美国的房地产市场租售比长期稳定在4%～6%之间波动，在2005年房地产的租售比达到了3.15%，同期的国债利率水平为4.22%。但是，美国房地产的租金回报率产期低于其国债利率，直至2007年房地产的租金回报率才超过了其国债回报率。这样的市场表现是有悖于常理的，因为从金融资产定价的基本理论看，国债的风险是所有金融产品风险最低的，因此，国债理应是所有金融产品中收益率最低的。但是，美国的房地产租金回报率长达数十年的时间内低于国债利率。显然，通过低风险低收益的常理无法解释这样的现象。那难道说美国房地产长期处于泡沫中？也不见得，因为美国房地产价格在1955～1998年长达40年的时间里价格基本稳定，并未出现过过分的大起大落。对于泡沫的定义，是快速的上涨之后出现价格的下跌。房地产价格40多年的稳定与30多年的租金回报率低于国债利率并存，代表着这样的估值是相对合理的。

我们认为，这是由于房地产二重性特点造成的。租房与自有住房给人带来的感觉差异导致了购买住房的价格高于租房租金的现值，即房地产市价-租金现金流折现现值的差额是购房者为自有住房获得安静、归属感所需支付的对价。

图67　美国长期利率与住宅租售比

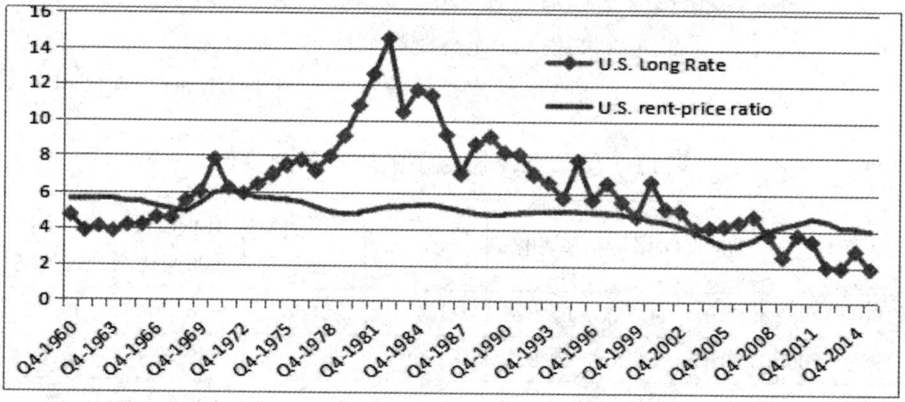

数据来源：利率：Robert J · Shiller，http://www.econ.yale.edu/～shiller/data.htm

租金回报率：林肯土地政策研究院，http://www.lincolninst.edu/subcenters/land-values/rent-price-ratio.asp

再来看房价收入比。我们采用美国住宅均价除以年收入的均值，得出房价收入比，长期的数据显示，美国的房价收入比在1960～2000年一直稳定在8左右，而2005年房价收入比达到了11.45，相比长期均值，波动范围超出了40%。

图68 美国房价收入比与房价

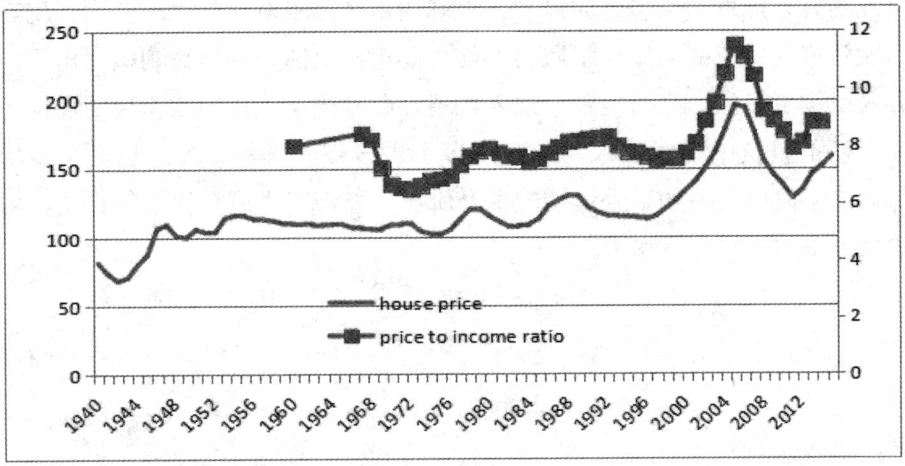

数据来源：

房价指数：Robert J. Shiller，http://www.econ.yale.edu/～shiller/data.htm

房地产价格：林肯土地政策研究院，http://www.lincolninst.edu/subcenters/land-values/rent-price-ratio.asp

收入水平：美国人口调查局，https://www.census.gov/hhes/www/income/data/historical/people

第五节 影响因素总结

总人口的增长、城市化和二战的停滞导致了二战之后房地产需求集中爆发，推动房价上涨。与此同时，美国大幅的开工房地产，使得套户比在1960年前后超过了户均1套房产，也稳定了此后长达40年的房地产价格。

在此处，我们找到了证据支持需求与供给在影响房地产价格。

1882年美国长期利率的下行和移民人口因素，导致了美国房地产价格在1998年开始出现泡沫。这次上涨时房地产的需求、供给指标无法解释房地产价格的上涨。集体式的传染，导致房价形成了正反馈与负反馈效应。

因此，通过美国房地产百年史，我们可以印证明斯基模型。重温一下明斯基那段话：我们假定存在投机需求，且该需求已经转化为商品和金融资产的有效需求。一段时间以后，上升的市场需求对商品生产能力和现有金融资产的供应能力施加了压力。结果，价格上涨，新的盈利机会出现，并吸引了更多的厂商与投资者进入市场。此时产生了正向或积极的连锁反应，新的投资增加了收入，从而刺激了进一步的投资，收入也进一步增加。这一阶段就是明斯基所谓的上升阶段。随着对生产和销售的投资，对价格上涨的投机也增加了。

第五章｜日本战后房地产史

“1945年8月，日本天皇通过无线电广播向国民宣布投降书。这不只是战败，而是一个世界的末日。日本民众历来只知道像崇拜神一样崇拜天皇，甚至不敢举目正视天皇的画像，现在怎么可能无亵神之感侧耳细听他的声音呢？‘当我们听到的只是一个跟任何普通人一样的嗓音时，我们感到惶恐不安，失望之至……我们简直无法相信在这个炎热的夏天，这样一位令人望而生畏的人物一下子变成了一个普通的人。’当时还是个孩子的日本小说家大江健三郎的不安感染了全体日本人民，引起了他们的共鸣。战败不只影响到国家的命运，它威胁着国家存在的原则本身，它否定了这个国家起源于神道的传说，它使这个种族具有先天的优越性和特殊道德的信念毁于一旦。战败的结果使得这个国家把土地置于外国占领者的脚下，蒙受前所未有的耻辱。”（【法】皮埃尔·莱昂《世界经济与社会史》，第329页）

日本投降后，富有智慧的道格拉斯·麦克阿瑟将军进驻日本。麦克阿瑟的主要任务是彻底清洗在日本人头脑中的军国主义思想，用民主取而代之。麦克阿瑟废止了《明治宪法》（又称《帝国宪法》），颁布了《昭和宪法》（即《和平宪法》）。《帝国宪法》关于天皇的表述——“朕以国家之昌隆及臣民之福庆为衷心欣荣，依承于祖宗之大权，对及将来之臣民，宣布此不磨之大典”，被彻底废止。《和平宪法》的表述为“天皇是日本国的象征，是日本国民整体的象征，其地位以主权所在的全体日本国民的意志为依据。”这些，使得日本在政治制度上彻底清除了封建残余和军国主义思想，为日本迈向现代经济制度作出了重要贡献。可以这样说，如果没有麦克阿瑟，就不可能有日本的现代经济制度，也不可能有日本强悍竞争力的工业，日本更不可能跻身于世界前三经济体。

第一节 概 述

日本的房地产市场产生过严重的泡沫，是我们重点研究的对象，美国在新千年之交的房地产市场泡沫相比于日本的泡沫可谓是小巫见大巫。相比于美国，日本的国土面积狭小，人口密度高，一个岛国对于土地的渴望程度，大陆国家自然无法比拟。

图69 日本真实地价指数、真实租金指数、住房拥有率和套户比

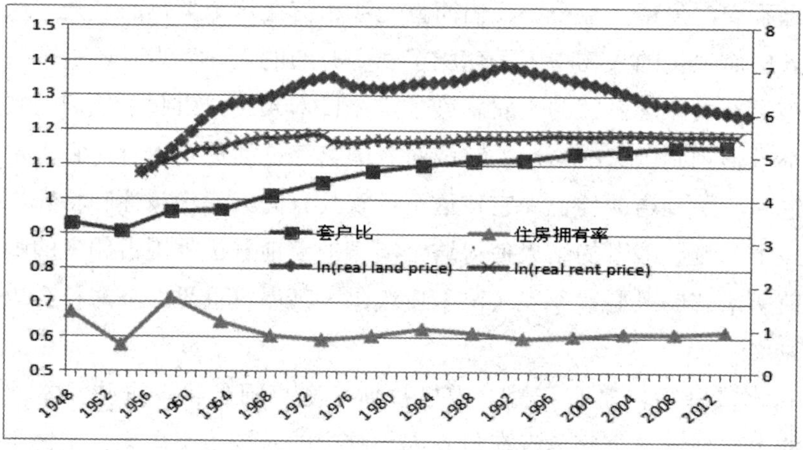

数据来源：

CPI：美联储，https://research.stlouisfed.org/fred2/series/JPNCPIALLMINMEI/downloaddata.

名义地价：日本统计省，http://www.stat.go.jp/english/data/chouki/。

住房拥有率：日本统计省，http://www.stat.go.jp/english/data/chouki/。

套户比：日本统计省，http://www.stat.go.jp/english/data/chouki/。

真实租金指数：1955～1970 日本统计省，http://www.stat.go.jp/english/data/chouki/。

1970～2015 OECD，http://www.oecd.org/eco/outlook/focusonhouseprices.htm。

20世纪的三大因素对全球房地产的影响相同，而对日本的影响力度更大。毕竟日本的战争破坏程度比美国惨烈的多，战后的住房建设任务也比美国难度要大。而战争导致的城市化进程终止和人口下降，在战后都集中爆发出来。这些都是，日本房地产市场投机更为严重的先天性因素。

根据相关的统计数据，我们整理绘制了图70。由于日本官方统计未公布房屋价格，而只是公布的地价，我们在分析日本的房地产市场时，全部使用地价数据来代替房价（OECD也是这样做的）。我们在前文中讨论过地价与房价的关系，我们认为这两者本质上相同，故也无必要进行严格区分。

我们发现，与美国较为相似的地方是，套户比、住宅拥有率这样的指标也同样无法解释日本地价的长期波动。人口作为我们从第一印象出发的影响因素也无法解释日本的房地产波动。

图70　日本人口与地价

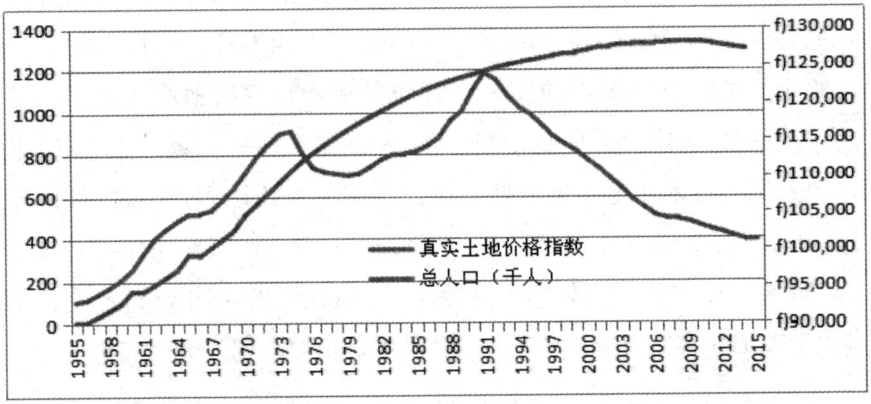

数据来源：日本统计省，http://www.stat.go.jp/english/data/chouki/

1953年，日本的套户比为0.9，在日本住房大幅建设下，至1968年套户比上升到了1.01，总体上住宅市场供求达到了平衡。但是，房价上涨在1968年并未止步，真实土地价格一直上涨到了1991年，名义土地价格比1968年涨了578%。套户比在1968年也一路攀升，直至最近的2013年（普查年份）公布的数据为1.15。这与常理是不符的。如果我们把房地产作为商品来看的话，供求关系决定价格。在供过于求的情况下，按照供求模型的预测结果是：价格的涨幅至多不能超过通货膨胀率。但是，事实却不是这样的，而且不单单在一个样本发现这样的结果。我们覆盖的数据期限长达100年，美国、日本出现了这样的情况。故而，这样的结果通过供求模型是解释不了的，也是我在序言部分提出的房地产二重性导致的。

我们再看套户比对租金指数的影响。1968年套户比上升至1以后，真实租金指数在1972年见顶，在1972～2014年长达40多年的时间里，真实租金指数并未出现过上涨，而是一直保持稳定。相比于房地产价格，租金是很好的商品属性（市场上转租的行为相对较少，即对租金的投机较少），故而供求模型可以预测租金的走势。租金为我们提供了衡量住房价格是否产生泡沫的一个尺度。

因此，不同于大多数经济学者对于日本房地产发展史的分段方法，我们通过套户比与地价的变化，将日本的房地产市场划分为4个阶段。1945～1955年为战后经济恢复期。此阶段套户比下降，价格上升，日本主要解决的是吃饭问题。1955～1970年前后为日本房地产建设期，在此期间，套户比上升，价格也上升，日本解决了住房问题。而1970年前后～1991年为日本房地产泡沫期，在此期间套户比达到1之后，价格还在上升，日本房地产在供需平衡之后价格还在上涨。1991～2015年为日本逝去的三十年，套户比上升，房价一路下跌。截止到2015年，日本的真实地价指数相比1991年的跌幅为67.7%，名义地价指数跌幅为65.8%。

表12　日本房地产市场不同阶段的特征

时间段	1945～1955年	1955～1970年前后	1970年前后～1991年	1991～2015年
间隔	10年	15年	20年	30年
名称	战后经济恢复期	房地产建设期	泡沫期	逝去的三十年
套户比	0.92→0.9	0.9→1.01	1.01→1.11	1.11→1.15
住房拥有率	67.03%→57.53%	57.53%→60.31%	60.31%→61.34%	61.34%→61.74%
城市化率	33.11%→56.1%	56.1%→72.07%	72.07%→77.37%	77.37%→91.38%
真实人均收入	—	—	94.89%	7.72%
真实人均GDP	—	201.20%	106.19%	19.21%
真实租金变动	—	128%	-2.62%	14.04%
名义租金变动	—	329%	188.90%	5.62%
真实地价变动	—	615%	65.79%	-67.67%
名义地价变动	—	1292%	384%	-65.83%

数据来源：

CPI：美联储，https://research.stlouisfed.org/fred2/series/JPNCPIALLMINMEI/downloaddata。

名义地价：日本统计省，http://www.stat.go.jp/english/data/chouki。

住房拥有率：日本统计省，http://www.stat.go.jp/english/data/chouki。

套户比：日本统计省，http://www.stat.go.jp/english/data/chouki。

真实租金指数：

1955～1970：日本统计省，http://www.stat.go.jp/english/data/chouki。

1970～2015：OECD，http://www.oecd.org/eco/outlook/focusonhouseprices.htm。

城市化率、真实人均GDP、真实人均收入：日本统计省，http://www.stat.go.jp/english/data/chouki。

另外，相比于美国，日本大不相同的一点是，在国际经济视野下，因为大部分的国际贸易和国际投资都以美元计价，故美国的经济核算、国民财富和资产价格等都不存在汇率和利率问题。但是日本却不同，日本房地产泡沫的发展伴随着日本利率和汇率不得不听从美国利率政策摆布造成的影响，这点很特殊，也与中国的情况比较接近。故此，我们在分析日本房地产史时也花一定量的篇幅来解释汇率和利率这个问题。

第二节　1945～1955年

“二战期间，日本的房屋受到大量破坏。随着战后大量海外日本国民撤退回国，房屋短缺更加严重，大批民众露宿街头。因此，战后初期，日本兴建了大量简易房屋以解燃眉之急。由于数据缺乏，二战结束之后到1955年前的日本房地产市场很难还原，但是可以大概估计。从1952年开始，日本开始执行公营住宅建设三年计划，该计划共有5期，持续了15年，为解决严重的住宅不足问题做出了巨大贡献。1953～1968年，日本户均住宅套数从0.91增长至1.01。”（李想、林发彬《日本战后城市化与房地产业发展的关系》）

作为战败国，相比于美国，日本经济损失十分严重。我们在背景部分提出的三大因素——人口爆炸、城市吸引力和二战，其中二战对日本的影响更大。美国本土在二战期间几乎没有受到破坏，相比日本从战后的住房建设难度上来讲肯定更为轻松。另外日本国土面积狭小，城市化使日本人口主要集中在六大都市圈。这些因素都为日本房地产相对美国更容易泡沫化提供了有利条件。

日本战后的1945～1955年，房地产的套户比由0.92下降至0.9，住房拥有率从67%下降至57%。这与战后日本士兵回国导致的大量日本家庭数增长有很大的关系。

“轰炸摧毁了四分之一的不动产，大城市的疏散打乱了各种交通和通讯联系。农业跌到了战前大约百分之六十的水平，而工业生产则下降了三分之二。资源在日趋减少，人口压力却在增加。战争使二百万平民和军人伤亡，而从老殖民地和日本势力范围遣返回国的人却达到六百二十万人。军人重返家园不可避免地导致出生率激增：从1945年的千分之二十四上升到1947年的千分之三十四。在战败后的五年中，日本的人口增加了百分之十四，即从七千二百万人增加到八千三百万人。”

“居民缺少粮食、衣服、燃料、住房。按人口平均计算的消费比战前已经很低的水平又下降了三分之一。每天的大米定量减少到了半斤，只能非常勉强地维持生存。通货膨胀犹如脱缰野马。1946年初，批发价格的指数达到了八百（1934年至1946年为一百）。1942年2月的货币改革不足以抑制物价上涨，刚到年底物价又开始上升。1949年，物价又上涨了一倍。日元在国际市场上失去了价值。”（【法】皮埃尔·莱昂《世界经济与社会史》，第330页）

继解决了宪法问题后，麦克阿瑟将军在此阶段主要进行土地改革和反托拉斯改革，将原来统治日本农村的地主阶层和统治日本工业的财阀的物权国有化，进行二次分配，从经济的根本制度上清理军国主义残余的生产模式。

日本在此阶段不断地在与贫困、通胀作斗争，也一边在重新恢复工业，直至朝鲜战争爆发，日本借助向美国提供大量后援支持，迅速地将工业生产水平恢复到了战前。

第三节　1955～1970年前后

从1955年起，日本成功地克服了经济重建初期生产忽高忽低的各种矛盾。从通货紧缩到萧条、从扩张到通货膨胀的恶性循环似乎已经被打破。在此期间，工业获得了高速增长，1952～1971年平均每年增长百分之十五，而战前1885～1940年为百分之五点七。（【法】皮埃尔·莱昂《世界经济与社会史》，第340页）。

日本统计省的主要统计数据从1955年开始，我们能够更为真实地据此还原到当时的历史画面。1955～1970年前后是日本历史上最大的房地产建设时期。在1972年顶峰时住宅新开工高达185万套，这个数字在接下来的几十年内再也没有被超过。

同样的，我们需要注意的问题是，在日本的住宅开工与其地价指数高度一致的背后是蛛网模型。不过日本的房地产开工并非表现为与房价的滞后性，而是新开工的增长幅度远远大于真实的地价上涨幅度。这也是市场达到均衡所需的一种手段。

图71　日本住房新开工与房地产价格

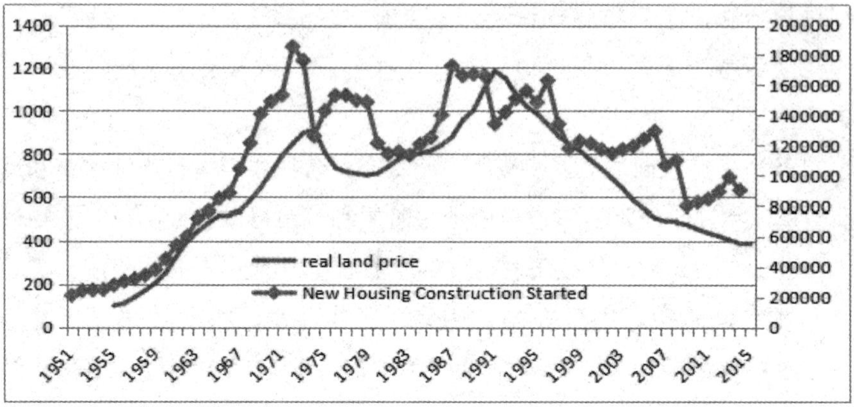

数据来源：

CPI：美联储，https://research.stlouisfed.org/fred2/series/JPNCPIALLMINMEI/downloaddata

名义地价：日本统计省，http://www.stat.go.jp/english/data/chouki

新屋开工：1951～2003:http://www.stat.go.jp/english/data/chouki/09.htm；2003～2014:https://research.stlouisfed.org/fred2/series/WSCNDW01JPA489N/downloaddata

在需求的刺激下，房地产价格出现暴涨，进而吸引供给方扩张产能，结果使得套户比从0.9攀升至1.01。这使得日本住房市场在上世纪70年代初达到了基本的供求均衡状态。但是，我们需要搞清楚的是，在这15年期间真实房价涨了615%，年均涨幅高达14%。而在此期间，真实租金上涨了128%，真实人均GDP增长了201%。房价是不是过度波动了？换句话说，难道是有需求推动的房价上涨最终达到均衡之前的涨幅就一定不是泡沫？不少学者在分析日本房地产市场时，将这段时间内的房地产价格上涨都归结于需求推动，我们认为有必要花点时间仔细分析一下。

第一，我们从逻辑上分析这个问题。我们把家庭分为两个类型：第一类是有房家庭，第二类是无房家庭。其中第一类家庭可细分为多套房家庭和一套房家庭。一套房家庭不参与房地产出租市场游戏，我们把他们忽略掉。租金代表着无房家庭这部分的的需求和有多套房家庭的供给达到均衡的结果。我们通过上文套户比的数据可知，相对家庭数量，住房的供给量是增加的，租金的上涨肯定不是因为出租房屋收紧导致的，而是由需求上升导致的。那么，作为转换为购买需求的后备军力量（租房家庭）产生的需求就是房地产市场价格的先行指标。当租金增长比较快时，住房价格增长是几何级的（具体数学推导见附录一的证明），故而我们看到了在这15年期间土地价格指数的涨幅远远大于租金的涨幅。但是市场预期错了，租金在20世纪70年代以后几乎没有增长了。故，可以从逻辑上得出的结论是，1955～1970年的价格涨幅是具有一定市场误判的原因的，也就是说这里面的涨幅是有泡沫成分的。

第二，我们对泡沫是有基本共识的，就是涨上去再跌下来的就是泡沫，涨上去没跌下来的就不是泡沫（比如美国1942～1954年真实房价上涨了70%）。我们看日本在1955～1970年这阶段上涨的价格，直至2015年日本的房价又跌回了1962年的水平。也就是说，有人从1962年买入房地产，在不考虑房屋折旧的情况下，经过了53年，也就仅仅和通胀打了个平手，中间的繁荣都是南柯一梦。所以，能够肯定的只是，1962年之前的房地产的确是没泡沫的。

基于上述的分析，我们基本上可以解答提出的问题，就是虽然说1955～1970年前后日本在城市化率大幅提高（即城市人口大幅增长）、房屋租金大幅上涨、套户比由相对紧缺达到基本平衡的过程中，房价上涨是有其真实需求在背后推动的。但是，与真实需求相伴的是房价的确有泡沫存在，无论从租金对价格的影响角度分析，还是通过历史事实的证明，这期间日本产生了相当严重的泡沫。

第四节　1970年前后～1991年

表象：巨大差异的GDP

“1968年，日本的国民生产总值约达1330亿美元，尽管距离美国的国民生产总值约8400亿美元相差甚远，却已成为西方世界中仅次于美国的第二经济大国，与1950年国民生产总值约为100亿美元的规模相比，18年间约增长12倍。”（【日】三宅武雄《战后日本经济》，第3页）

图72 美日德三国GDP总量（1990年国际元）

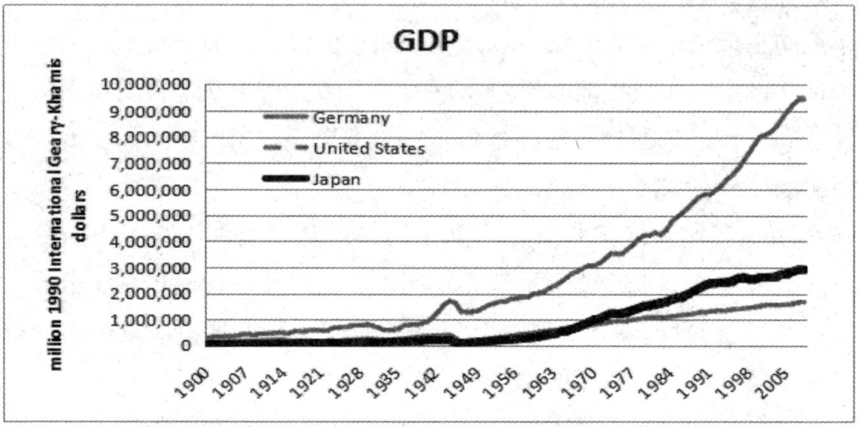

数据来源：Angus Maddison，http://www.ggdc.net/MADDISON/oriindex.htm

日本的经济奇迹让全球范围内的经济学家都称为“奇迹”。但是进入20世纪70年代后，日本经济可谓是迎来了多事之秋。70年代日本从内部制度上进行了利率市场化改革、汇率改革，逐步允许利率和汇率自由浮动，外部受到了两次石油危机的打击，经济曾短暂陷入衰退和通胀的局面，但是伴随着房地产市场的一路向好，日本经济飞速发展逐步克服了这些困难。直至1991年，平成危机让日本逝去三十年。

货币会直接派生GDP。我们假设一个经济体内只有甲、乙两个人，甲生产粮食，乙生产衣服，然后两个人互相物物贸易。我们假设甲去年生产了1000斤大米，乙生产了10件衣服，那么GDP=10件衣服+1000斤大米。今年甲生产了1200斤大米，乙生产了12件衣服，那么今年的GDP=12件衣服+1200斤大米，GDP就增长了20%。当甲乙采用货币作为中介时，假设经济体内总计有100元，10件衣服卖50元，1000斤大米卖50元，将GDP用货币来表示就是100元。今年，经济体的货币量增加到了120元，但是甲仍然只生产了1000斤大米，乙也只生产了10件衣服，但是米价涨了、衣服的价格也涨了，10件衣服卖60元，1000斤大米卖60元，则今年的GDP是120元，GDP同样增长了20%。

汇率派生GDP。现在邻村出来了两个人丙和丁，丙生产自行车，丁生产鞋子。丙和丁向甲和乙提出我们可以进行贸易，互通有无，这样我们四个人都会过得更好。但是问题来了，甲和乙的货币使用的是贝壳，丙和丁使用的是村口的大石头。那么怎么交换？只能定一个换算的汇率。汇率怎么定，取决于甲和乙、丙和丁这两队渴望得到对方商品的程度。如果甲和乙更希望得到自行车，那么就要在货币上做出让步，拿更多的贝壳去换人家的石头。这就是在经济学上的贸易逆差导致汇率下降。而丙和丁则是贸易顺差导致汇率的上升。

上面的例子仅是讲了大概，现实世界中汇率问题更为复杂。各国之间不仅只有经常项目（即国家之间的贸易）的联系，还有资本项目（即国家之间的投资）的联系。总结起来有两点：1．经济体的经济增长越强势，该经济体的货币就越强势；2．经济体的贸易越强势，该经济体的货币就越强势。但是，汇率市场不一定一直是遵循这样的规律，汇率市场受到各国央行的主动管制，各国央行都比较担心汇率大幅度波动会影响贸易和投资的稳定，进而影响经济稳定。故而，当经济体的汇率升值时，用外币表示的GDP会自然升高。

图73　美国、日本GDP不同的计算方式差异

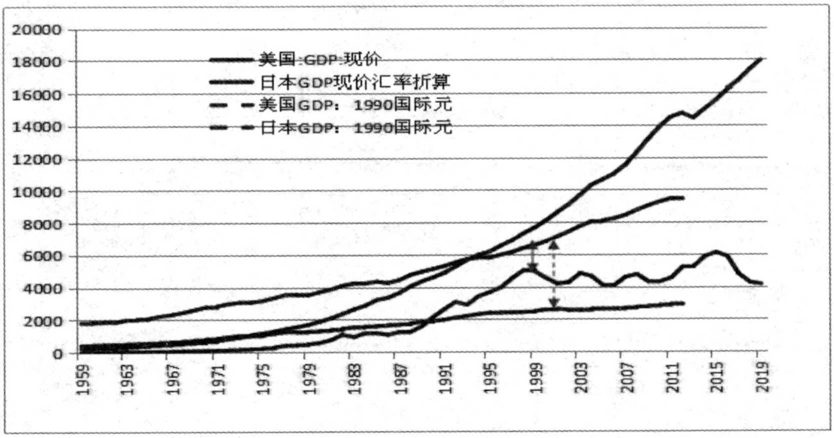

数据来源：

1900国际元GDP：Angus Maddison，http://www.ggdc.net/MADDISON/oriindex.htm

现价GDP：wind

汇率：美联储 https://research.stlouisfed.org/fred2/

我们观察一下日本经济顶峰的1994年，按照日本当年现价GDP去除以当时的美元日元汇率，日本的GDP比美国少31.38%；而按照麦迪森提供的统计数据，日本经济顶峰的1994年，将美国、日本的GDP全部折算为1990年的国际美元时，日本的GDP总量比美国少61.67%。差距如此之大！这是日本人当年想要买下整个美国的根本原因。1994年，在日本人的眼里，美国的所有东西都太便宜了。

我们进一步揭示一下两者的重要差异，我们这样处理数据：将日本的1955年开始的以当年日元计价的GDP除以当年的日元兑美元汇率，计算出日本的现价美元GDP，然后以1955年作为100进行指数化；将麦迪森的1990年国际元计价的日本GDP以1955年作为100进行指数化（如图74）。

图74 日本两种GDP计算方式下的巨大差异

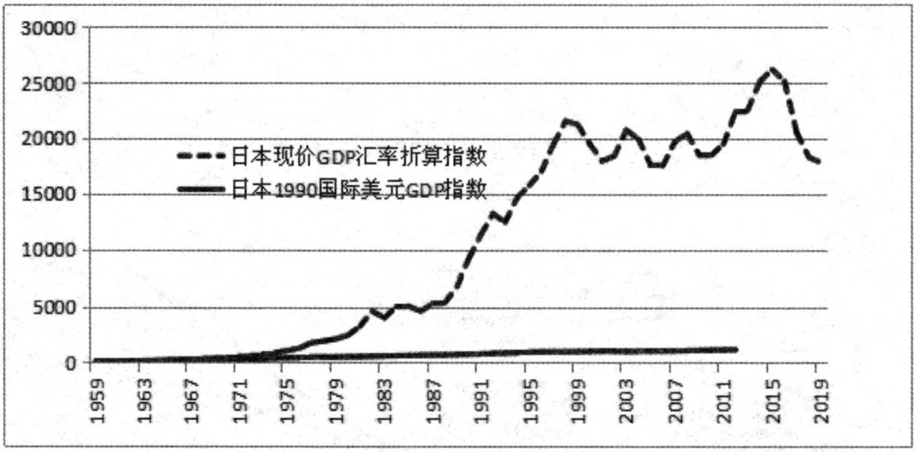

数据来源：

1900国际元GDP： Angus Maddison，http://www.ggdc.net/MADDISON/oriindex.htm

现价GDP：wind

汇率：美联储，https://research.stlouisfed.org/fred2

不稳定年代

20世纪70年代作为二战之后相对不稳定的一段时期，全球经济发生了两件大事：第一是布雷顿森林体系的瓦解；第二是石油危机。这两件事深远地影响了日本的利率和汇率变化。

二战后形成的布雷顿森林体系确立了美元的国际结算货币地位，美元与黄金挂钩，各国的货币再与美元挂钩，美国政府承诺，各国都可以拿出美元向美国换黄金。我们前文中提及的，在贸易基本平衡的情况下，这样进行处理问题不大，但是美国的贸易却越来越不平衡。

图75 美国净出口

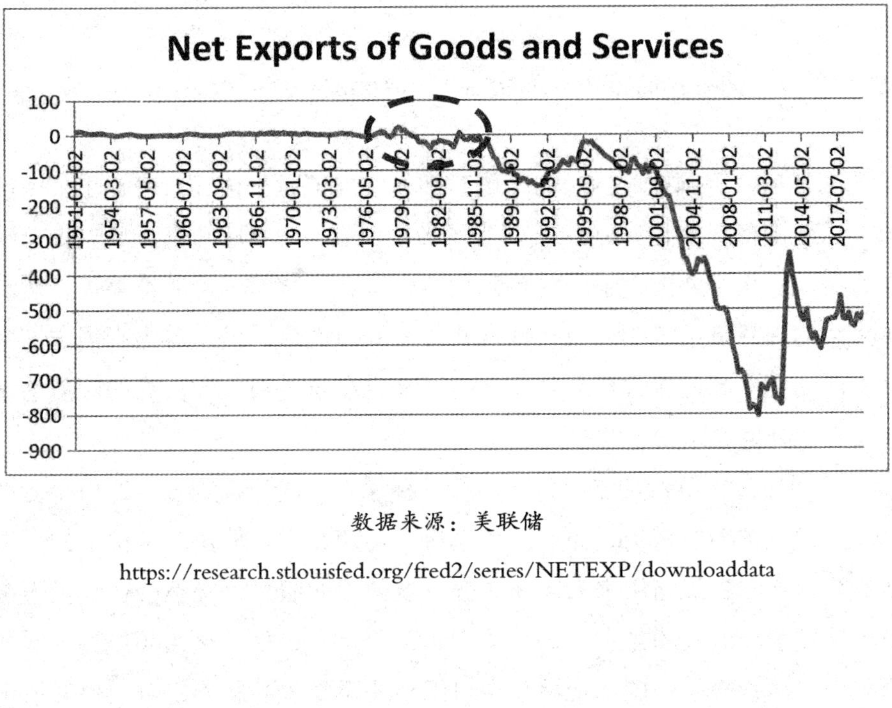

数据来源：美联储

https://research.stlouisfed.org/fred2/series/NETEXP/downloaddata

图76　美国联邦政府预算盈余与预算赤字

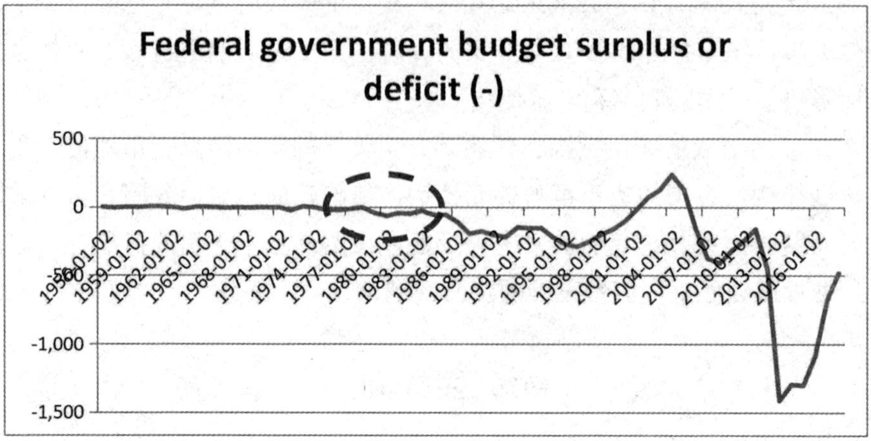

数据来源：美联储

https://research.stlouisfed.org/fred2/series/M318501A027NBEA/downloaddata

二战后，美国在相当长的一段时间内实现贸易平衡和政府支出平衡，但是这两者都在20世纪70年代发生了改变。1971年8月16日，尼克松总统宣布美国停止将外国人手中的美元兑换成黄金，从而单方面结束了长达25年之久的国际货币机制。布雷顿森林体系解体之后，世界各国由固定汇率制向浮动汇率制过渡。日元兑美元的汇率也在日本与美国贸易的顺差情况下展开了升值之路。

“在1960年至1970年间日本实行一种建立在连续抑制各种进口工业产品、大力保护国内市场、夺取国外销售市场和大力发展出口基础上的发展战略。这样一种战略用来为正在充分发展的工业服务，必然会在收支平衡中创造越来越巨大的盈余（1969年为90亿美元）。尽管从1960年起美国加紧敦促，尽管在参加国际货币基金组织和关税及贸易总协定时它也采取了一些部分自由化措施，但是日本离贸易自由还很远。日本的迟疑态度引起了美国1969年至1970年间高度紧张状态。当时在同日本的对外贸易中有13亿美元逆差的美国人，指责日本进行过度竞争，要求它自愿限制其纺织品出口，威胁它自行规定限额（1970年的米尔斯法案），后来于1971年12月在华盛顿终于达成了重新调整汇兑平价的协定，强制规定日元大幅度升值（16.88%）。”（【法】皮埃尔·莱昂《世界经济与社会史》，第356页）

另外一件事是石油危机。1973年10月第四次中东战争爆发，为打击以色列及其支持者，石油输出国组织的阿拉伯成员国当年12月宣布收回石油标价权，并将其积沉原油价格从每桶3.011美元提高到10.651美元，使油价猛然上涨了两倍多，从而触发了自第二次世界大战之后最严重的全球经济危机。持续三年的石油危机对发达国家的经济造成了严重冲击。在这场危机中，美国的工业生产下降了14%，日本的工业生产下降了20%以上，所有的工业化国家的经济增长都明显放慢。石油危机使得美国1974年的CPI蹿升至11%，这个通胀的环境下使得美国在接下来10年利率水平一直维持在高位。

图77　美国CPI与国债利率

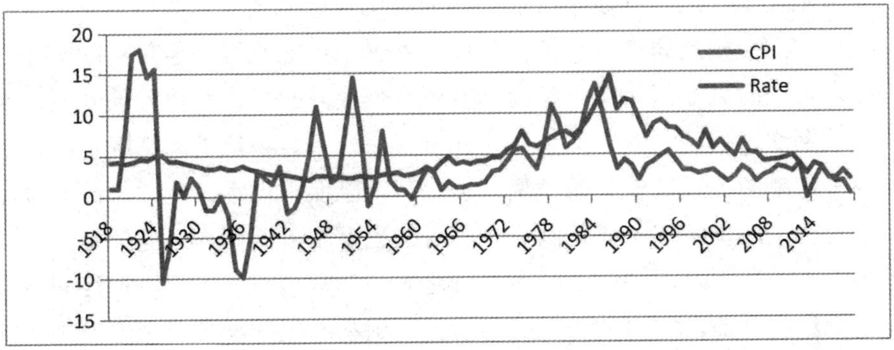

数据来源：CPI: wind Rate: Robert J. Shiller

石油生产国运用石油禁运进行威胁，这对日本经济来说是一种名副其实的死刑判决。因为石油提供了日本能源的80%，而且几乎全部需要进口（1973年为2.9亿吨），其中四分之三是由中东国家供应。（【法】皮埃尔·莱昂《世界经济与社会史》，第357页）

在此之前，日本的利率是管制的，日本各家银行持有的国债并不能在市场上进行交易。而鉴于汇率开始浮动、国内通胀走高和经济的下滑，这一切都倒逼着日本大藏省需要将利率交由市场去管理。1975年开始，大藏省（现财务省）开始实施国债“流动化”和利率“弹性化”政策，即允许银行将持有已发行一年以上的国债上市流通。

至此，利率这头怪兽就很难被管住了，由此导致的结果就是货币超发。货币超发加上日本货币升值导致了我们在上一节分析的现象——不同方式下计算GDP的巨大差异。

我们在分析美国房地产时，将利率背景作为一个重要因素。根据明斯基的模型，一般的泡沫形成阶段是有个过渡投机的阶段（即1955～1970年），根据我们的分析这阶段的土地价格涨幅中已经包含了泡沫成分。而在外部冲击下，日本的土地价格出现了回调，恰好此时出现了利率的火上浇油。

火上浇油的低利率

我们谈到过，日本与美国不同，因为美国的资产价格不存在汇率问题。但是日本不同，日本汇率上升的副产品就是资产价格泡沫，这是相辅相成的。

我们需要使用蒙代尔不可能三角的理论。根据蒙代尔的理论，资本自由流动、汇率稳定和货币政策独立性三者也不可能兼得。但是实际操作过程中，各国的央行都希望三者同时能得到是最好的。面对日元的升值，大藏省试图通过下调利率来抑制日元升值（在资本自由流动的情况下，关于利率与汇率的关系数学证明详见附录二），以保护日本工业。与此同时，美国度过了20世纪70年代的困难时期后，也不断下调利率。这就导致了日本央行的矛盾。日本央行不得不将日元的利率紧紧跟随美元，最终的结果是日元继续升值，国内的资产价格由于受到利率下行导致货币超发，在其影响下出现了巨幅的泡沫。

1985年9月，五个国家的财政部长在纽约广场饭店举行会议，为解决美贸易不平等问题达成“广场协议”。

“1983年10月以后稳定一年多的5%的利率，从1986年1月开始，经过几次降息，至1987年2月降到了历史最低的2.5%。这样的金融放松，作为日元迅速升值的对策来考虑，也许是必要的。汇率变动对生产者（特别是出口者）的利益影响，不同于消费者。日元升值，使前者受损，而后者则会因为进口商品价格的下降而受益。尽管如此，几乎没有人站出来支持日元升值。”（【日】野口悠纪雄《泡沫经济学》，第19页）

图78 日本利率与汇率走势

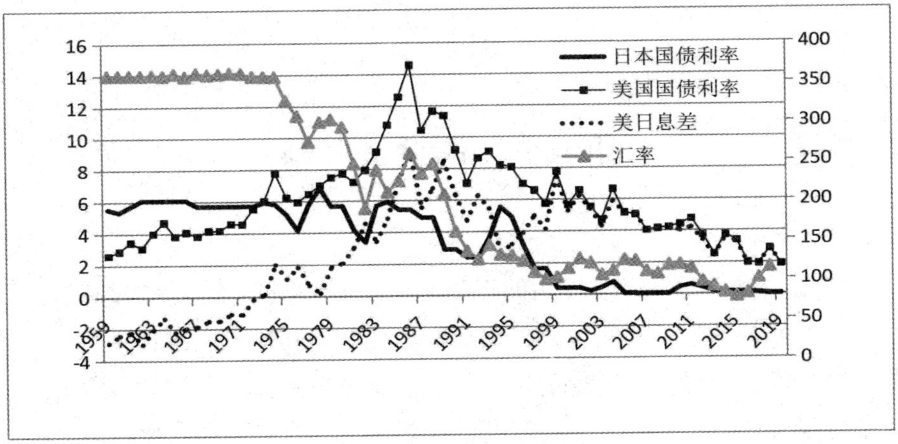

数据来源：美联储

但是事与愿违的是，日本大藏省通过调整利率的方式压低日元汇率的做法失败了。我们看到日元汇率一路升值的状态。究其原因，与日本巨额的经常项目顺差有关。

图79 日本经常项目收支顺差

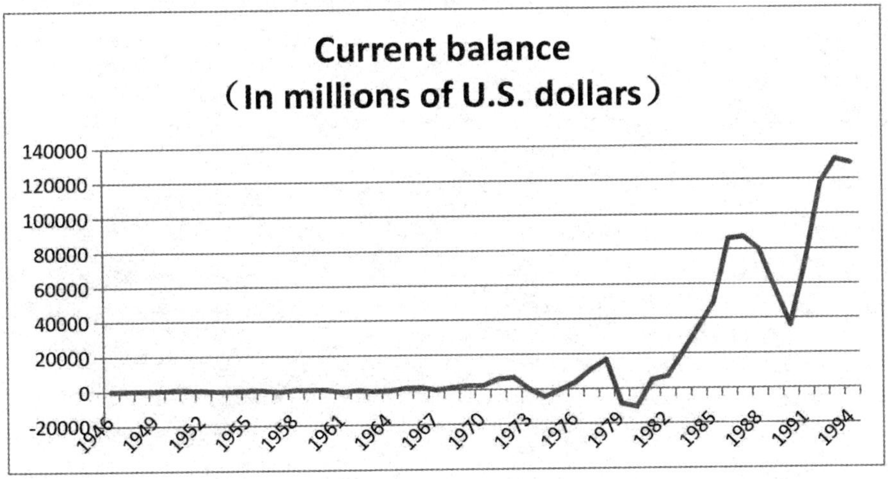

数据来源：日本统计省，http://www.stat.go.jp/english/data/chouki/18.htm

在原本住房市场已经具有泡沫的情况下，低利率政策将日本的土地价格推向了巅峰时刻。

第五节　明斯基时刻

“金融法人在1987年以后的三年时间持有的股票等估价为205万亿日元，按照当时的汇率换算，达15000亿美元。正是有了这种泡沫效益，日本政府大藏省才得以加大对金融界，其中包括那些并不十分情愿的机构投资家的压力，使其投资于美国国债。也正是由于有了这些泡沫效益垫底，日本的机构投资家们才继续投资于美国国债。”（【日】吉川元忠《金融战败》，第67～68页）

巨大的泡沫财富下，日本人买走了洛克菲勒中心，美国人惶恐地认为日本人买走了美国人的灵魂。伴随着这样的事件，日本的房地产也迎来了明斯基时刻。我们在上一章谈到了，一般的投机都会有两种投机标的。日本的股市泡沫也在这时候破灭。

图80　日本股票市值、东京土地市值与GDP比重

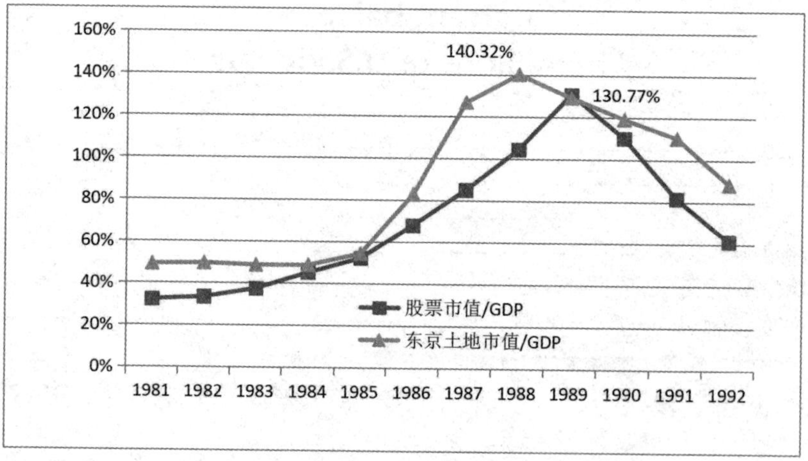

数据来源：【日】野口悠纪雄《泡沫经济学》，第3页

1988年最高峰时，东京的土地市值为529万亿日元，当年的日本GDP为377万亿日元。按照1988年的汇率125:1进行换算，东京的土地价值为4.23万亿美元，按照购买力进行计算，大概相当于2015年的8.3万亿美元。

东京圈在1990年达到了最高的房价收入比，为10倍（图81），美国2005年房价巅峰时刻的房价收入比全国均值为11.45。从这个角度来讲，虽然说美国的房地产价格总体涨幅没有日本大，但是美国的房价收入比却比日本高。足以见得美国在2005年也存在相当疯狂的泡沫。根据野口悠纪雄提供的数据，我们大概估算出当时东京一套使用面积为75平米的住宅，价格为8400万日元。这是一个什么概念呢？按照1990年的日元兑美元汇率折算后大概为58万美元，即相当2015年的100万美元的购买力。

由于我们没有找到更为长期的权威的房价收入比的绝对值数据（OECD只提供了1970～2015年房价收入比指数数据），而房价收入比数据本身也是有意义的。笔者试图通过回归的方式模拟，但是野口悠纪雄提供的数据与OECD提供的数据拟合度并不十分高，故此作罢。野口悠纪雄提供的数据是大东京圈的数据，因此，我们看到的这个收入比并不是那么离谱。

图81　东京圈平均住宅价格与收入比

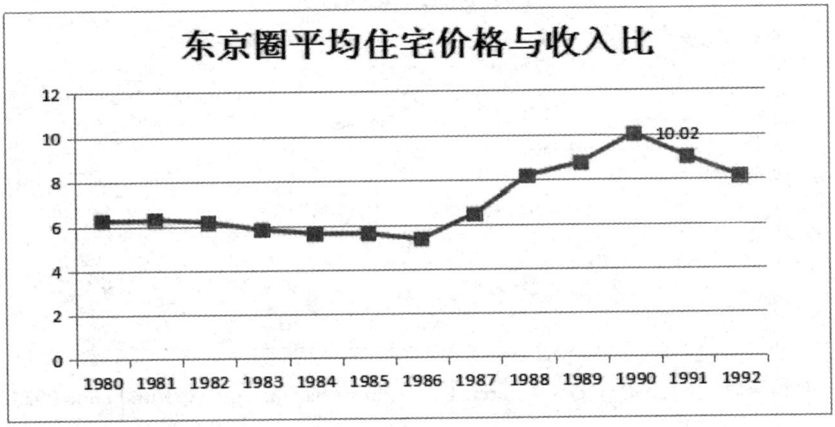

数据来源：【日】野口悠纪雄《泡沫经济学》，第68页

日本房产中心株式会社（Japan Property Central K.K.）提供了更长期的房价收入比数据（图82）。

图82 大东京范围内的房价收入比（日本房产中心株式会社）

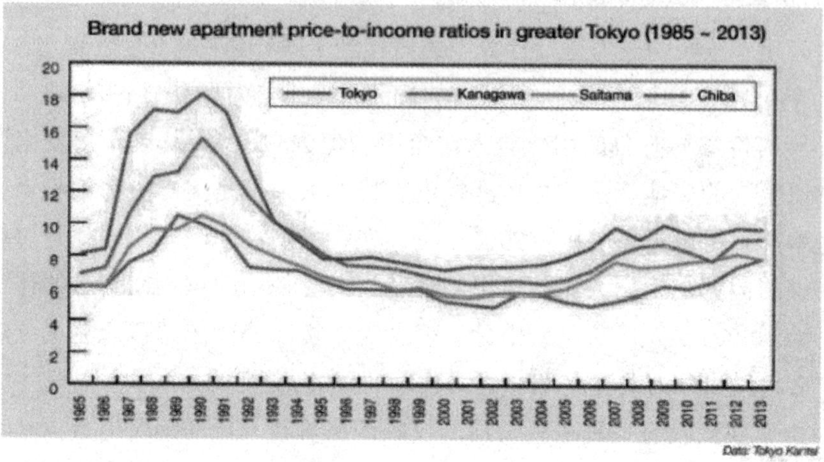

数据来源：Japan Property Central K.K，http://japanpropertycentral.com/2014/08/apartment-price-to-income-ratio-worsens-nationwide-but-improves-in-tokyo-and-osaka/。

图83 日本房价收入比1970～2014

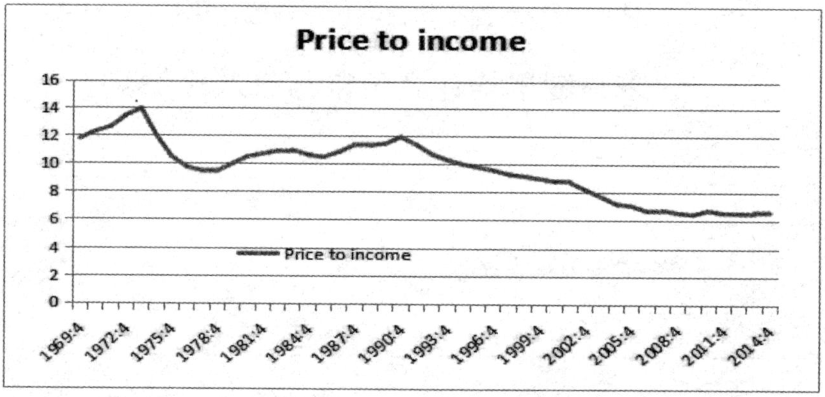

数据来源：Japan Property Central K.K，http://japanpropertycentral.com/2014/08/apartment-price-to-income-ratio-worsens-nationwide-but-improves-in-tokyo-and-osaka/

OECD，http://www.oecd.org/eco/outlook/focusonhouseprices.htm

另外，根据OECD提供的房价收入比指数和日本房产中心株式会社提供的2013年的房价收入比，我们反推得出了日本1970～2014年的房价收入比。

综上数据，我们基本可以得出的结论是，1990年泡沫破灭前后的日本，房价收入比在12倍左右，东京的核心地区在18倍左右。

第六章|不同的德国

德国房地产市场相比于美国和日本具有很大的不同，德国的房价一直处于比较稳定的趋势中。德国为什么会有这样的趋势？这是我们很重要的一个研究标的。德国肯定有其特殊原因决定了房价波动较小。

图84　德国、美国、日本房地产价格指数

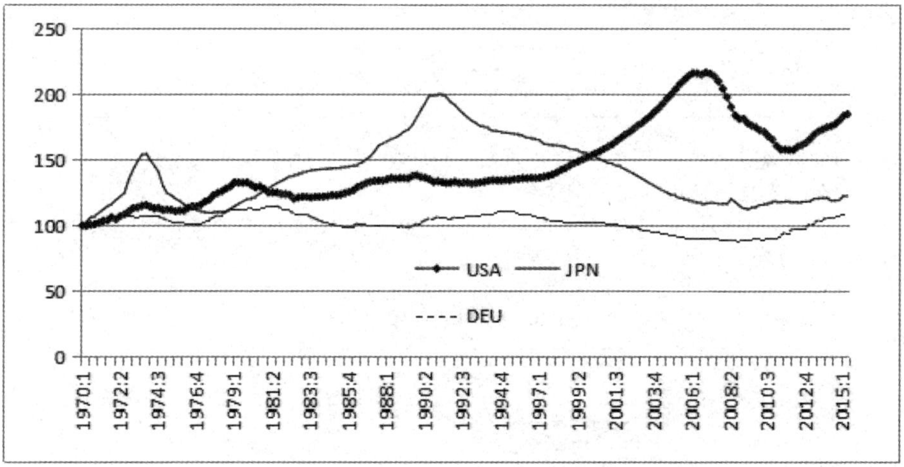

数据来源：OECD，http://www.oecd.org/eco/outlook/focusonhouseprices.htm

由于笔者无法直接阅读德文文献，故德国的数据历史相对较少。不过幸好我们分析德国主要的目的是为了找到德国房地产为何稳定的因素，德国早期数据的缺失暂时不会影响到我们的分析结论。

第一节　概　述

相比于美国和日本，德国的工业化进程较早；相比于日本和美国，德国在二战之后并未有大规模的城市化率提升。相比于美国和日本，德国的总人口也比较稳定。故20世纪三大因素仅只有二战对德国的影响较大。

图85　德日美城市化率

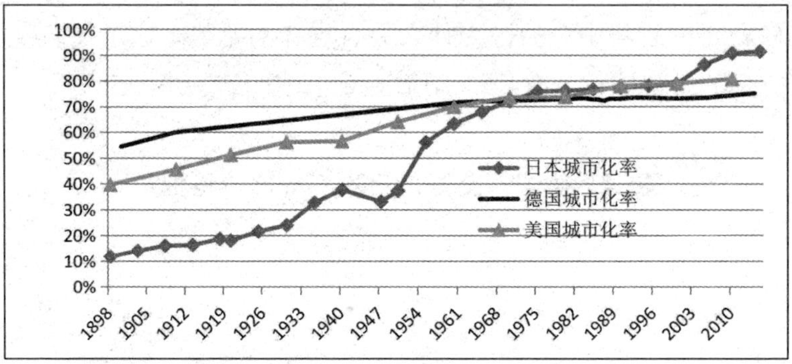

数据来源：

美国：人口调查局 日本：日本统计省

德国：1960～2014年的数据，世界银行 1990年、1910年 肖辉英《德国的城市化、人口流动与经济发展》

图86　德日美总人口

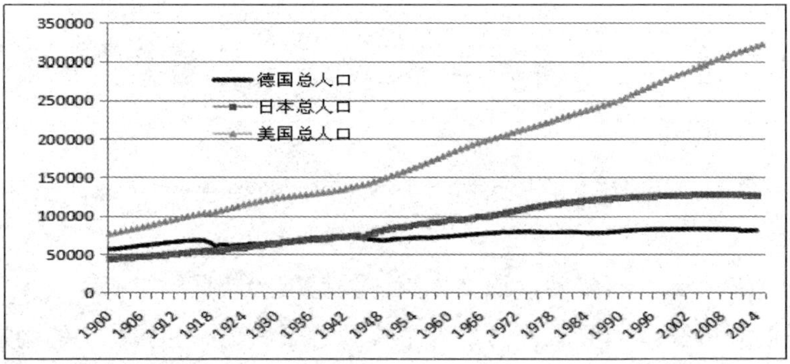

数据来源：

德国：1900－1950年的数据，http://www.populstat.info/populhome.html；1950－2014年的数据，德国统计局

日本：日本统计局

美国：wind

“战后住房特别紧张，英美占领区约930万幢住房的18%被毁灭，29%受损坏，只有一半多一点住房未在战火中受损害。其中还有10%住房被军政府没收。由于轰炸集中于城市中心，许多大城市有三分之二的房屋化成灰烬和废墟。因此德国展开了‘回到农村去’的运动。不过这也不能制止住房的过分拥挤，每套住房从1939年的3.6人增加到了1948年的5.4人。住房过分拥挤除了有损健康，造成旷工外，还直接影响工作成绩，因为夜班工人白天睡觉往往不能不受干扰。交通工具不足和建筑材料匮乏也延宕了迅速清除废墟，进行修复工作和修建新住房。”（【联邦德国】卡尔·哈达赫《二十世纪德国经济史》，第102页）。

同样的是，应对这样的情况，只有大规模的住房建设才能解决问题。与美国和日本相同的是，在战后恢复期内，德国的住房价格出现了因为需求推动的上涨，Katharina Knoll、Moritz Schularick和Thomas Steger在《No Price Like Home:Global House Prices, 1870～2012》一文中指出：“1961年～1980年德国的住房价格平均每年涨幅接近4%。”与此同时，德国的住房建设也是历史上规模最大的。在1980年，德国的住房套户比接近1之后，德国的住房价格一直保持着长期的稳定（图87）。

图87　德国住房竣工套数

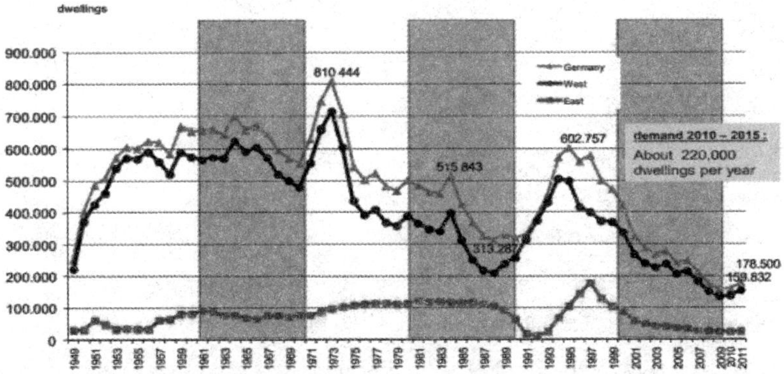

数据来源：Dr. Christian Lieberknecht ，German housing markets – facts, figures and structures

第二节　德国为什么不同

供求角度

从德国、日本和美国的套户比数据上看，德国的套户比一直保持在1左右，而美国和日本在房地产泡沫的带动下过度投资导致套户比高于德国。

图88　德日美套户比

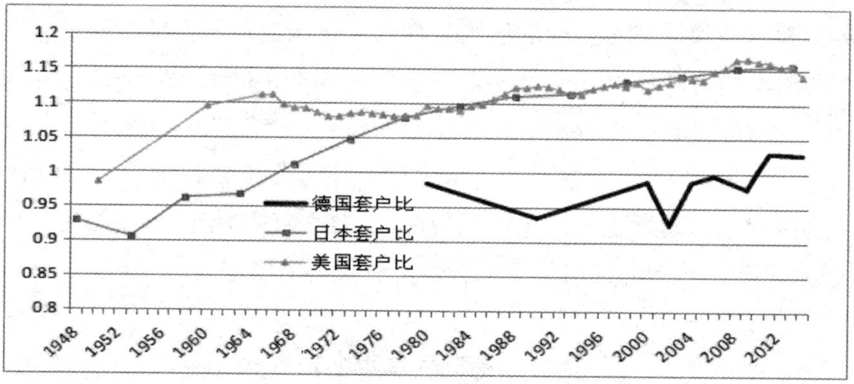

数据来源：

美国：人口普查局

日本：日本统计省

德国：

household，德国国家统计局

https://www.destatis.de/EN/FactsFigures/Indicators/LongTermSeries/Population/lrbev05.html?cms_gtp=151088_list%253D1&https=1

Dwelling stock in Germany2010～2014，德国国家统计局

https://www.destatis.de/EN/FactsFigures/EconomicSectors/Construction/BuildingActivity/Tables/Dwellings.html

1980、1990、2000、2004、2009年的数据，Kees Dol and Marietta Haffner，Housing Statistics in the European Union 2010，第60页

图89 德日美住房拥有率

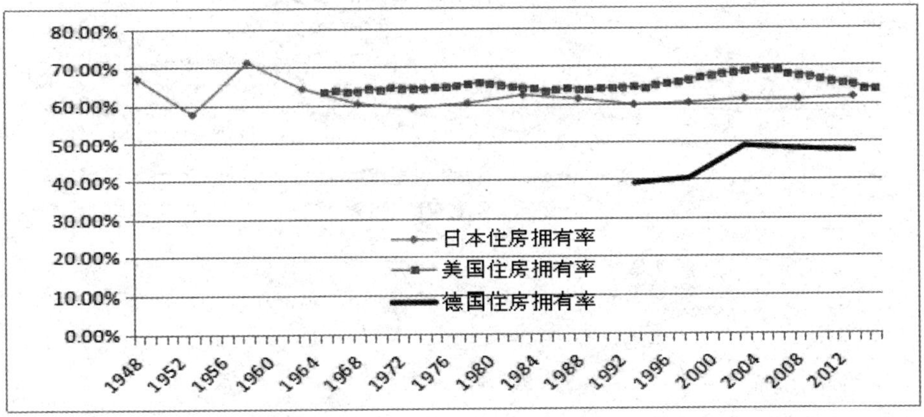

数据来源：

美国：美国人口调查局

日本：日本统计省，http://www.stat.go.jp/english/data/chouki/

德国：2003年、2008年、2013年的数据：德国国家统计局，https://www.destatis.de/EN/FactsFigures/SocietyState/IncomeConsumptionLivingConditions/AssetsDebts/Tables/HouseholdOwningRealProberty_

1993、1998年的数据：Kath Scanlon and Ben Kochan，Towards a sustainable private rented sector：the lessons from other countries，第49页

从住房拥有率的角度看，德国的住房拥有率一直处于50%以下，而美国和日本的住房拥有率都在60%以上。

可以说，无论从套户比还是从住房拥有率的角度，都无法解释为什么德国的房价未产生泡沫。这是违背常理的，按照常理的逻辑供给大于需求时，房地产的价格才会出现下降；当供给小于需求时，房地产的价格才会出现上升。而我们通过德国、日本和美国三个国家观察到的实际情况恰好与供求模型预测的相反。

图90　德日美真实租金指数

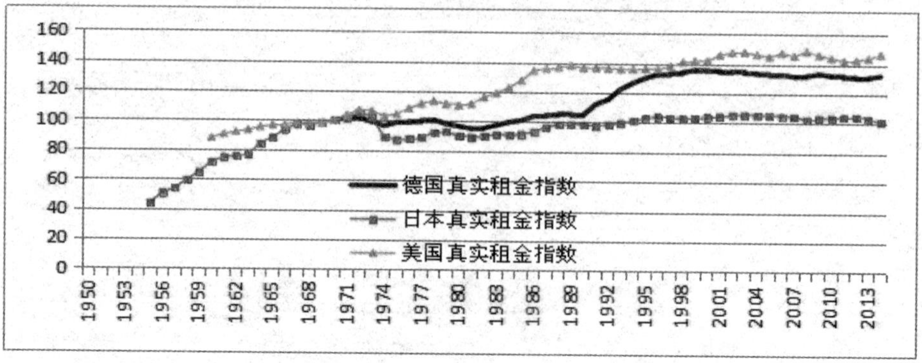

数据来源：OECD

我们在分析日本的房地产市场时曾经提及租金并不是影响日本房价的关键因素。原因在于租金市场很少存在泡沫，即租金是完全的商品属性（因转租房屋并不多见）。我们看德、日、美三国的真实租金在1970年至2015年这段时间内涨幅都不高，德国和美国在40%左右，而日本的租金指数一直没涨。德国的租金水平和美国的较为相似，但是美国却在新世纪初发生了巨大的房地产泡沫，而德国却没有。因此，租金也无法解释德国的住房市场为何如此之稳定。

金融角度

由于无法找到德国历年的住房均价，因此只能按照德国2012年的住房均价和固定面积121平方米，按照OECD的住房价格指数反推德国的房价收入比，这样的结果会导致房价收入比被略微高估。即便如此，这并不影响我们的结论，从房价收入比的角度看，德国的房价收入比长期稳定，且处于较低的水平。德国的房价不仅不涨而且便宜。

图91 德日美房价收入比

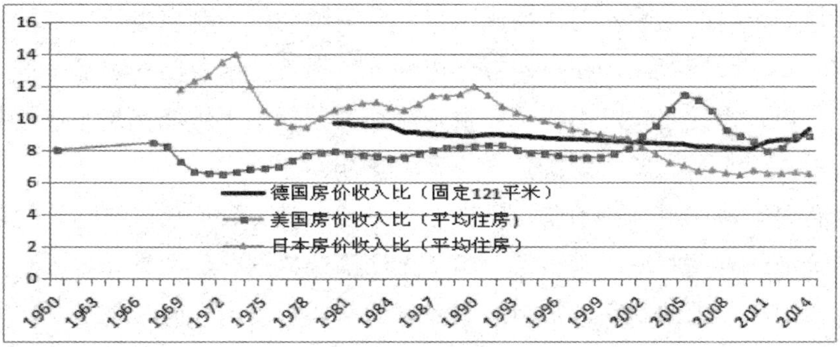

数据来源：

德国：

价格：German Institute for Economic Research (DIW Berlin)，Konstantin A. Kholodilin and Andreas Mense，German Cities To See Further Rises in Housing Prices and Rents in 2013

面积：92平方米住房平均面积来自德国统计局

收入：2009～2012年、2014年的数据来自德国统计局，其它利用OECD收入指数反推出来

美国：

价格：林肯土地政策研究院

收入：美国人口调查局

日本：

2013年的数据根据日本房产中心株式会社提供

其他数据根据OECD房价收入比指数反推

图92 德日美国债利率走势

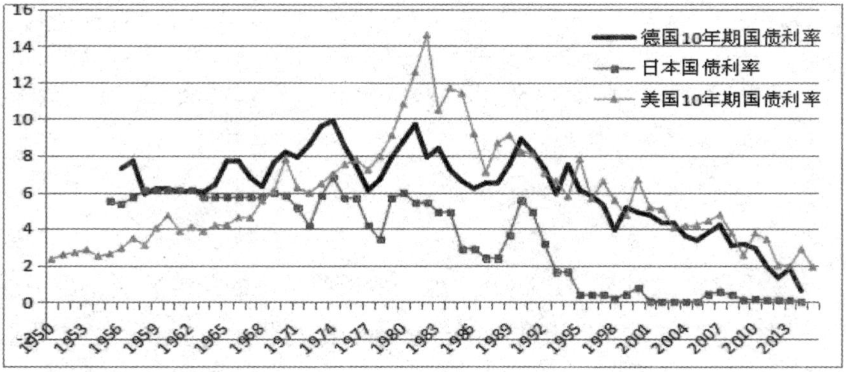

数据来源：

德国：美联储

日本：美联储

美国：Robert J. Shiller

在美国和日本的房地产百年史的部分，我们都谈到了火上浇油的利率对房地产价格的影响。对比德国、日本和美国的国债利率走势，基本上是一致的。这种情况我们在日本百年史部分有提及。因各国的贸易是美元结算，货币政策独立、汇率稳定和资金流动的蒙代尔不可能三角导致了各国的货币政策或多或少地受到美国货币政策的影响。

但是，利率并非是房价上涨的充分必要条件。我们仅能够确认的是，在房价泡沫时期利率的确很低。但是无法确认的是，低利率会导致泡沫。对比德国和美国的利率，德国的利率长期略低于美国，同时也是在1980年开始长期下行。但是德国的房价从1980年开始处于长期稳定的态势中，因而利率因素也被排除。

图93　德美日M2指数/真实GDP指数

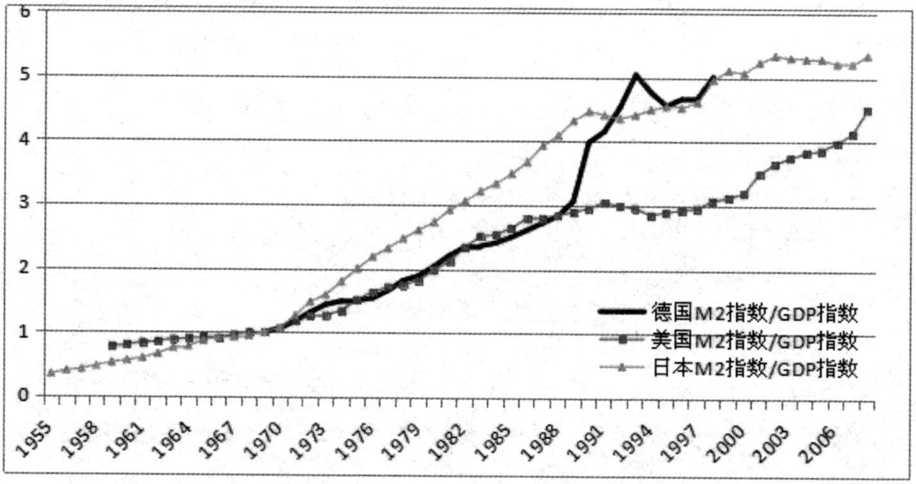

数据来源：Angus Maddison，美联储

从货币供给绝对量的角度讲，由于从长期经济的角度看货币是中性的（即长期视角下货币因素无法影响经济的产出与供求关系），故而我们重点考察增量和M2的区别，我们利用各国的M2和麦迪森提供的1990年国际美元GDP进行指数化，然后两者相除，得出货币增量的影响。

可以明显观察到的是，1969～1990年，日本的货币供给量大幅度超过了美国和德国。这恰好与日本的房地产上行周期重叠。从1989年开始，德国的货币供应量猛增，偏离了长期的趋势。这可能与德国当时的经济环境较差有关。而在此区间内德国的房地产也产生了一波上涨，但持续时间并不很长。美国的M2指数/真实GDP指数则长期保持着比较稳定的水平，也无法解释美国新千年之后的房地产泡沫。故而，虽然M2的供给量增加对房地产可能存在影响，但是因在美国存在反例而证伪。这是科学主义的一大心病：要证实一个命题，举一万个例子也不够；但是证伪一个命题，只要一个就够了。

心理因素

罗伯特·席勒在1988年开始对购房者进行问卷调查："您认为您住房的价格在未来12个月内的变动幅度是多少？"（How much of a change do you expect there to be in the value of your home over the next 12 months? 详见2007，Robert J. Shiller，Understanding Recent Trends in House Prices and Home Ownership）

表13　罗伯特·席勒问卷调查结果

How much of a change do you expect there to be in the value of your home over the next 12 months?			
年份	地点	均值	中位数
1988	洛杉矶	15.30%	11%
1988	密尔沃基	6.10%	5%
2003	洛杉矶	9.40%	10%
2003	密尔沃基	8.60%	5%
2006	洛杉矶	6.10%	5%
2006	密尔沃基	6.80%	5%
2007	洛杉矶	-0.70%	0%
2007	密尔沃基	6.50%	3%

数据来源：Robert J. Shiller

图94　洛杉矶和密尔沃基房价指数

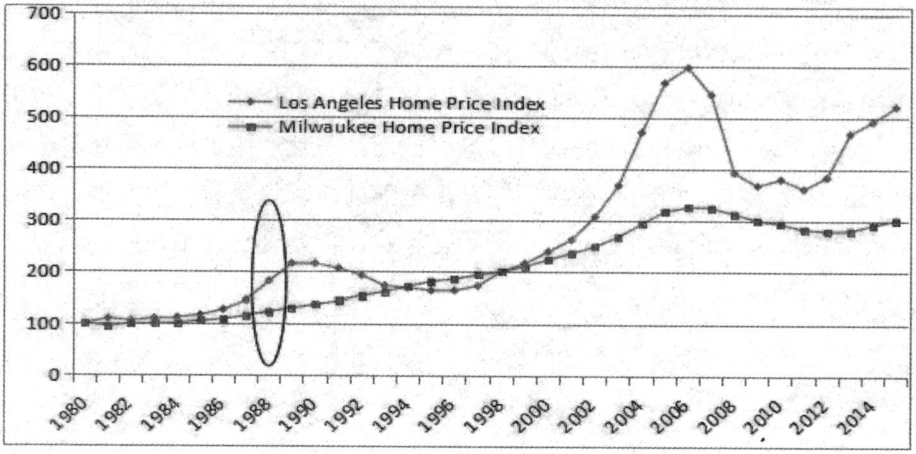

数据来源：Robert J. Shiller，美联储

根据罗伯特·席勒的市场调查问卷得出的预期结果，我们看一下洛杉矶和密尔沃基的房地产价格走势。1988年洛杉矶出现房地产价格泡沫，而密尔沃基相对稳定，因而两地的预期具有明显的差异。2003年、2006年洛杉矶和密尔沃基同时处于泡沫期，两者的预期都很高。2007年洛杉矶的房价开始下跌而密尔沃基的房价较为平坦，故洛杉矶的预期变为负值，而密尔沃基相对稳定。

我们在美国的章节介绍过，新千年后美国房地产价格上涨并不能通过套户比、住房拥有率的角度进行解释。但是，罗伯特·席勒的问卷调查数据却完全可以解释，罗伯特·席勒称之为“反馈环”，即房地产价格影响房地产需求，需求又反过来影响价格。

那我们再反观一下德国。德国的套户比不算高，从供求的角度讲，仅仅是只达到了供求均衡而已，并未有明显的住房过剩。而从住房拥有率的角度来讲，德国的住房拥有率相当低。换句话说，大部分的德国人并不喜欢买房，而喜欢租房。从房价收入比的角度看，德国一个平均劳动力的10年收入大概可以相当于一套120平方米的住房价值，如果从夫妻双方的角度考量，30%的首付款，买房相当轻松。故而德国人喜欢租房不喜欢买房并不是因为收入达不到导致的。

本书并不想讨论制度问题，因为本书立意并不是政策建议。但是当我们发现供求（套户比、住房拥有率、租金）、估值（房价收入比）和金融因素（利率、M2指数/真实GDP指数）都解释不了为何德国的房价如此稳定时，我们不得不谈及德国的住房制度。

首先是租客权利的保护。关于租金的上涨对房价的影响我们在日本的部分有过详细的讨论。“为了保护承租人权利，最新修订的《租房法》对租赁合同的签订、期限、解除以及出租人和承租人权利义务等进行全面规定，房东只有且必须提出相应的理由才能提前9个月解除合同，并且仅仅规定了三种可以解除合同的理由：房屋拟将自用；房屋老化需重建且不适宜维修（维修费用大于重建费用）；租客没有履行按期缴纳房租（累计两个月未缴纳租金）等义务。”（易娱竹《租房：大多数德国人的选择——德国完善的住房租赁制度》）

“如果房东所定的房租超出“合理房租”的20%，则作为“房租超高”论处。根据《经济犯罪法》，这种情况已经构成了违法行为。房客可以向法庭起诉，不仅房租立即降到正常水平，而且房东将受到巨额罚款。如果房东所定的房租超出“合理房租”的50%，则就作为“房租暴利”论处，根据《刑法》，这已构成了犯罪行为，房东将受到更高罚款，甚至被判三年的徒刑。与此相似的还有提高房租问题，根据《租房法》，在三年内房租提高不能超出20%。如果超出这个限额，就作为违法论处。”（易娱竹《租房：大多数德国人的选择——德国完善的住房租赁制度》）

“德国拥有欧洲最大的住房租赁市场，2010年德国超过50%的家庭依然选择租房住。其中，90%租房家庭在自由市场上租房，其租房行为受《住房租赁法》的保护。”（陈洪波 蔡喜洋《全球房地产启示录之稳定的德国》，第128页）

其次是德国的住房合作制度。德国人除了通过购买房地产商开发的住房和租房之外，还可以通过住房合作制度自建房。“住宅合作社是德国住宅建房的主要组织形式。早在1867年，普鲁士出现了第一个住宅合作社。到19世纪70年代初，还只有3个住宅合作社。但是到1874年，合作社的数量达到52个。目前，德国有2000个住房合作社，属下拥有200万套住房、300万个会员。统计显示，合作社建造的住宅占德国新建住宅总数的

30.9%。在柏林就有80个合作社，18万套住房，占到所有住房的10%。”（环球时报驻德国特约记者青木《住房合作社，德国房价的稳定器》）

住房合作社的意思是德国民众可以集资向政府买地，然后向银行贷款聘请开发商自己开发房子，房子开发完成后逐步还清银行的贷款。但是住房的所有权并不归属合作社的成员，仍然归属政府。但是，合作社成员享有使用权，直至去世。而合作社成员的房租是逐年递减的，到最后仅需缴纳房子的水电费即可。从这个角度讲，德国的房地产市场是个不太急躁的市场。

基于上述两点，德国的住房市场并不存在驱动人们主动买房的因素，故而德国的住房拥有率一直处于较低水平。

第三节　14～65岁人口占比之谜

14～65岁人口占比这个指标又称为劳动力人口占比，是预测美国、日本房地产市场价格变化的神器。虽然人口预测也不能做得精确，但是大致的方向是可预测的。

图95　日本地价与劳动力人口占比

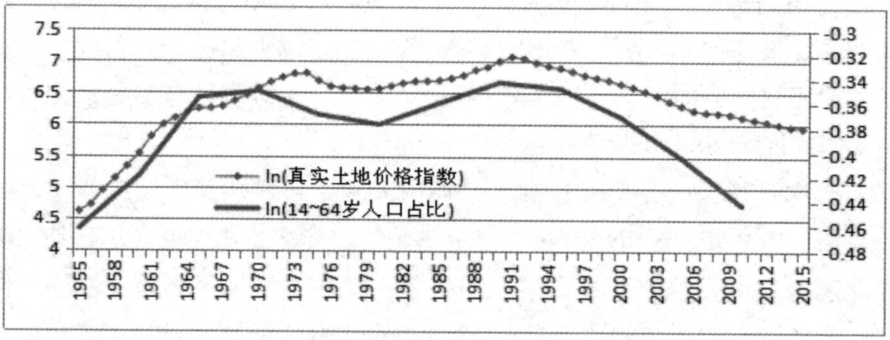

数据来源：日本统计省，美联储

图96 美国房价与劳动力人口占比

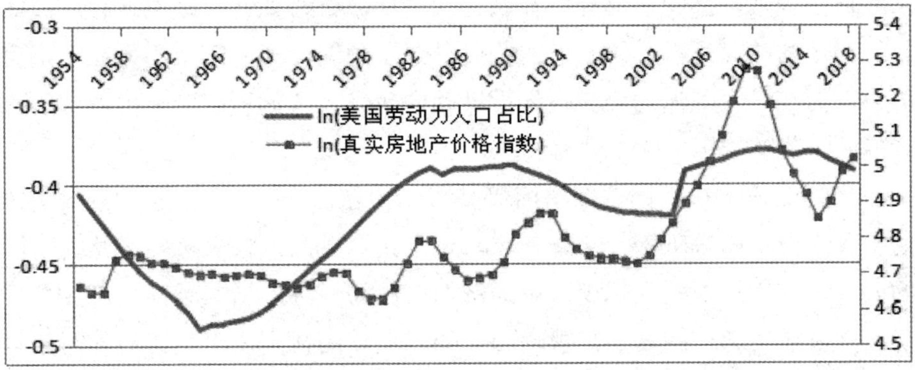

数据来源：Robert J. Shiller，wind

我们在美国房地产市场的部分提及了曼昆的基于人口需求的预测。我们的结论是，虽然说人口结构有真实需求方面的影响，但是也有投机需求的影响（因住房拥有率和套户比处于上升趋势中）。

那么，德国的情况如何？

图97 德国真实房价指数与劳动力人口占比

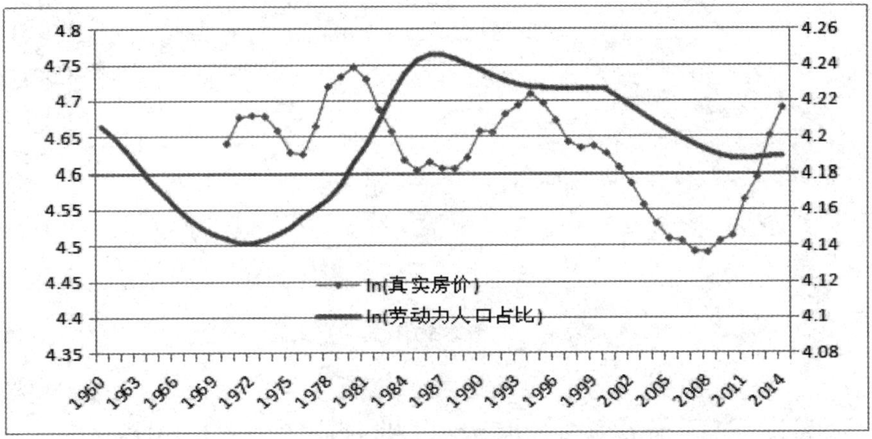

数据来源：OECD，wind

我们看到这个指标在德国没什么作用。这个现象很重要。我们在前文提及的，德国的住房市场与美国和日本相比，所有的基本面因素、金融因素和估值因素，都无法解释为什么德国房地产价格如此平稳地运行。故而我们得出的结论是，德国政府的制度导致了德国民众心理上不太在意买房的事。而在发生泡沫的美国，根据席勒的研究，我们可以明显地看到购房者的心态伴随着房价的波动而波动。

14～65岁人口占比这个指标代表的含义有三层：第一个层次是经济体的收入支出，即等价于社会抚养比。这个指标越高，代表着经济体内干活的人越多，吃闲饭的人越少，则经济的产出和经济的增速越高。第二个层次是代表着房地产的真实需求。14～65岁人口的住房支出相比另外两个年龄段要大得多。故而这个指标越高，住房需求也就越大。第三个层次是这个指标代表着经济体内的投机需求。这个层次被大多数人忽略了，即处于14～65岁年龄的人投机需求很高。我们可以通过日本股票市场和劳动力人口占比的关系证明。

图98　日本劳动力人口占比与日经225指数

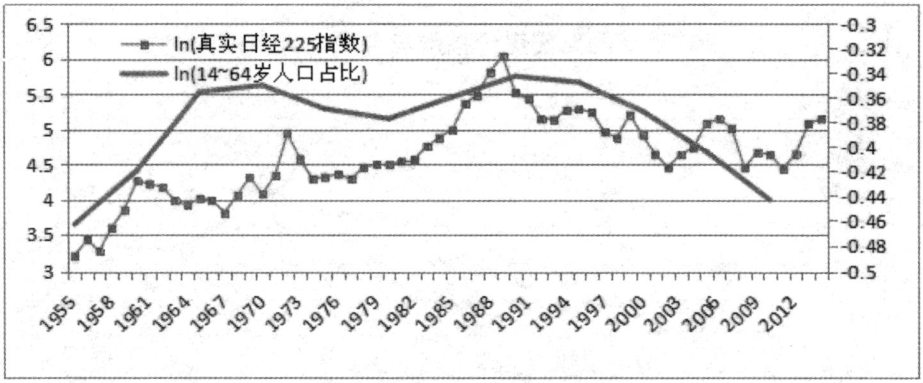

数据来源：日本统计省，美联储

我们通过三个层次逐个分析劳动力人口占比具有投机属性。

第一层次。在正常情况下逻辑是这样的：股票价格受到实体经济的盈利因素影响，即股票价格受到上市公司ROE的影响，而ROE是实体经济好坏的反应（统计指标上对应GDP），即ROE与GDP等价（该条规律在全球范围内都是如此），GDP受到劳动力人口占比的影响。从这个角度可以解释劳动力人口占比影响股票价格。但是日本股票指数在1990年达到高点之后就再也没回去过，按照我们对泡沫达成的共识，就是这样的上涨肯定是泡沫。故而除了ROE推动的部分，肯定是有投机因素存在的。所以，通过正常情况的逻辑推理无法解释劳动力人口占比对日本股票指数的影响。

第二个层次。14～65岁人口占比代表着需求。这点对于房地产市场可以解释，但是对于股票市场很难解释。股票不能拿来住，只能拿来投机。

第三个层次。顺理成章的解释就是，14～65岁人口占比代表着经济体内的投机需求。正是因为这部分人口投机需求最大，当劳动力人口占比下降时，国内的资产价格因为真实需求+投机需求的萎缩而下降。

综上所述：第一，劳动力人口占比指标在德国不起作用，与德国的住房市场几乎不存在投机需求有很大的关系。第二，美国在2000年之后住房市场处于供过于求的状态下，房价与劳动力人口占比指标同步上涨和同步见顶。这代表着总的供给和需求虽然并未发生变化，但是人口结构中劳动力人口增多了，但是所有人都需要住宅，并不能说老人和小孩不需要住宅，这也能够说明劳动力占比指标是个投机指标。

第四节　本章小结

我们概述了美国、日本和德国三国房地产发展的百年历史，我们也比较了德国、日本和美国三个国家产生不同房地产价格走势的原因。至此，我们基本上可以得出如下结论。

第一，在套户比低于1的情况下，住房需求是推动房地产价格上涨的主要原因。但是，这并不代表着套户比低于1的情况下产生的价格上涨中不会包含泡沫成分。由于蛛网的作用，投资迟滞于需求的变动，从而会导致住房供给过剩，最终导致价格下降。

第二，在套户比高于1的情况下，住房价格仍有可能继续上涨，此时住房上涨的主要原因是泡沫。导致泡沫的原因是大众错误的认识，而非住房拥有率、货币供给和利率等因素。

第三，只有存在投机需求的前提下，低利率才会催生房地产价格泡沫。低利率是房地产价格泡沫的必要条件而非充分条件。

第四，租金是界定投机需求的有力尺度。因为租金需求是房地产二重性的商品属性的剥离。故而，当出现长期租金平稳而房价上涨时，可以确定房价存在泡沫。

第五，预期的改变是房地产价格泡沫破灭的导火索。一般的外部冲击有利率的提升、信用违约。

第七章|新世纪各国的一致性

21世纪以来，世界经济似乎摆脱了动荡而迎来了繁荣，全球的经济都比较稳定。全球的股票与房地产都出现了较大幅度的上涨。新千年的乐观感染着每一个人。

“人们普遍认为，互联网，无线电话、移动办公的出现使正在工作的人到偏远、美丽的地方旅行变得更为容易，且能同时继续他们的工作。人们普遍认为，当‘生育高峰’时出生的一代人在2008年左右开始退休时，他们将会从目前所在城市迁往一些美丽的地方。有时还出现这样的说法，随着生活水平的持续提高，越来越多的新生富人将会选择购买那些天然稀缺的优美居所，如海洋沿岸和大山之巅。但是这些财产的供给不会增加。通过建造越来越高的建筑来炫耀自己的财富正变得日益落伍，自然，美丽的住宅在未来将比那些庞然大物显得更有吸引力。”（【美】罗伯特.J.希勒《非理性繁荣》，第二版，第133页）

图99　新世纪以来全球各国真实房价上涨

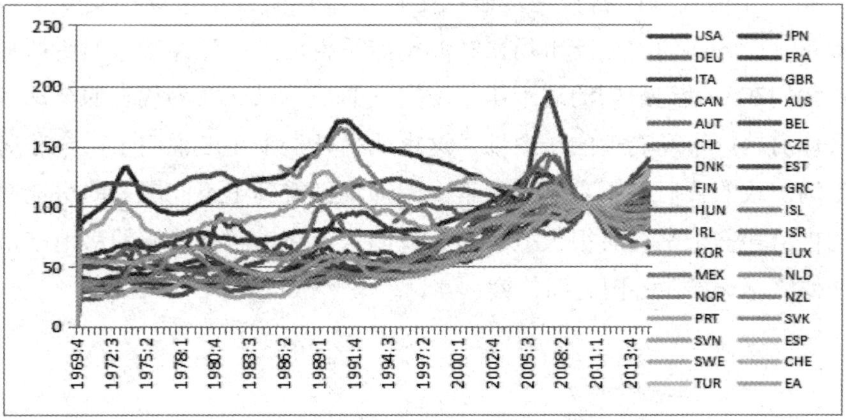

数据来源：OECD

在前三章，我们着重分析了美国、日本和德国自二战以来的住房建设基本上已经满足了人们的居住需求。但是，OCED国家却在新千年之交开始了房地产的大幅度上涨，在房屋建设基本上已经满足了各国的需求和租金表现平稳的前提下，新世纪之交的房价上涨显然不是因为供小于求的因素导致的。

图100　OECD国家对数真实房价指数与对数真实租金指数

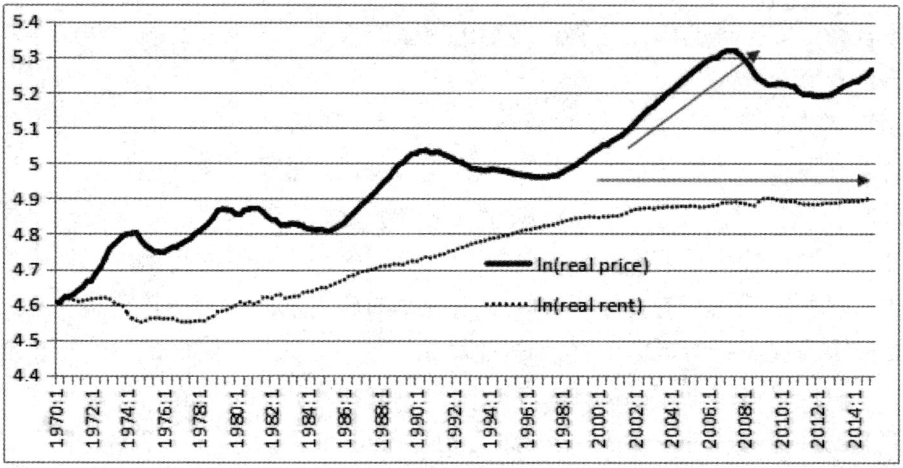

数据来源：OECD

新千年的互联网科技泡沫破灭之后，全球的股票市场都受到了惨烈的影响，而各国的房地产市场在2005年前后也迎来了泡沫破灭的明斯基时刻。我们在21世纪最初的这十年里观察到的是，以OECD为代表的全球主要经济体房地产市场高度的一致性。这也从另外一个角度说明了，全球房地产市场一致的背后并不是供求因素，因为我们看到了不同国家的房地产市场的供给和需求是具有很大差异的。我们认为新世纪全球性的房地产市场泡沫像流感一样在各国之间传染。

第一节 利率下行

不少学者将21世纪初以来的全球房地产价格普遍上涨归结于利率下行，但是笔者认为这是值得商榷的。迄今为止，经济学界在这个问题上尚未达成一致。全球的主要经济体在20世纪80年代以来，利率就处于不断下行趋势中。按照普遍的金融资产定价理论来讲，一般情况下，利率与资产价格是此消彼长的关系，因为利率决定了资产未来现金流的折现值。

图101 全球主要国家利率

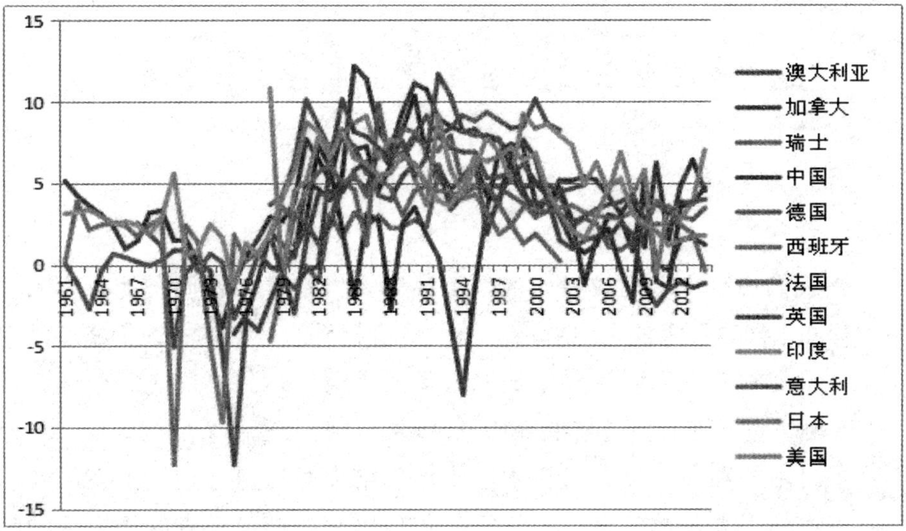

数据来源：世界银行

根据标准的戈登模型，假设在投资者理性的情况下，房地产价格受到租金增长率和利率的双因子影响，而我们前文所提及的，OECD国家在新世纪以来真实租金基本上没发生变化，利率的下行为戈登模型找到了解释的出路。但是当我们更为细致地研究利率与房价的关系时，利率并不是一个非常强有力的解释。主要有如下几条证据。

第一，日本的利率走势基本上不影响房价。

图102　日本土地价格指数与国债利率

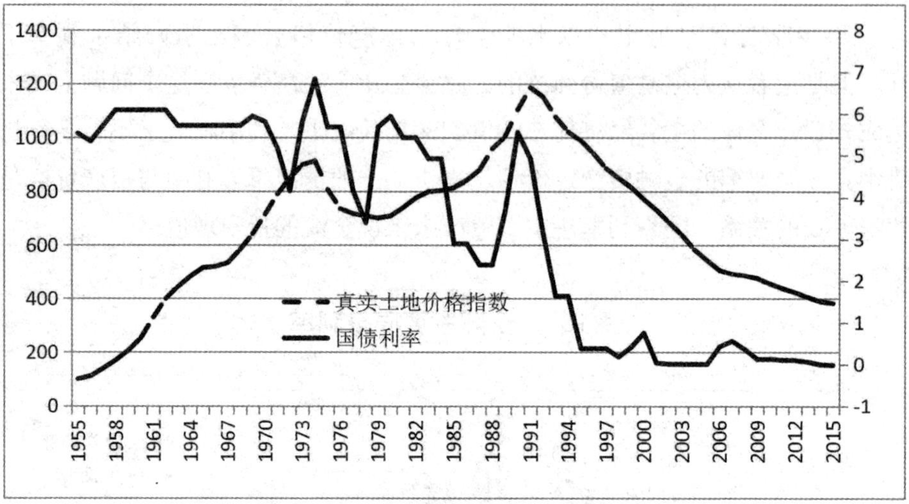

数据来源：日本统计省，美联储

当我们观察一个比较特殊的经济体——日本时，我们发现日本的利率下行并未导致日本的土地价格上涨，恰恰相反的是日本土地价格一路下跌。在科学领域最为困扰科学研究人员的事情就是想要证实一个理论，一万个例子也不够，但是想要证伪一个理论只要举出一个反例即可。我们看到了日本的利率并没有对日本的土地价格造成任何影响。那么，我们虽然观察到了大多数国家在上世纪90年代以来，利率一直处于下行的趋势中，同时也观察到了大多数国家在这个区间内房地产价格发生了上涨。由于日本的反例，上述两种现象很难得出令人信服的因果关系。“Adam Posen 进行的一项研究表明，自1970年以来股票市场中出现了繁荣景象24次，其中只有6次处于宽松的货币政策环境中，房地产市场升温18次，同样也只有6次处于宽松的货币政策环境中。”（【美】罗伯特·席勒《非理性繁荣》，第44页）

第二，德国和西班牙拥有相同的利率但是房价走势完全不同。

由于德国、西班牙两国同是欧盟成员国，两国的货币政策都受到欧洲中央银行的控制，故而两国在金融危机之前的利率走势基本相同。但是西班牙的房价涨幅远远大于德国的房价涨幅。

图103　德国和西班牙的长期国债利率

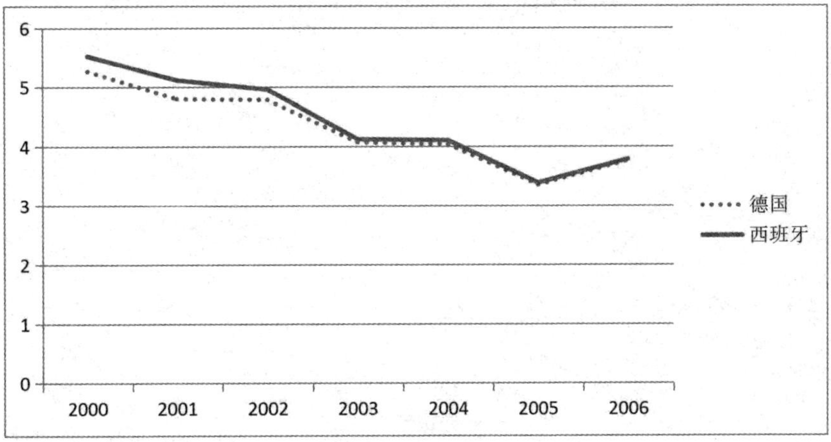

数据来源：OECD

图104　德国与西班牙的真实房价指数2000～2006

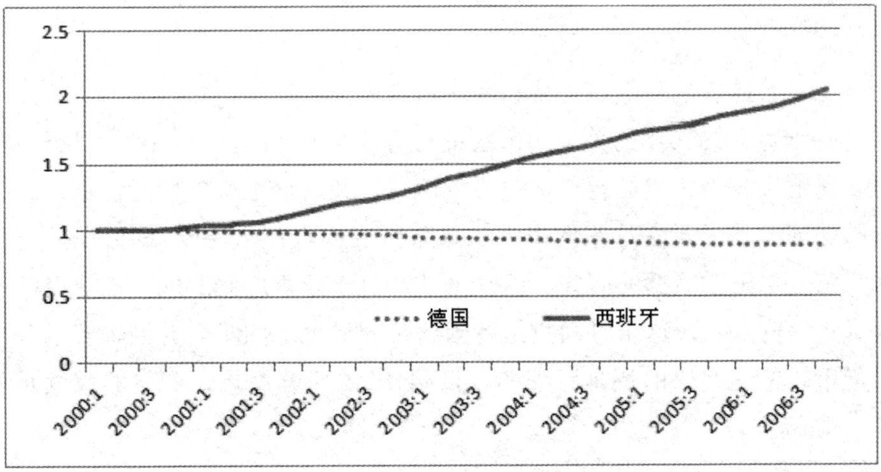

数据来源：OECD

2000～2006年，德国的真实房价指数涨幅为-12.07%，而西班牙的真实房价指数涨幅为103.82%。在相同的利率的情况下，房价的涨幅不同。而在这之后的西班牙房地产崩盘也证实了西班牙房价如此大的涨幅是泡沫（即反馈环）导致的。

图105　德国和西班牙的真实房价指数2000～2015

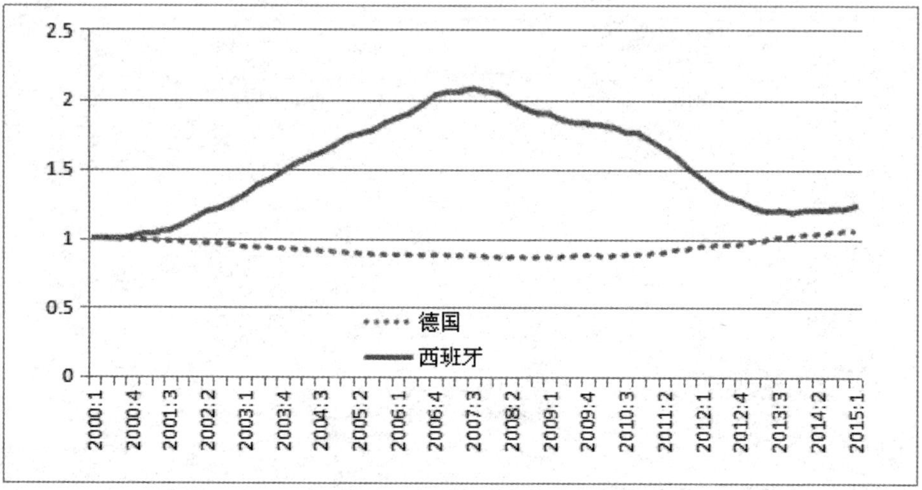

数据来源：OECD

第三，跨国的数据不支持利率在影响房价。

伯南克在2010年的关于货币政策与房地产泡沫的演讲①中，引用了IMF的研究结果。“让我们看一下关于货币政策和房价上涨的国际证据，一些跨国的证据就显示在这张图表上。这张图表的数据来源于IMF近期的一个20个工业化国家数据的研究。纵轴是从2001年四季度到2006年三季度的各国真实房价涨幅，这个时间段是各国房价明显上涨的阶段。横轴表示各国的货币政策是宽松的还是紧缩的，按照IMF的研究结果，测量的尺度是各

①Monetary Policy and the Housing Bubble，详见http://www.federalreserve.gov/newsevents/speech/bernanke20100103a.htm。

国的货币政策与泰勒规则[①]的偏离度，图中左侧的国家都是在这段时间内比泰勒规则要求的更为宽松的货币政策。”（伯南克，Monetary Policy and the Housing Bubble）

图106 20国家房价涨幅与利率的关系

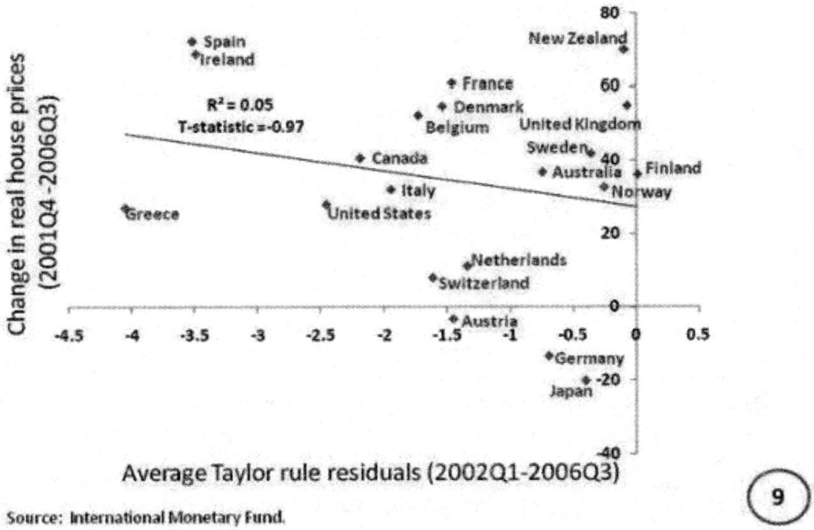

数据来源：美联储

“如该图表所示，不同国家的货币政策和房价上涨的关系是相当薄弱的。例如，按照泰勒规则的标准，在20个国家的样本中有11个相比于美国都是紧缩的货币政策，但是房价的涨幅却超过了美国。房价与货币政策之间的关系，由图中的实线所示，有预期的负的斜率（收紧政策会导致房价下跌）。但是，这种关系无论在统计学还是经济学上看，都是非常微弱的。更进一步的说，货币政策的差异只能解释不同国家的5%左右的房价变化。”（伯南克，Monetary Policy and the Housing Bubble）

①泰勒规则，美国经济学家泰勒（Taylor）提出的货币政策遵循的规则，根据经济体通胀和就业情况的参数来估计货币政策的目标利率，是全球各国央行所采用的主要货币政策模型。在IMF的研究中，如果某国的实际利率低于泰勒规则给出的目标利率，则认为其货币政策是宽松的；反之，如果某国的实际利率高于泰勒规则给出的目标利率，则认为其货币政策是紧缩的。

笔者也统计了OECD中23个国家①的样本，数据期间为2000～2014年，房价涨幅对于利率的变化几乎没有统计意义上的相关性。

图107　2000～2014年部分OECD国家房价涨幅与10年期国债利率变化

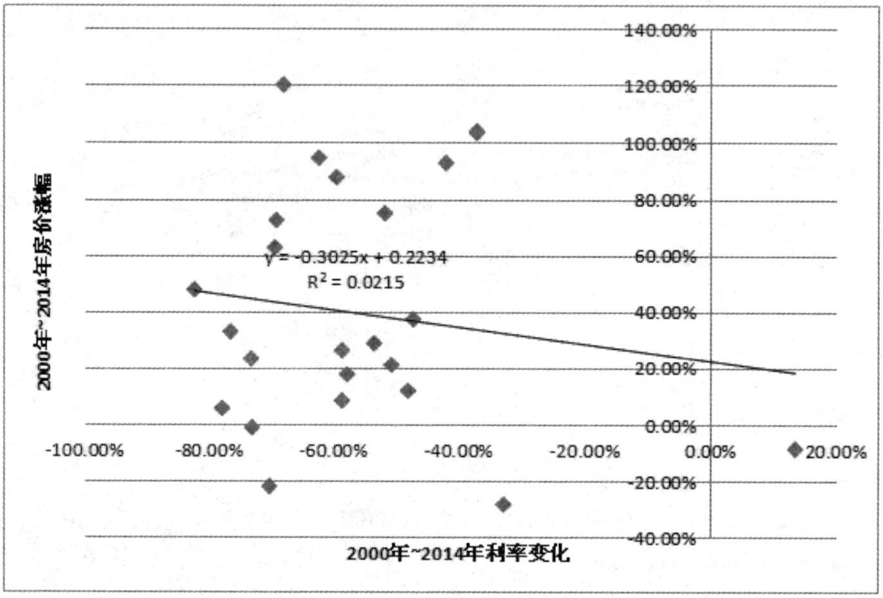

数据来源：OECD

经过上述分析，我们可以得出这样的结论，根据戈登模型，房价的上涨，有利率下行的因素影响，但是利率的下行并不能百分之百地解释房价的涨幅，戈登模型失效。我们反观戈登模型的前提，就是该模型不适用非理性市场，故而房价上涨一定存在非理性因素（反馈环）。而这些非理性因素也注定了在2007年到来的房价下跌引发全球金融危机。

①这23个国家是：瑞典、新西兰、加拿大、澳大利亚、挪威、英国、法国、比利时、瑞士、以色列、丹麦、韩国、芬兰、奥地利 、西班牙、美国、意大利、爱尔兰、德国、荷兰、希腊、日本、葡萄牙。

第二节 全球性泡沫破灭

“一项针对20世纪14起严重危机的研究发现，平均而言，失业率在受危机影响的国家中跃升7.7个百分点，大多数乃至几乎所有情况都以银行系统的国有化而告终。金融危机对纳税人而言代价高昂。直接财政成本——仅仅是政府为了稳定其金融系统的开支——平均为国内生产总值的10%以上。对于美国，这一成本将会高达1.5万亿美元。我们目前的危机有过之无不及，在巨大的金融危机冲击影响下，所损失的家庭财富比在1929年大萧条中多5倍。雷曼兄弟公司危机导致债券息差大幅上涨，约是1929年恐慌时期的两倍，紧张的投资者大量买入黄金并打算窖藏在自家庭院。股市相对其2007年的高点下跌了50%以上。”（【美】蒂莫西·F.盖特纳《压力测试》）

美国从2005年出现了房地产市场的崩溃，这次与日本1990年前后的房地产崩盘的影响不同。在90年代，虽然也有其他国家的房地产价格伴随日本房价下跌，但是影响范围远远不及2005～2009年这次全球性房地产崩盘。伴随着美国房地产价格的下跌，全球房地产市场都在2005年前后发生普遍下跌。伴随房价下跌的金融危机，影响至今仍未消除。

关于此次金融危机的原因，说法主要有四：第一，金融衍生品的滥用；第二，过度宽松的货币政策；第三，家庭部门债务杠杆的高企；第四，全球经常账户的失衡。

笔者认为第一点就没有必要细致讨论了，美国经济学家海曼·明斯基说过，经济危机发生后，人们总把经济危机的原因归结于比较表面的原因。金融衍生工具仅是一个工具，并不是主要的因素。我们在前文讨论过利率与房地产价格之间的关系，有很多关键的证据支持利率并不能够一定会对房价上涨产生影响，即利率变化并非是房价的一个充分条件。

笔者认为，家庭部门的债务杠杆高企和全球性的经常账户失衡是2008年金融危机比较关键性的因素。我们在前文的分析中也看到了美国居民每月偿还贷款占其收入比重与房地产价格具有高度的相关性。家庭部门的杠杆使用与房价有互为反身性的关系，这几乎是不用证明的。

另外，全球经常账户的失衡也是导致家庭部门投机情绪较重的一个重要原因。中国、日本和德国是主要的资本输出国家。而美国、意大利和西班牙是主要的资本输入国家。而2008年的房地产危机就是始于这些资本输入国家。这些国家大量的资本涌入美国、意大利和西班牙，导致了这些国家的居民部门产生了“富裕”的错觉，过度的资本投向房地产，产生了巨大的投机泡沫。

第二部分
中国房地产业发展趋势

第八章｜背景：20世纪三大因素在中国

相比于美国、德国和日本，我们在第一部分所提及的三大因素在中国都更为不同。我们看到了日本人口增长、战后重建与城市化同步而导致了日本的房地产市场产生了巨大的泡沫，而德国的城市化率原本就很高，加之德国人口增长缓慢，以及有力的住房制度，故而战后重建之后房地产价格一直长期处于平稳的态势之中。所以，我们有必要搞清楚这三个基本的背景因素在中国的情况。

第一节　二战后的重建

1949～1978年

与其他国家不同的是，世界反法西斯战争胜利之后，中国并未停止战争，从1945～1949年持续了4年的解放战争使得中国的城市重建严重耽搁。而解放战争胜利之后，决策层的重点并未放在住房建设上，普通老百姓阶层也无暇关注住房条件改善问题，并未出现像日本、德国和美国那样大幅度的房地产开工建设。

“解放后，人民政府对改善职工的居住条件十分关心，不断建造新的住宅供职工使用。1950年新建造住宅面积为251万平方米，1951年增加为460万平方米，1952年新造平方米数为751万平方米。”（孙健《中华人民共和国经济史》）

由于无法找到权威的全国人均住房面积的长时期历史数据，笔者通过

《厦门经济特区房地产业的发展》和厦门市统计局每年的统计公报整理出长期厦门市人均住宅面积的数据（如图108）。

图108 厦门市人均住宅面积

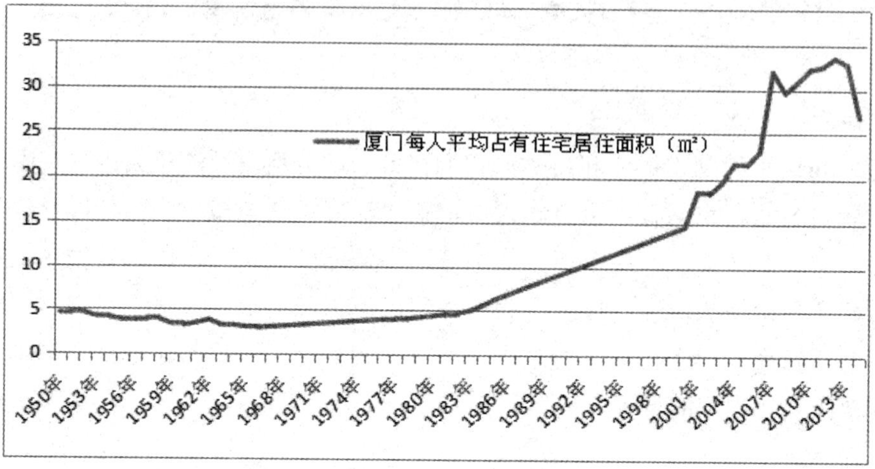

数据来源：1950～1985年的数据，厦门市城乡建设委员会，厦门市科学技术发展委员会，厦门市房地产管理局《厦门经济特区房地产业的发展》

2000～2014年的数据，厦门市国民经济和社会发展统计公报

虽然笔者仅找到了一个厦门市的历史数据，但是通过各种史料及新闻综合判断，基本上全国的房地产市场与上图基本一致。

从1950年开始，中国进行土地改革，主要是将富农和地主的土地均分至其他人，直至1952年基本完成。建国后的前三年中国主要忙于两件大事：一件事是国内的土地改革，另一件事是抗美援朝战争。故而我们看到了前文少得可怜的新建住宅竣工面积。

从1953年开始，我国进入了第一个五年计划，主要内容是："集中主要力量进行以苏联帮助我国设计的156个建设单位为中心的、由限额以上的694个建设单位组成的工业生产合作社，并发展手工业生产合作社，建立对于农业和手工业的社会主义改造的初步基础；基本上把资本主义工商业分别纳入各种形式的国家资本主义的轨道，建立对私营工商业的社会主义改造的基础。"（孙健《中华人民共和国经济史》）

我们可以看到的是，1953年开始的第一个五年计划重点放在了工业建设方面，这与德国、日本和美国具有很大的不同，德美日三国在同一时期都在大幅度地开工房地产。这与中国社会20世纪初沦为殖民地和军阀混战的局面有关，二战之前德美日都积累了一定的工业基础，而二战之前的中国几乎还是个农业国家，工业基础十分的薄弱。中国在工业刚刚发芽之时就被战争打断，故而建国初更多的需求并非是居住，而是吃饭问题和基础工业品紧缺。第一个五年计划持续到1958年之后，工业体系基本建立了，中国可以自己生产钢铁、水泥等生产资料了。

但是，中国1949年之后，直至1978年，这将近30年的时间里，住宅建设基本上一点没动（如表14）。

表14　1950～1980年住宅竣工面积及解决住房问题人数

时期	住宅竣工面积（万平方米）	按照人均30平方米解决的需求（万人）
1950	251	8.37
1951	460	15.33
1952	751	25.03
一五（1953～1957）	9454	315.13
二五（1958～1962）	11012	367.07
1963～1965	4271	142.37
三五（1966～1970）	5400	180.00
四五（1971～1975）	12573	419.10
五五（1976～1980）	23186	772.87

数据来源：1950～1952的数据，孙健《中华人民共和国经济史》，1953～1980《中国统计年鉴》

1978～1998年

但是，直至1998年住房改革才允许房地产全面真正靠市场化进行配置。

1999年6月24的《中国石油报》刊登了一篇名为《购房观念在改变》的文章，非常值得玩味，全文如下：

房屋低价出售时不愿掏钱购买房子，而价位提高以后，职工却积极踊跃地购买。

1996年，住房制度改革刚刚开始起步时，盘锦市住房制度改革领导小组就把盘锦市石油公司列入首批进行房改的企业行列，全部实行成本价出售，购买者享有永久性产权。当时的售房政策比较优厚，从省到市，都给购房者较丰厚的优惠政策。政策一出台，问津此事的职工并不是很多。1998年初，盘锦市调整了公有住房出售的价格，并且取消了相当部分的优惠政策，拿同一个职工的同一套住房作比较，调整前后房屋价格相差3000多元。今年初，盘锦市再次下发文件，上调公有住房出售价格，今后公有住房出售价格每年都将调整一次，并逐渐取消优惠政策，同时还较大幅度地提高了住房租金。一时间，在盘锦市石油公司，有的职工拿出所有积蓄，有的不惜借钱购房。购买公有住房已成为大势所趋，民心所向。

当初公有住房出售价位最低时，为什么职工购房的热情不高呢?这归结于职工的五种心态。

心态之一：认为国家出台房改政策是为了掏职工的腰包。由于受几十年福利住房制度的影响，白住房或低租金住房的思想观念在一部分职工的头脑中根深蒂固，一下子无法转变过来，总觉得这几年手头上刚刚有了点儿积蓄，国家就出台了这么一个政策，是让职工把兜里的这点钱给掏出来，有点想不通。

心态之二：把自己现在住的房子据为己有。部分职工认为房子是企业分配给自己的，已经是个人的财产了，为什么还要拿钱再去买什么产权呢?反正自己现在住着呢，不买企业也没有什么办法，总不至于把人撵到大道上去住吧。

心态之三：花钱买房不如把钱存到银行挣利息。1996年，正是银行储蓄利率的高峰期，把钱存在银行里可以得到较丰厚的回报，而把钱用在购买房子上，房子不但不能赚钱，每年还要花钱去管理，去维修，而钱存在银行里可以“生钱”，几年过后，得到的利息就够买房子了。

心态之四：持观望等待的态度。这种人占了绝大多数。他们不愿意在政策没有吃透的情况下就急于出手，谁都不愿做第一个吃柿子的人。他们也担心政策有变，怕造成先买吃亏，所以“一慢、二看、三通过”的观望思想在大脑中占有主导地位。

心态之五：家庭的经济条件限制了购房的欲望。有些职工家庭负担较重，虽然有心想买房了，可苦于没有经济来源，自己又没有积蓄，很难凑足这样一笔数目不小的购房资金，没有办法，只好自愿放弃了。

可随着房屋价格的上涨，优惠政策的削减，职工购房的积极性却上来了。这是什么原因呢?

原因之一：职工的住房观念转变了。不买下房产权，就没有卖房的权利。

原因之二：职工的消费观念转变了。职工的消费从过去的吃穿等生活日用品方面转向了家庭耐用品和房屋等方面。受经济条件的限制，绝大部分职工没有更多的资金投入到房地产市场上去购买价格比较高的房产，只好省吃俭用，先将公有住房买下来。

原因之三：职工积蓄的观念转变了。随着银行利率在近两年的7次调整，职工对存款已不感兴趣。从长远的打算看，把多余的钱拿出来购买房产，可以确保人民币的增值。

原因之四：职工贷款购房已不再是天方夜谭。随着国家有关政策的出台，越来越多的职工可以借助银行部门贷款购买房子，职工在企业的担保之下，可以到金融信贷部门贷款，先买下自己的房子，再用自己的工资逐渐还清贷款。这样既推动了房改政策的贯彻落实，同时又解决了职工的燃眉之急。

职工认识的提高，导致观念的转变，才出现了盘锦市石油公司房改现象，透析这种现象给我们两点启示。启示之一：不要放过机遇。机遇不是总能遇到的，这次房改是国家给职工买低价房的一次机遇，如果错过了，再想买房，只有到房地产市场去找了。启示之二：早买比晚买好。这次房改国家给予职工很多的优惠政策，随着社会经济的发展，房改将与房地产

市场逐步接轨，一些优惠政策自然逐渐取消了。《中国石油报》1999-06-24，第2版，曲长生）

1998年之前，中国主要是靠单位建房然后租赁给员工来解决住房问题，共有住房租金由政府统一制定，租金也相对低廉，90年代初大概在1元/平方米左右。由于是非市场化的行为，租金也被人为地压低（具体详见本书的序幕篇），住房建设速度一直很缓慢。1978年至1998年住房市场化改革的二十年里，年均竣工的住宅面积为8200万平方米，按照人均30平方米计算，即每年解决270万人的居住问题。1999～2015年年均竣工的住宅面积为5亿平方米，同样的按照人均30平方米计算，每年解决了1600万人的住房问题，15年间累计解决了2.5亿人的住房问题，堪称“世界奇迹”。

图109　住宅竣工面积（万平方米）

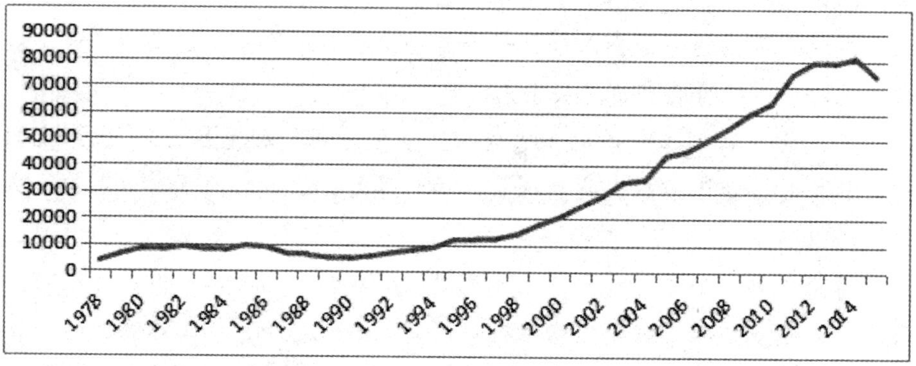

数据来源：中国统计年鉴历年，中国国家统计局统计公报

图110　城市人均住宅建筑面积 平方米/人

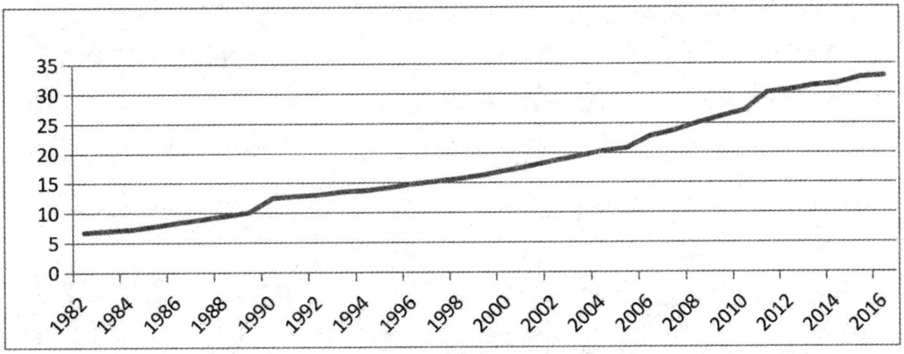

数据来源：wind

从1978年的城镇人均住宅建筑面积6.7平方米算起，二十年后的1998年为18.66平方米，增长了11.96平方米。而1998年住房市场化改革之后，到2012年城市人均住宅建筑面积达到了32.91平方米，14年的时间增长了14.25平方米。而且，这还是在分母加速的基础之上实现的增长（1998年之后的城镇化率加速，城市人口增加相比之前的20年更快）。

有学者质疑国家统计局2012年的32.91平方米的数据是高估的，并按照自己的方法估计中国2012年的城市人均住宅面积为18平方米。这位学者有两点关键的证据：第一，国家统计局的调查方法有问题。据这位学者透露，“此数据是由抽样调查得到的。国家统计局城调队的抽样调查均为以当地城镇居民家庭为对象。为保证其稳定性，这些家庭一般都是有当地城镇户籍的，而且一般都是有住房的。这样的调查通常排除了流动性较强的持异地户籍在本地工作的非农户籍人口以及农业户籍的农民工。而这两部分人中的多数或绝大多数人是没有住房的。这样，此抽样调查实际上排除了相当多的无房人群。”第二，这位学者的估算结果与国家统计局公布的数据差异较大。“中国城镇住房存量面积和基于常住人口的人均住房面积的大致情况并不难得到。中国统计年鉴中有自1985年以来的每年城镇新增住房建筑面积的数据。基年的数据也很容易得到。只要逐年累加起来再减去逐年的折旧（按2%计算），便可以直接估算出中国城镇住房建筑面积的数据。由此可很容易推算出1985～2012年我国城镇住房存量面积和实际城镇人均住房面积。按照测算结果，2012年中国城镇住房建筑面积只有128.11亿平方米，实际城镇人均住房建筑面积仅为18平方米。”

笔者认为该学者的说法欠妥。第一，国家统计局每隔十年会做一次人口普查，普查的方法和数据都是相对可靠的。最近一次在2010年，国家统计局普查了城市1.2亿户的住房面积分布数据，最终计算得出的人均住宅建筑面积为31.6平方米。如果普查数据是可靠的，那么2012年的人均32.91平方米也相对合理。

第二，该学者仅计算了商品房部分，而我国的市场存量住房中不单单只有商品房。该学者计算的数据更为可靠的说法是人均商品住宅面积为18平方米，而非人均住宅面积为18平方米。根据2010年的普查数据，购买商品住房的家庭数占比为26%，即便是加上租赁其他住房的23%，我们大致估算商品住宅在存量住宅中的比率为50%左右，剩下的包括购买公有住房（即我们前文提及的单位分房时代的产物）、自建住房和廉租房占到了40%。故而该学者仅估计了商品住宅部分，没有考虑到其他的住房来源部分，导致了其计算的18平方米是低估的。

图111　2010年我国城市居民住房来源

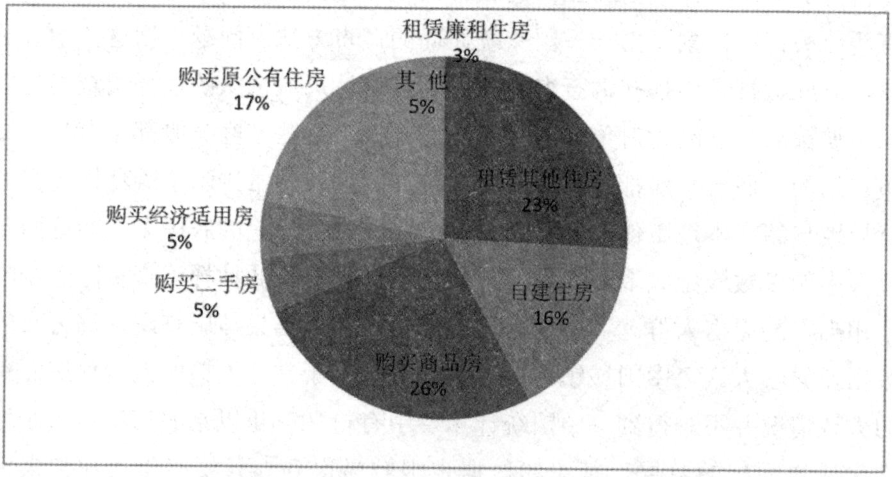

数据来源：中国国家统计局第六次人口普查数据

故而，经过上述的分析，国家统计局公布的人均住房面积是可靠的。相比于美国和日本，中国的大规模住房建设开始于1998年，距离世界反法西斯战争结束过了半个世纪。这是中国的住房市场在新世纪以来大幅度上涨的一个重要的原因。

图112　中国、日本住宅开工竣工面积

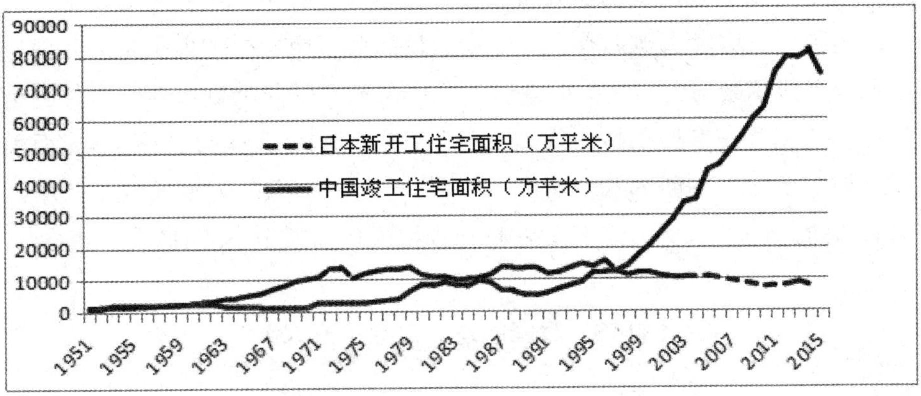

数据来源：日本统计省，中国统计年鉴

长期以来，中国的人口是日本的7～10倍左右，如图112所示在二战结束的长达半个世纪的时间内，中国的住宅建设远远低于日本的住宅建设。故而，住宅供给不足是在中国人心中根深蒂固的一种看法，而这种看法又在强化住宅价格的上涨，形成了反馈环。直至今日，中国的住宅市场已经面临了供过于求的市场关系改变，但是由于长达70年形成的固有看法不会在短时间内改变.这导致了和日本、美国都类似的情况，即房地产供过于求之后，房价依然上涨，但是这样的上涨并不是实际使用需求推动的上涨，而是因为投资者之间迅速换手导致的。我们所看到的结果都是一致的，这样的集体性偏见总有醒悟的一天。

第二节　人口增长导致产能的过剩

住宅产能过剩

众所周知的是，中国的人口增长十分迅速。新中国成立之后，中国的人口达到了在这片土地上有人类以来的最高值（全球范围内也是如此，详见我们工业革命与人口爆炸的章节）。中国从1700年清朝康熙帝在位起至1912年清朝宣统皇帝退位，人口从2亿人增长至4亿人，总计212年。而民国时期，虽然受不断的战乱影响，但是人口稳步从4亿人增长至了新中国成立初的5.4亿人，总计37年。2015年中国人口增长至13.74亿人。

图113　我国的总人口数（万人）

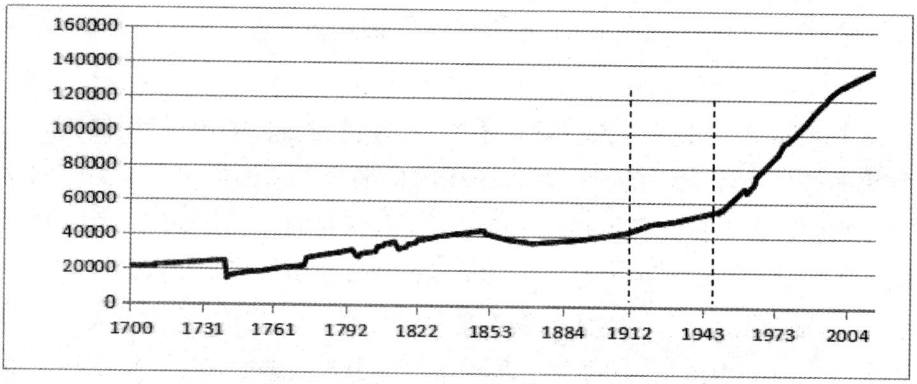

数据来源：http://www.populstat.info/populhome.html

这样的人口增长，在人类历史上是从未出现过的。这与工业革命和技术的进步有很大关系。同德国、日本和美国相比较，1945年德国战败时的总人口为7000万人，时至今日德国的人口为8000万人，相当于三个半的上海人口总数。而日本1945年战败时的总人口为7200万人，时至今日增长到了1.27亿人。美国1945年的总人口是1.4亿人，今天增长到了3.2亿人，总计和我国的广东、山东、河南三省合计的人口相差无几。

可想而知的是，新中国成立后新增的8亿人口的住房建设工程量巨大，可称得上地球自人类诞生以来最浩大的建筑工程。在上一节中我们讨论过，中国的房地产建设因各种原因并未在战后受到重视，一直到1998年中国才开始大规模地建设住宅。今天，我们建设住宅的速度是人类有史以来的第一名。我们2015年竣工的住宅面积达到了7.4亿平方米，新开工面积达到10亿平方米，即我们的房地产开足马力一年可以建设供2500万人居住的住宅。可以通俗地讲，我们能够三年建设出一个德国、五年建设出一个日本、十五年建设出一个美国。

但是，自豪的背后，是过剩的产能。虽然笔者认为房地产具有二重性，但是从长期看房地产商品属性更为重要，故而从长期看房地产不得不服从于市场渗透率模型。按照中国目前87%的住房拥有率和绝大部分城市大于1的套户比两个数据可以看出，中国的住房市场渗透率几乎已经见到了天花板。耐用品市场的逻辑就是消费者一生的消费次数不多。我们考虑一下这样一个模型：假设经济体内总计有100人和一家生产汽车的厂家。那么，汽车厂商第一年生产2辆汽车，市场的需求量总计为100辆，供给量为2辆，按照供求模型，汽车的价格会很贵，而且销售得很快。这也是为什么很多耐用品行业初期非常容易赚钱的一个重要原因，诸如电视机行业初期、空调行业初期都是如此。第二年，厂家发现生产2辆汽车完全无法满足需求，决定扩张产能，将上一年所获得的利润投入到新生产线，最终达到了每年能够生产4辆汽车的能力。此时经济体内的需求量为98台，汽车厂商赚得盆满钵满。汽车厂商就这样不断地卖汽车，赚了钱就扩张产能。我们假设汽车厂商的产能从第2年开始每年以30%的速度增长，那么我们分析的产能需求如表15。

表15 市场渗透率模型测算表

	产能（辆）	市场需求（辆）
第1年	2	98
第2年	4	94
第3年	5	89
第4年	7	82
第5年	9	73
第6年	11	62
第7年	15	47
第8年	19	28
第9年	25	3

我们观察这个表格，表格的第二列，市场需求=总需求-已经实现需求（对企业来讲就是累计销售额）。我们会发现，在第9年之前，市场的供给总是小于市场的需求。这时候的企业已经连续赚了8年，每年都赚得盆满钵满忘乎所以。但到了第9年，市场需求突然就萎缩，由每年的28辆小汽车的需求变为每年3辆，而企业的产能仍然为25辆。企业一下子就面临了产能过剩的局面，非常多的企业就这样不知所措地轰然倒下。这个拐点被称为“需求断崖”。这是耐用品市场的一个非常与众不同的特点，也是导致耐用品生产企业产能过剩的根本原因。

图114 三一重工和中联重科遭遇的需求断崖

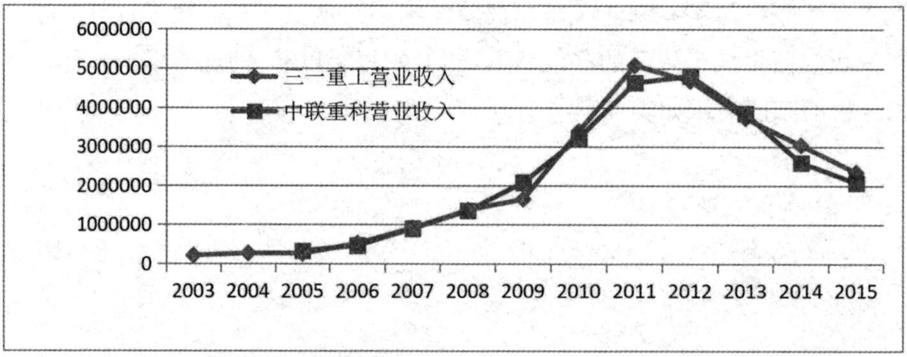

数据来源：wind

图115 厦华电子遭遇的需求断崖

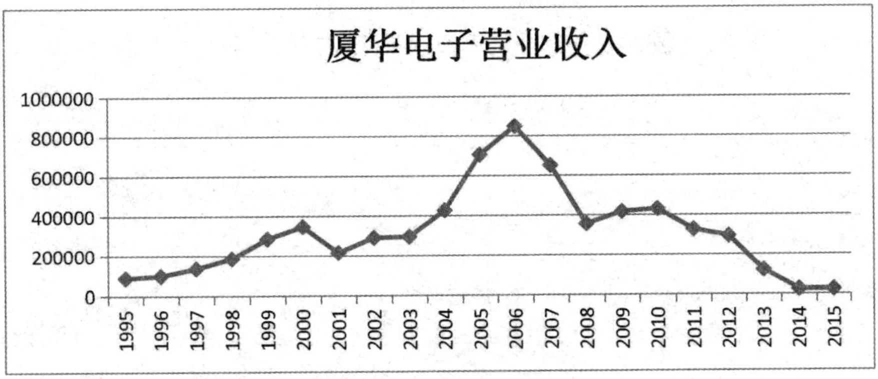

数据来源：wind

我们观察一下三一重工、中联重科和厦华电子这三个耐用品行业的案例。三一重工和中联重科生产的主要是建筑机械。众所周知的是这些建筑机械的使用寿命非常之长，而且即便损坏也不会直接扔掉买新产品，而是拿去修理，是典型的耐用品。厦华电子是生产电视机的企业，电视机也是典型的耐用品行业。我们看到了这三家企业在“需求断崖”之后所面临的困难。在更为广泛的经济现象中，其他的产品也存在这种现象，就是我们前文提及的“蛛网模型”。这是生产和需求的时滞导致的。企业在决策投资时，比较难以估计竞争对手的决策，故而存在产能总是落后于市场价格的变化。

房地产市场上，无论是美国、日本还是德国也都出现过“需求断崖”。唯独有所不同的是房地产市场的另外一个属性在作祟，导致了房地产需求断崖与普通耐用消费品相比并不十分明显。在美国和日本，套户比达到1.1以后，由于投机需求的存在，在市场供求均衡之后房地产的价格仍然出现上涨的态势。这是住宅供给过剩的根本原因。

预测神器的见顶

我们在本书影响房价的实证部分提及了一个预测美国和日本房地产市场的神器——“15～65岁人口占比指标”，我们认为15～65岁人口占比指标即是经济增长动力的指标也是投机指标。

图116 我国的劳动力人口占总人口比

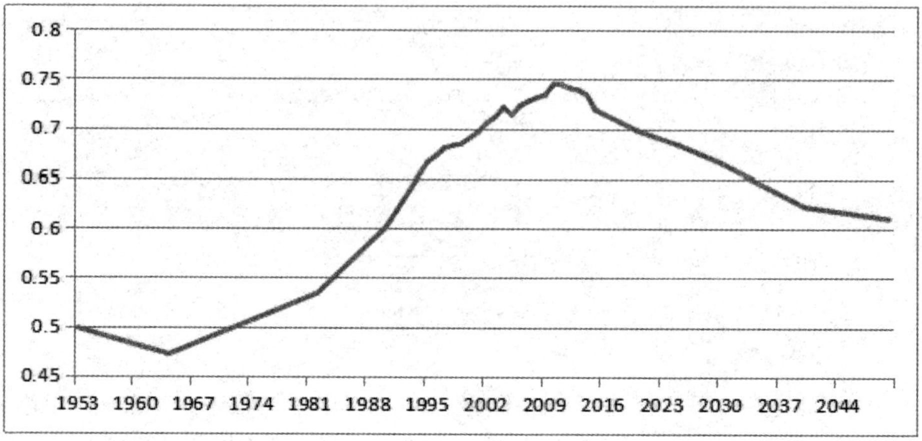

数据来源：统计年鉴1985，统计年鉴1995，中经网统计数据库，wind，联合国

我国的劳动力人口占总人口的比重高峰在2010年前后①出现。同时根据联合国对我国人口年龄结构的预测，由于过去20年15岁以下的人口占总人口比例处于不断下降的趋势中，劳动力人口占总人口的比例不会出现反弹，而是一直下跌。

我国的人口出生高峰有两个：第一个是建国后的1955～1970年，其中由于三年困难时期造成的人口锐减不在考虑范围；第二个则是第一人口高峰的下一代，即1981～1993年。此部分人口，对目前的房价形成了有力的刚性支撑。而这之后的年新出生人口会一直下降，并不会出现反弹。由于人口出生率不断处于下降之中，因此人口的自然增长会不断下降，以后再无人口高峰出现。

①统计学的抽样调查，对于将近14亿人口的测度指标很难做到一丝不差，故而，该指标真实的见顶只能确认是在2010年的前后，而不能精确地说就是2010年。

图117 中国真实GDP增速

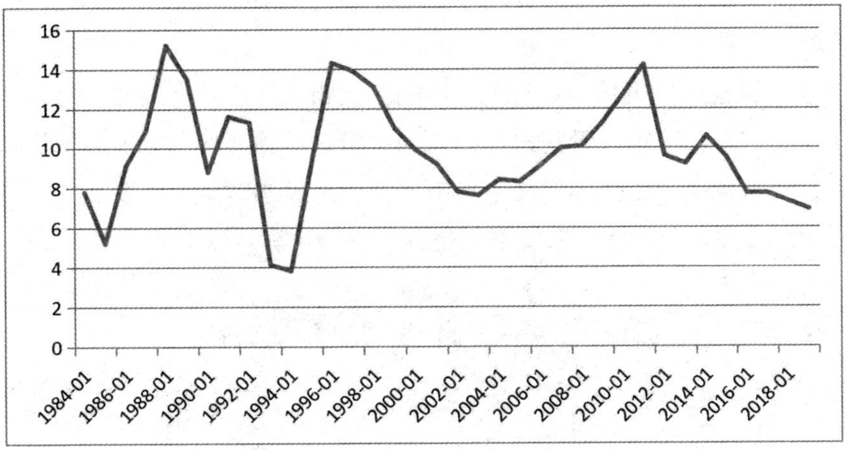

数据来源：wind

按照该指标的第一层含义，该指标对中国经济从上世纪80年代以来的经济腾飞做出了巨大贡献。我们可以观察到中国经济在1980～2010年这30年内累计增长了17.7倍，折合年化复合增速为10.06%。而2010年以来中国的经济增速一直在下台阶.笔者认为这与中国长期劳动力人口拐点有关。故而，这次的经济下台阶与以往相比具有很大不同。从1980年到2015年总计有三次持续时间较长的经济下行。

第一次是1985年开始的。由于史料的有限和一些因素的影响，如今我们很难详细全面地分析当时的经济环境。但是基本达成的共识是因为经济体制转型之初过度的投资、匮乏的资本和货币供应量过多导致的经济过热，从而影响了经济增长。第二次是上世纪90年代末的经济衰退，当时主要是受到东南亚经济危机的影响。我们也看到的是，在这两次的经济衰退中，长期经济三要素——劳动力供给、资本和技术进步，并未发生实质性的改变，故而接下来的90年代经济又开始了高速增长。

但是2008年金融危机之后，政府推出了四万亿的财政刺激之后仅仅将经济提升了1年，而后经济又开始下行。时至今日经济仍未出现之前的强劲增长的势头。本轮的经济下行与之前两轮都有根本的区别。我们的劳动力供给已经不像过去那样充足，只是伴随着经济的下行，就业仍未得到改善。而且，过往非常便宜而且供给无上限的劳动力市场一去不复返。故而，从劳动力要素的角度出发，中国的经济再也不会回到2008年之前的增长速度。

该指标也是投机指标。目前我国的三大市场，股票、债券、房地产市场在2000～2015年这段时间内，都因为该指标在顶峰中产生了多次泡沫。中国劳动力人口占比指标相比于美国、德国和日本的波动都要更大，故而我们在过去的15年时间段内观察到中国的市场投机氛围十分严重。

图118　中美日德四国劳动力人口占比

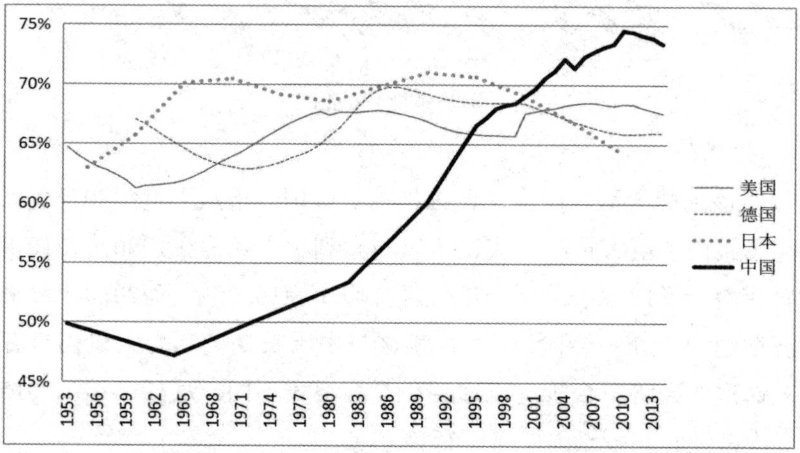

数据来源：wind，德国国家统计局，日本统计省，世界银行

根据联合国的预计，我国的劳动力人口占比预计在2020年下降至70%以下，也代表着我国的各个市场在接下来的投机性会逐步降低。

第三节　存在隐忧的城市化

概　述

我在序幕篇中也大概提及了中国的城市化进程。中国的城市化进程比较晚，但是近30年以来中国的城市化进程速度非常快。“中国以人类历史上前所未有的速度城市化，在1980年代开始所增加的城市居民人口超过了全欧洲（包括俄国在内）整个19世纪增加的城市居民数量。”（【美】迈克·戴维斯《布满贫民窟的星球》）

图119　中国的城市化率

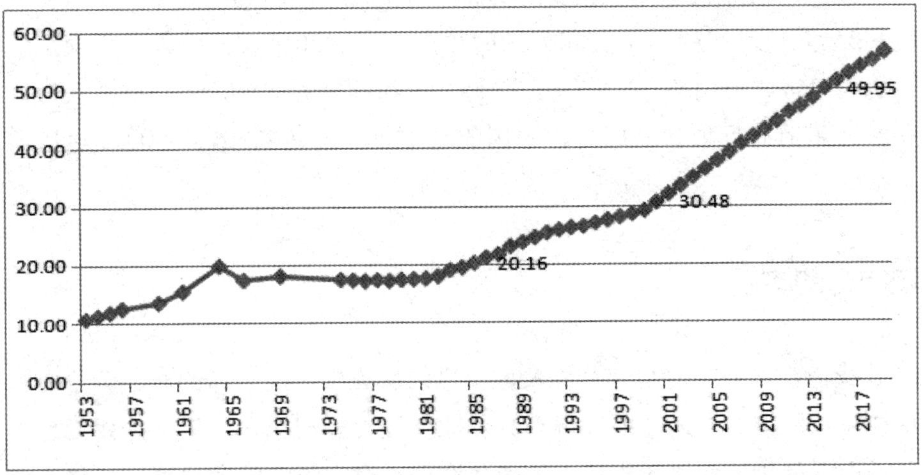

数据来源：中国国家统计局

我们在1949～1981年前后32年里，城市化率基本上处于停滞的状态，从建国初的10%上升至20.16%，城市总人口数为2亿人。这32年间，城市人口总计新增1.44亿人，年均新增城市人口为450万人。在此期间，城市化基本上处于停滞的状态。上述的新增人口，很大程度上是城镇人口自然增长的结果，并非农村人口的转移。

从1981年开始，我国开始逐步发展市场经济，但住房市场的彻底改革是在1998年。此17年间，城市化率由20.16%上升至33.35%，城市人口由2亿人增加到了4.16亿人，年新增城镇人口为1261万人。此期间逐步出现了农村人口向城镇人口迁徙的情形。

从1998年开始，中国的住房市场从单位分房到商品房改革。同时，城市化率也突飞猛进。城市化率由1998年的33.35%一跃至2015年的56.1%。城市人口由4.16亿人增加至7.71亿人，年新增城市人口为2088万人。

我们不难以理解，1998～2015年的17年，压抑了50年的城市化进程集中爆发出来（该过程本该由1949～1998年缓慢进行），故每年达到了2000万人口的房地产需求。这个在世界史上也是史无前例的。我们认为，总需求的迅速爆发是导致房地产价格从1998到2015年一直处于长期牛市的重要原因。

按照目前的城市化率速度，我们往后推15年，即到2030年，中国可以转移3亿人口。按照易富贤和苏剑的预测，到2030年，按照人口学模型估计总人口将达到13.82亿人①（按照易富贤和苏剑的估计，中国的总人口会在2025年前后见顶）。届时，中国的城市化率会达到78%，达到发达国家水平。

城市化的本质

我们在本书的前半部分提及城市化的前提必需是强悍的产业竞争力。这样流入城市的人口才能实现充分就业，过上安居乐业的生活。我们也提及了巴西和肯尼亚比较失败的城市化案例。有大量文献在研究城市化与经济增长的关系。但是笔者认为，虽然城市化和人均GDP在全球范围内都存在相关性，但这并不能证明城市化导致人均GDP的增长，毕竟存在反例。我们一再提及A与B的相关，有三种情况：A是B的原因；B是A的原因；A与B同是C或者C/D/E/F的原因。笔者认为索罗模型能够很好地解释经济增长。从长期看经济增长取决于劳动力供给、资本供给和技术的进步。而城市化也是这三者的结果。我们在第一部分分析城市化的一个重要原因是城市的收入要比农村地区高。这是导致城市化的根本原因。城市资本供给和技术进步都是领先的，故而城市的经济也是领先的，收入差是城市化的根本原因。

我们观察城市的人口数和人均GDP排名，这两者并不是很一致。“自1980年代中期以来，南方最大的工业城市——孟买、约翰内斯堡、布宜诺斯艾利斯、贝洛奥里藏特和圣保罗，都出现大批工厂倒闭和去工业化的倾

①易富贤、苏剑《从单独二孩实践看生育意愿和人口政策：2015～2080年中国人口形势展望》。

向。在其他地区，城市化已经越来越无关乎工业化甚至发展本身。撒哈拉以南非洲的城市化则与假定的城市化要素及上升的农业生产率无关。其结果是，城市经济规模与人口规模关联甚少，反之亦然。”（【美】迈克·戴维斯《布满贫民窟的星球》，第15页）

表16 人口与GDP排行：十个最大的城市（2000年）

序号	按2000年的人口排行	按1999年的GDP排行
1	东京	东京
2	墨西哥市	纽约
3	纽约	洛杉矶
4	首尔	大阪
5	圣保罗	巴黎
6	孟买	伦敦
7	德里	芝加哥
8	洛杉矶	旧金山
9	大阪	杜塞尔多夫市
10	雅加达	波士顿

数据来源：【美】迈克·戴维斯《布满贫民窟的星球》，第15页

表17 人口与GDP排行：十个最大的城市（2014年）

序号	2014年按人口排行	2014年按GDP排行
1	东京	东京
2	雅加达	纽约
3	重庆	洛杉矶
4	上海	首尔
5	首尔	伦敦
6	德里	巴黎
7	北京	大阪
8	孟买	上海
9	墨西哥城	芝加哥
10	圣保罗	莫斯科

数据来源：布鲁金斯学会，http://www.brookings.edu/research/reports2/2015/01/22-global-metro-monitor

城市的人口排名和GDP排名在长期以来都是不一致的。发展中国家非常迅速的城市化并未带来真正的经济增长。“在整个1980年代和1990年代早期的破坏性岁月中，第三世界城市化继续其非常危险的快速步伐（从1960年到1993年每年3.8%的增长率），尽管实际工资下降、商品价格暴涨，城市失业率剧增。在传统经济学看来，城市衰退的否定性反馈将减慢甚至逆转乡村向城市的移民，因而上述这种城市繁荣的保持令大部分专家们感到吃惊。发展经济学家奈杰尔·哈里斯1990年惊讶地表示：‘如此看来，低收入国家城市收入的显著下跌可能不一定会在短期内导致乡村移民的下降。’”（【美】迈克·戴维斯《布满贫民窟的星球》，第16页）

我们进一步将发展中国家和发达国家区分开来考察其城市人口与GDP的关系。

图120　发展中国家城市人口与GDP的关系

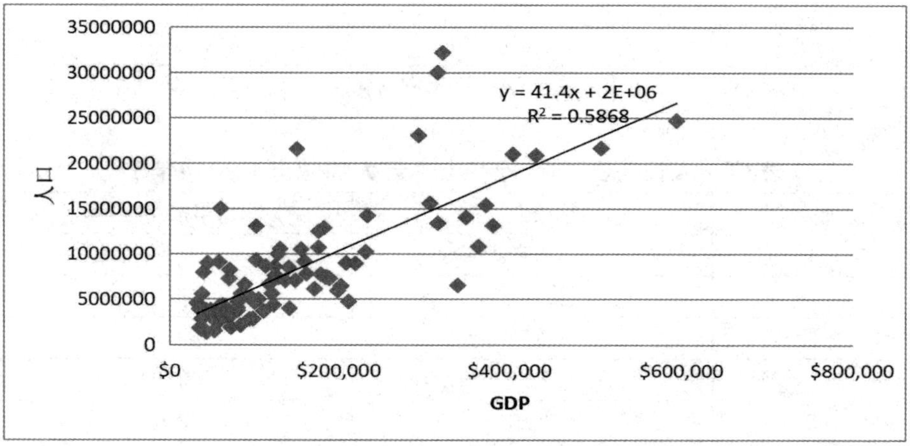

数据来源：布鲁金斯学会

图121 发达国家城市人口和GDP的关系

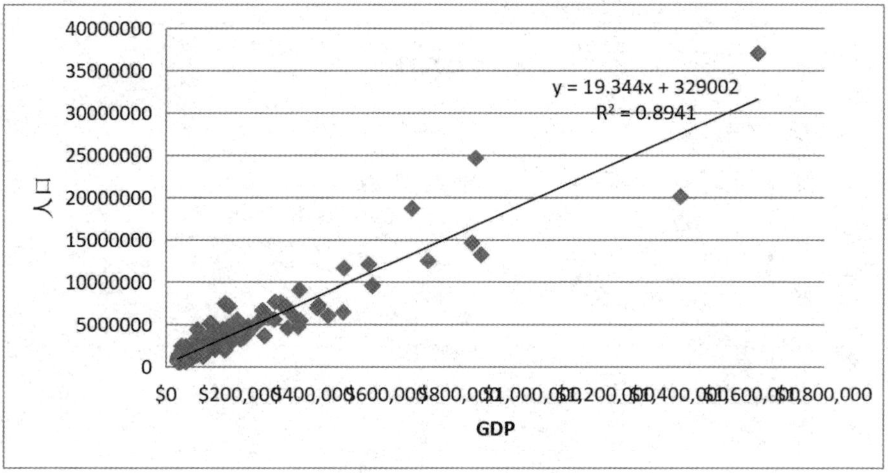

数据来源：布鲁金斯学会

在我们的样本中，总计包含了96个发展中国家的城市和204个发达国家的城市，我们很明显地观察到，发达国家的城市人口与GDP的关系更为紧密，而发展中国家的城市人口和GDP更为离散。这在印证着美国城市学家迈克·戴维斯那段话：发展中国家的城市仅为城市化而城市化，并未以产业竞争力为前提，城市的居民收入并未得到应有的大幅提高。

从全球国家的样本实证的角度看，我们仍然可以得出上述的结论。按照世界银行的数据，笔者统计了1960年、1980年、2000年和2014年这四个时间节点上全球各国城市化率与人均GDP的关系。

图122　城市化率与人均GDP的关系1960～2014

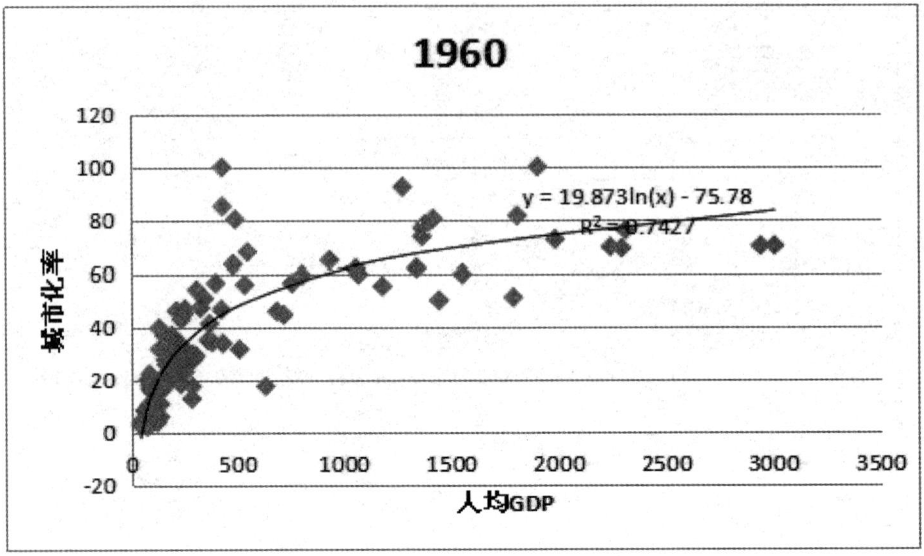

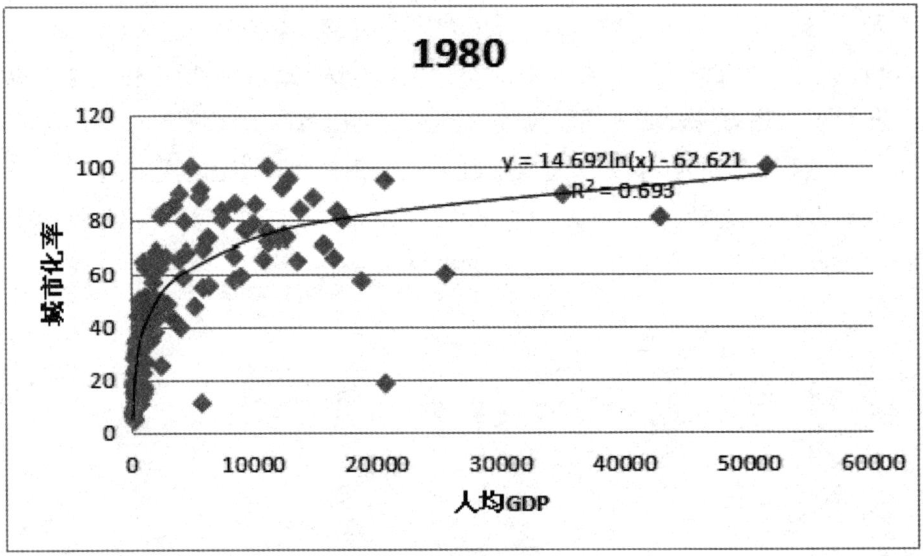

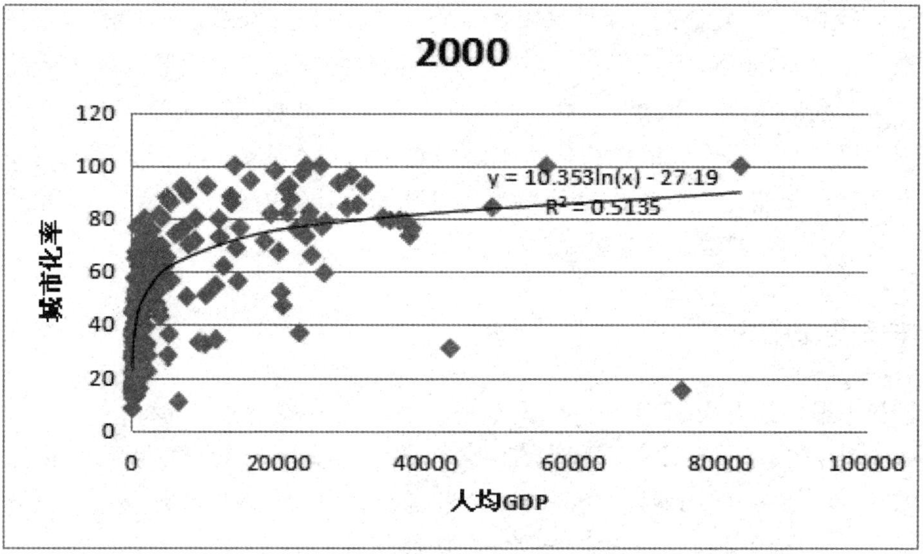
2000
120
100
80
60
40
20
0
城市化率
y = 10.353ln(x) - 27.19
R² = 0.5135
0
20000
40000
60000
80000
100000
人均GDP

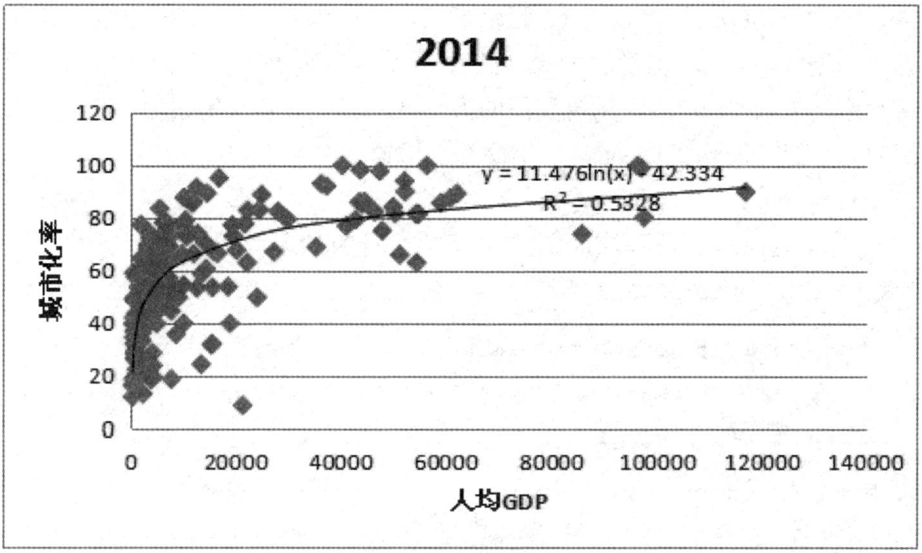
2014
120
100
80
60
40
20
0
城市化率
y = 11.476ln(x) - 42.334
R² = 0.5328
0
20000
40000
60000
80000
100000
120000
140000
人均GDP

数据来源：世界银行

我们可以观察的现象是城市化率和人均GDP在1960～2014年的关系越来越不紧密，从0.742下降至了0.532[①]，而且是呈现按照时间逐年下降的趋势。我们观察一下2000年和2014年的图形。在低收入国家群体中有许多国家已经达到了很高的城市化水平，但是收入的增长却非常少。这代表着自2000年以来，低收入国家的城市化几乎与人均GDP没什么关系。这导致了我们的回归曲线越来越陡峭。

中国的城市化

1.虚幻的人均GDP

让我们略微回顾一下我们在日本的章节部分提出的日本以日元计算的GDP和以1995年国际元计算的GDP两者差异甚大，主要原因是货币超发导致的。按照国家统计局公布的数据，1978年我国的人均GDP为381.74元，2015年的人均GDP为49228.73元，前后37年的时间里累计增长了129倍，年均复合增速为14%。但是，如果我们按照麦迪森的数据使用1995年国际元计算中国的人均GDP，1978年我国的人均GDP为978国际元，2015年为12542国际元，累计增长了12.82倍，年均复合增速为6.9%。

图123　中国城市化率与不同方式计算的人均GDP指数

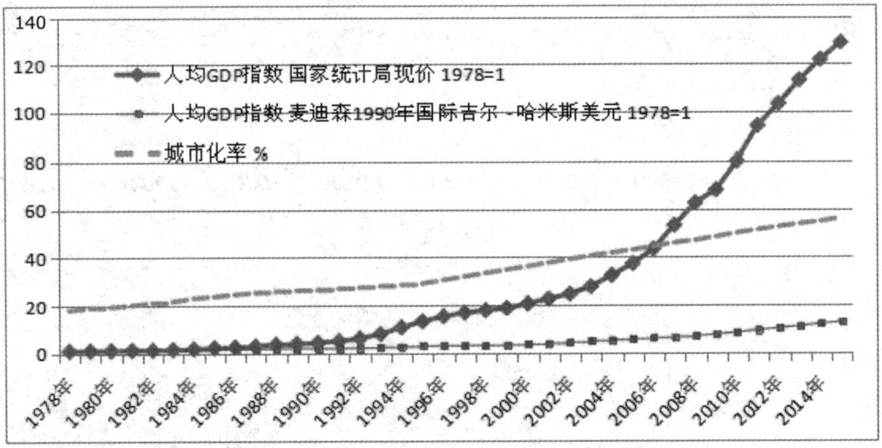

数据来源：中国国家统计局，Angus Maddison

①在统计学上叫决定系数,拟合的模型能解释因变量的变化的百分数。例如R^2=0.810,表示拟合的方程能解释因变量81%的变化,还有19%是不能够解释的。

两者为何差距如此之大，根本原因与日本的相同，都是因为货币的超发导致的。因为GDP现价是以统计当年的货币计算的国内生产总值，而国际吉尔·哈米斯元则是按照购买力平价和剔除了价格因素之后计算得出的国内生产总值。

图124　中、美、日三国M2/GDP的比值

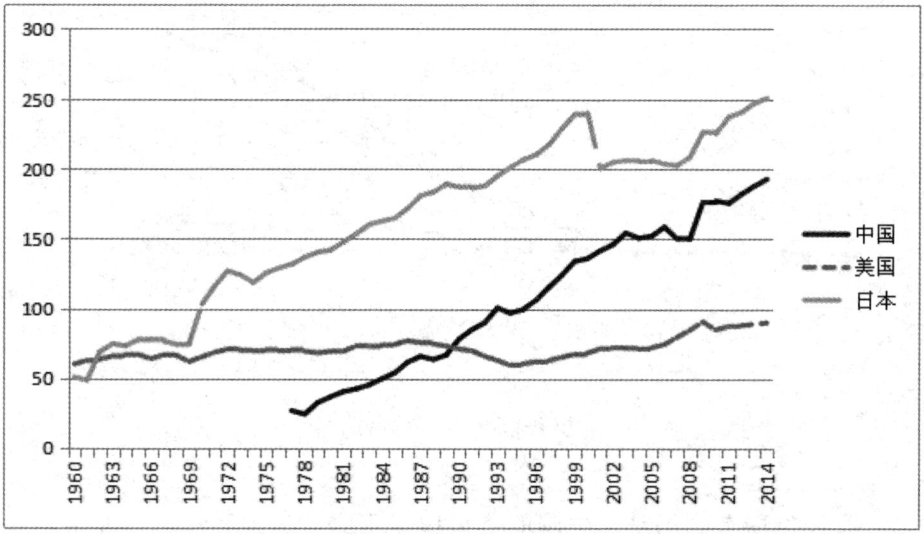

数据来源：世界银行

虽然中国和日本都是以间接融资为主体的国家，而美国则是以直接融资为主体的国家，但是这也不足以解释中国和日本的广义货币增长如此之快。按照货币供给的主流观点，货币供给最好与真实的经济增速保持同步，这也会在长期之内做到主要的商品价格不变，同时对债务人和债权人保持中立的态度。当货币供给超过经济增长速度时，在微观领域内，对于拥有资产的人和债务人是有利的，而对于拥有现金的人和债权人是不利的。当货币供给低于经济增长速度时，情况则完全相反。

另外，在长期的视角下，货币是中性[①]的，货币的增量对经济的影响才有意义。我们将上述的图形进行指数化，1977=1，考察货币增量的影响，绘制了图125。

图125　中美日三国M2/GDP指数 1977年=1

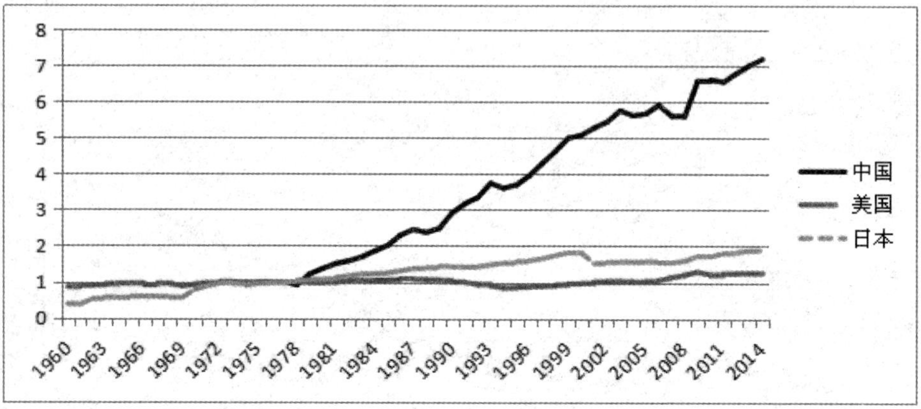

数据来源：世界银行

我们可以看到的是，中国的货币增速相比于美国和日本是非常之高的。在这样的大量的货币供给之下，我们的真实人均GDP只有名义的90%。故而，绝大部分的人均GDP并非城市化进程过程中由于城市产业竞争力提升而产生的，主要是因为货币派生的。

①我们考虑一个这样的简化情景：某太平洋岛屿国家每年只能生产出10辆汽车，对应了该国的货币100元。而有一天从天上掉下来了100元，这时候该岛屿国家的货币供应量就从原来的100元变成了200元。但是该国家的汽车产量并不会因为从天上掉下来的100元而增多，因为如果想提高汽车的产量需要增加人力投入、生产设备投入或者发明新的生产汽车的方法，这些都和货币的增多没关系。故而，每辆汽车的价格由10元，变成了20元。货币供给量增多，仅仅是价格尺度发生了变化，并未影响到经济的总产出的增长。进一步更为复杂的情形是，如果我们考虑到货币的供给会导致工资收入和物价同比率上涨时，只不过是人们在交易商品时需要将原来的交易价格提高，其他的都未改变。这就是货币中性原理。

但是，短期内货币增量是有意义的。短期内货币的增量会产生新的消费需求或投资需求，从而影响经济。我们考虑到甲恰好捡到了从天而降的100元，甲没向任何人讲他捡到钱了，市场上汽车的价格肯定仍然为10元/辆，这时甲可能会有消费的冲动，也可能会有投资的冲动，进而影响经济体的产出。故而，在市场未完全消化新增货币之前，货币能够起到提高经济产出的作用。

2.为了城市化而城市化

在中国同样存在城市人口与人均GDP之间的关系很弱的现象。这也就意味着，虽然有些城市的人口数量比较多，但是人均产出是比较低的。虽然城市人口数量在增长，但是城市人均GDP的产出增长速度并未完全跟上人口的增长速度，我们看到的现象是城市的总人口数量根本无法解释城市人均GDP。

笔者统计了我国34个主要城市①的常住人口与人均GDP的关系。虽然有我们预期的向上斜率出现——这意味着人口的增长对经济产出具有正的作用，但是，这个关系是十分微弱的。我们34个城市的样本R^2为0.303，意味着城市的人均产出中仅有30%的因素可以归结为城市的人口吸引力。而用2014年的数据分析时，R^2仅为0.164。这与我们在本章第一小节部分谈及全球的趋势基本相同，即随着时间的推移，人口流入对经济增长的贡献力度越来越弱。

图126　中国34城市人均GDP与总人口的关系

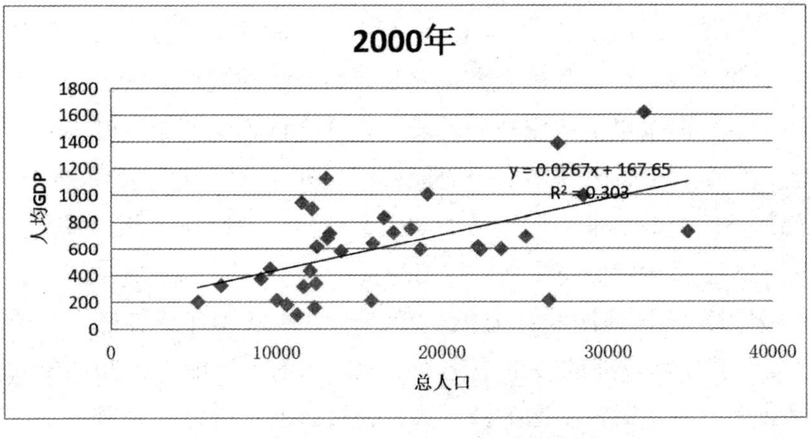

①这34个城市是：深圳、宁波、杭州、广州、大连、长沙、南京、天津、北京、武汉、上海、青岛、呼和浩特、厦门、沈阳、济南、郑州、长春、乌鲁木齐、南昌、成都、福州、合肥、银川、西安、太原、昆明、贵阳、兰州、哈尔滨、海口、石家庄、西宁、南宁

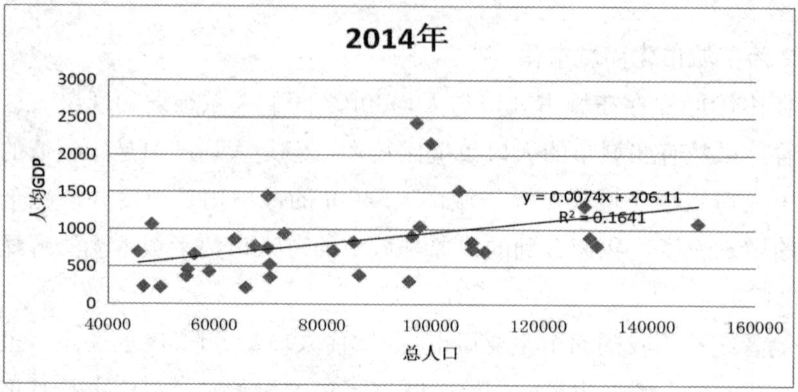

数据来源：wind、中国国家统计局

3.流动人口的下降

“16岁的姜淑芳独自从广西山上的村庄来到深圳，在一家电子厂找到工作，也在这里坠入了爱河。她的男友性格腼腆，比她大了6岁，轮班时间和她相同，但座位在另一张组装台上。他名叫骅长战，来自更内陆的湖南省。在这片几乎所有人都来自异乡的工厂群里，大多数人都还是没有孩子的年轻人，工作生活也经常孤独又缺乏朋友，于是这对情侣到哪都如影随形。两年后，由于工厂倒闭，他们只好一同前往深圳的劳动机构与就业中心，找寻理想的工作机会：也就是月薪至少在八百元人民币以上的工厂，而且要有两个以上的空缺。一般人也许会认为这两个年轻人会找个地方同居，但尽管他们梦想着有一天能够结婚并且共同建立家庭，同居却是他们想都不敢想的事情。”（【加拿大】道格·桑德斯《落脚城市——最后的人类大迁移与我们的未来》，第54页）

根据国家统计局的统计公报，2015年中国总计有2.47亿人的流动人口①，姜淑芳和骅长战的故事是这个庞大群体的一个缩影。2015年的流动人口数据十分有意思，我国的流动人口在过去30年的时间里首次出现了下降。我们有必要搞清楚这个现象的原因。

①按照国家统计局的定义，流动人口=人户分离人口-市辖区内人户分离的人口。其中，人户分离人口指居住地与户口登记地所在的乡镇街道不一致且离开户口登记地半年及以上的人口。市辖区内人户分离的人口是指一个直辖市或地级市所辖区内和区与区之间，居住地和户口登记地不在同一乡镇街道的人口。

图127　中国的流动人口数量

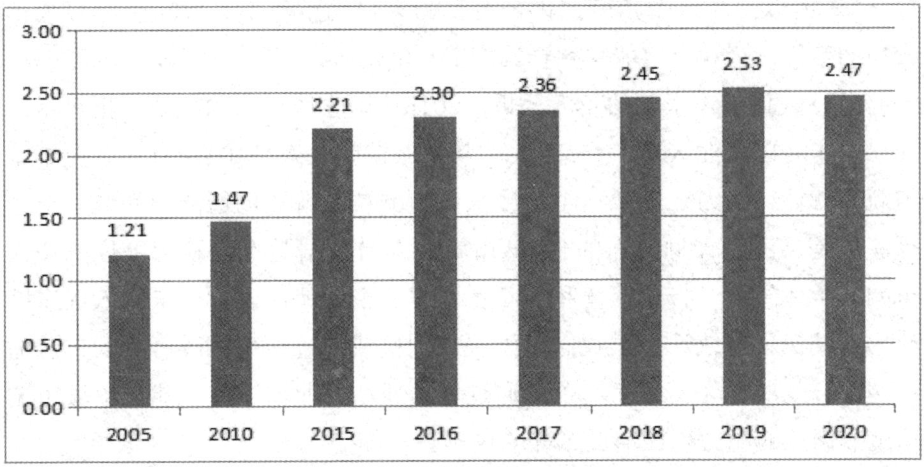

数据来源：wind

流动人口的减少可以从两个方面分析：第一是供给侧，即由于我国15～65岁人口总数减少导致的；第二个是需求侧，即由于城市就业岗位下降导致的。那么，这两种因素的影响程度如何呢？

表18　劳动力人口与流动人口变化

	劳动力人口（万人）	流动人口（万人）	劳动力人口增长	流动人口增长
2010年	99938	22100	—	—
2011年	100283	23000	0.35%	4.07%
2012年	100403	23600	0.12%	2.61%
2013年	100582	24500	0.18%	3.81%
2014年	100469	25300	-0.11%	3.27%
2015年	98910	24700	-1.55%	-2.37%

数据来源：中国国家统计局

首先我们来分析一下劳动力人口减少对流动人口的影响。我国的劳动力人口在2013年达到顶峰，2014年和2015年都是下降的。流动人口的年增长率在2011～2014年都超过了劳动力人口的增长率，即便是在2014年劳动力人口开始下行时，流动人口仍然是大幅增长的态势。但是，2015年流动人口的增长率首次出现了2.37%的负增长，而劳动力人口的负增长仅为1.55%。所以，从这个角度来讲，劳动力人口的下行不足以完全解释流动人口的下行，直观上仅能够解释其中的1.55%。

其次我们从需求侧的角度分析。2015年国家统计局的统计公报显示，2015年末全国就业人员77451万人，其中城镇就业人员40410万人。全年城镇新增就业1312万人。从这个角度来讲，城市的就业创造能力貌似并未减少。但是国家统计局公布的4亿城镇就业人员数据是不含私营单位就业人员的。个体经营、合伙经营和纯私营资本的企业就业人数并未纳入国家统计局的城镇就业统计中，我们也无法找到权威的统计数据或可靠的方法估计这部分就业群体。故而，单单通过城镇新增就业增加并不能得出城市创造就业岗位的能力也在增加这样的结论。

我们分析流动人口中最大的群体，即农民工①群体。外出农民工占流动人口的比重长期处于70%左右，剩余的30%的流动人口主要是指拥有城镇户籍但是仍然离开本城市半年以上的人员——笔者估计此部分意指“被城市化的”部分。

表19　流动人口与农民工数（万人）

年份	流动人口	农民工数	外出农民工数	本地农民工数	流动人口-外出农民工	外出农民工占流动人口比
2010	22100	24223	15335	8888	6765	69.39%
2011	23000	25278	15863	9415	7137	68.97%
2012	23600	26261	16336	9925	7264	69.22%
2013	24500	26894	16610	10284	7890	67.80%
2014	25300	27395	16821	10574	8479	66.49%
2015	24700	27747	16884	10863	7816	68.36%

数据来源：中国国家统计局

虽然农民工总数在2015年增加了352万人，但是我们在上表看到的是外出农民工仅增加了63万人，剩余的289万人都是本地农民工。这意味着

①按照国家统计局的定义，农民工是指户籍仍在农村，在本地从事非农产业或外出从业6个月及以上的劳动者；本地农民工是指在户籍所在乡镇地域以内从业的农民工；外出农民工：指在户籍所在乡镇地域外从业的农民工。

农民工更为优先的选择不是外出，而是留在本地选择就业。从国家统计局公布的《2015年农民工监测调查报告》披露的信息看，“外出农民工中，跨省流动农民工7745万人，比上年减少122万人，下降1.5%，占外出农民工总量的45.9%，比上年减少0.9个百分点。分区域看，东部地区外出农民工17.3%跨省流动，比上年下降1个百分点；中部地区外出农民工61.1%跨省流动，下降1.7个百分点；西部地区外出农民工53.5%跨省流动，下降0.4个百分点。”这也意味着农民工的流动性降低了。

至此，我们基本揭示出来了流动人口下降的原因，流动人口下降一方面源于劳动力人口的下降，一方面源于农民的主观选择不流动了。那么，是什么原因导致农民工不选择去外地工作？

表20　外出农民工的结余与本地农民工对比（元）

年份	本地农民工月平均收入	外出农民工月平均收入	外出农民工月平均支出	其中居住月平均支出	外出农民工月平均结余
2008	—	1340	—	—	—
2009	—	1417	—	—	—
2010	—	1690	—	—	—
2011	1754	2049	—	—	—
2012	—	2290	733	357	1557
2013	—	2609	892	453	1717
2014	2606	3108	944	445	2164
2015	2781	3359	1012	475	2347

数据来源：根据中国国家统计局公布的历年《农民工监测调查报告》整理

结余的减少是农民工不太喜欢流动的一个根本原因。“扣除生活成本，外出农民工每人月均收入结余1557元。而中部、西部地区农民工在东部地区的收入结余分别是1518元和1344元，都低于在本地区务工的农民工平均结余。中部地区农民工在中部、西部地区务工比在东部地区务工多获得64元和130元；西部地区农民工在中部、西部地区务工比在东部地区务工多获得228元和90元。数据还显示，中部、西部地区农民工在省内和省外务工收入结余相当，而东部地区农民工去省外务工的结余2118元，比在省内务工高496元。相比而言，中西部地区的农民工在东部地区务工生活开支较大、收入结余少，因此在中西部就业机会增加的情况下，农民工更倾向选择就近就业，这也是当前农民工流动格局变化的一个主要原因。”（《2012年农民工监测调查报告》）

相比于本地农民工，外出农民工的结余更低。本地农民工的月支出基本上可以忽略不计[①]，2015年外出农民工的月收入为3359元，本地农民工的月收入为2781元，比本地农民工高出了578元。但是外出农民工每个月的支出高达892元，故而结余为2347元。这点对于朴实的农民是非常重要的。外出虽然赚得多，但是过年一算就是白忙活。

图128　外出农民工的居住情况

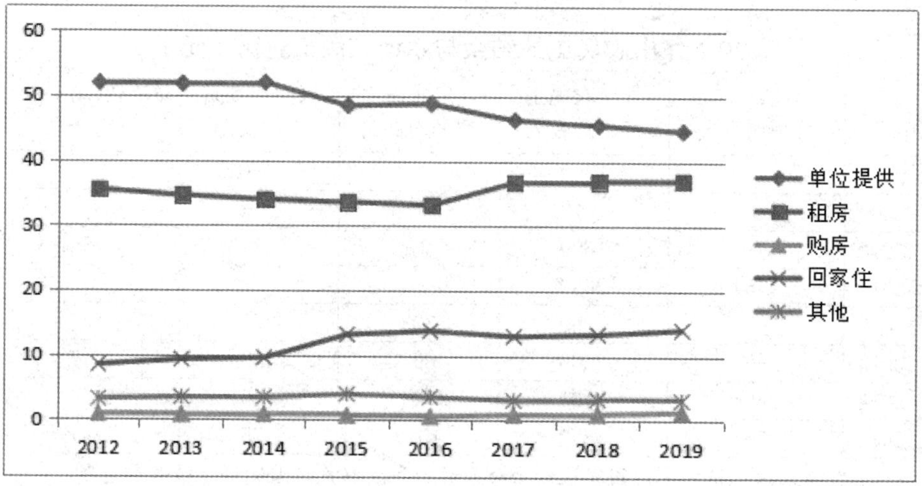

数据来源：wind

从外出农民工的居住情况也可以证明这个问题。2010年之前50%以上的外出农民工是单位提供居住，就好比我们本小结开头的那对年轻情侣的故事，他们都居住在单位的集体宿舍中。但是从2010年以来，单位提供的

①按照国家统计局的统计口径，本地农民工的活动范围是在户籍所在地的乡镇以内就业，这样本地农民工可以每天回家居住与吃饭，居住支出和吃饭的支出基本上忽略不计。

宿舍越来越少，租房[①]的农民工越来越多。一方面，伴随着企业经济效益的下行和土地成本的上涨，单位越来越无法为农民工提供宿舍；另一方面，农民工需要自己花钱用于居住支出，这点对于农民工外出结余影响较大。

农民工群体还有一个非常有意思的现象，就是40岁以下农民工的数量占比在不断下降，而40岁以上的农民工数量占比在逐步上升。

图129 农民工年龄结构占比

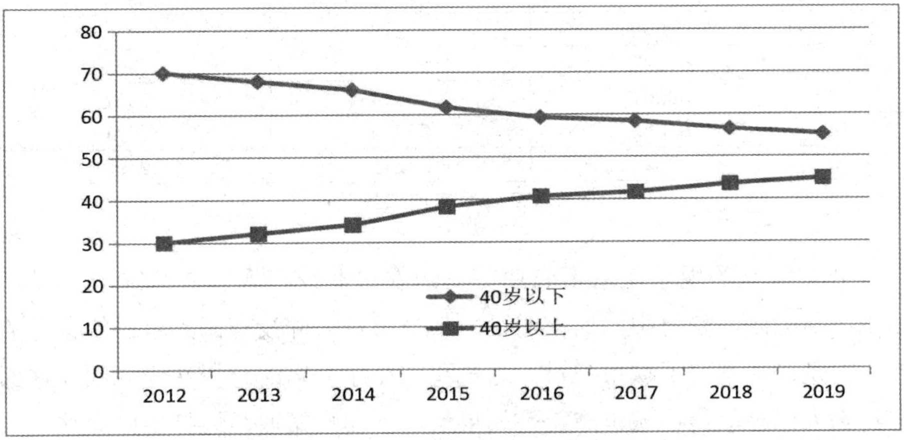

数据来源：wind

2008年，40岁以下的农民工占所有农民工总量的70%，而2015年则下降到了55%。从逻辑上讲，有两种可能性会导致这样的结果：第一，这些年轻的农民工已经取得了城市户籍，再也不会被国家统计局纳入“农民工”的范围；第二，这些年轻农民工返回家乡再也不出来了，而是在家乡从事农业生产。除此之外，并无其他的原因，且这两条假设满足互斥性，即我们仅需证实其中一个假设即可。

①按照国家统计局的标准，农民工的居住总计有“单位宿舍”、“工地工棚”、“生产经营场所”、“与他人合租住房”、“独立租赁住房”、“务工地自购房”、“乡外从业回家居住”和“其他”这几种该类型。笔者合并了“单位宿舍”、“工地工棚”和“生产经营场所”为“单位提供”，将“与他人合租住房”和“独立租赁住房”合并为“租房”。

我们可以通过“全国农村常驻人口数-农民工数=从事农业生产的人数+农村非经济人口①”这样的一个公式来说明，大部分的年轻农民工在2008～2015年这个阶段已经取得了城市户籍。

表21　农业人口数

年份	乡村人口(万人)	农民工数(万人)	农业人口数（万人）
2008	70399	22542	47857
2009	68938	22978	45960
2010	67113	24223	42890
2011	65656	25278	40378
2012	64222	26261	37961
2013	62961	26894	36067
2014	61866	27395	34471
2015	60346	27747	32599

数据来源：中国国家统计局

我们看到的现象是从事农业劳动的农村非经济人口数从2008年以后处于不断下降的趋势中。这证明了一部分年轻人并没有回到自己的家乡务农，而是已经取得了城市户籍。这与我们在序幕篇的分析殊途同归。这部分年轻人已经取得了城市户籍，如果他们不在户籍取得地打工则会被纳入流动人口的统计范围，流动人口超出外出农民工的部分应该有一部分是这个群体。

故而，经过上述的分析，我们看到的是中国的城市化进程并不会像纳瑟姆曲线暗示的那样乐观。

首先，用名义价格衡量的城市人均GDP与人口总量的相关性在下降。这意味着人口涌入城市并没有带来真实的产出贡献。而我们国家的名义人均GDP相对不变价人均GDP高估太多。人口进城带来经济增长的理论基本上被证伪。

其次，由于我国大部分农民工收入相对较低，而且农民工群体的社会保障非常低，这部分群体很难负担现在的城市生活成本。他们做出了选择——选择的结果就是我国的流动人口在2015年出现了30年首次的减少。

①乡村人口是拥有乡村户籍的人数，其中农民工是拥有农民户籍但是不从事农业生产的人员，将两者相减，得出的是从事农业生产的人员和农村的老人和儿童，老人、儿童是非经济人口。

而剩余在农村的农民大部分是老人、妇女和孩子。这部分3.2亿人口想要进城也是十分困难的。

第四节 小 结

本章中，我们重点考察了中国20世纪的三大因素。第一，与其他国家相比，中国在二战之后的重建工作严重滞后。世界上大部分经济体都是在战后立马就投入了住宅重建。但是我国的工业基础薄弱，住宅被放在次要地位上。随之而来的是1958～1998年长达40年的时间内，中国的住宅市场都是靠计划来配置，效率极其低下。而世界上的其他发达经济体基本上都在20世纪七八十年代完成了住房建设，套户比都达到了1以上。我国直至2014年住宅供给才基本满足了需求。住宅供给缓慢是我国房地产在过去30年暴增的一个重要背景。

第二，中国人口增长速度是世界上最快的。由于人口基数较大和节育技术的落后，新中国成立至今，人口整整增长了8亿。在同一时期，德国的人口基本上就是没增长，日本和美国的人口虽然有增长，但是相比中国，却是小巫见大巫。这也是导致我国房地产暴增的一个重要背景。

由于人口的暴增和住宅建设的缓慢，房地产严重供不应求。在1998年之后中国房地产企业迅速扩张产能，以满足房地产市场的巨大需求，进而导致了房地产行业产能过剩。

在人口结构上，中国的劳动力高峰相比于日本和美国都来得较晚。劳动力人口也是经济体的投机人口。这个指标高导致了2000年以来中国的股票市场、债券市场和房地产市场都产生了大幅泡沫。伴随着该指标的见顶，经济体的投机性会越来越弱。

第三，中国的城市化与中国的住宅建设一样被耽误了。时至今日，中国的城市化率刚刚达到56%。这相当于日本1955年的水平，美国1940年的水平，德国1900年的水平。我国的城市化进程过于盲目，城市人口与城市人均GDP的关系越来越弱，企业的竞争力因土地要素成本的高涨而削弱。

而农民工的收入太低，无法负担进城的成本，导致中国2.7亿农民工开始回流农村。中国未来的城市化道路十分之困难。

总之，这些因素在过去的三十年内支持了中国的房地产大幅上涨，但是这三个因素在2016年这个时间节点的前后都会发生逆转：供求基本上已经平衡，套户比已经达到了1以上；劳动力人口不断下行；城市化进程速度放缓。我们考察的这些大历史视角形成的背景因素都会发生不利于房价的改变。

第九章 | 总供求、货币和投机

我们在序幕篇提及了中国的房地产目前处于供过于求的状态，主要依据是：1. 真实住宅租金在2000～2015年期间基本上没涨；2. 套户比已经大于1；3. 人均住宅面积已经达到了32平方米；4. 中国的住房拥有率已经达到了87%，而当前我国的房地产开发企业如果开足马力，每年建设的住宅足够解决2500万人的居住需求。

我们可以通过国家统计局每年公布的住宅竣工面积和住宅销售面积除以30（即人均居住面积）来衡量住宅总供给，通过城镇新增人口衡量住宅总需求。

图130　住宅市场的总供给与总需求（竣工口径）

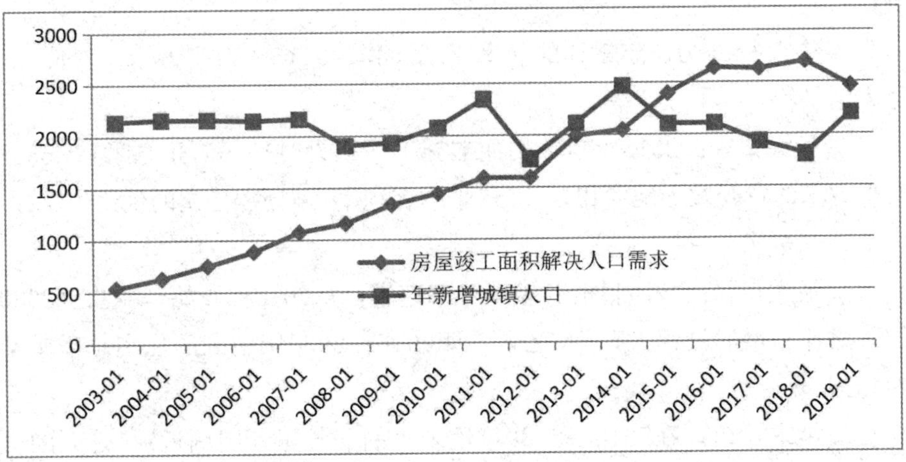

数据来源：中国国家统计局

图131　住宅市场的总供给与总需求（销售口径）

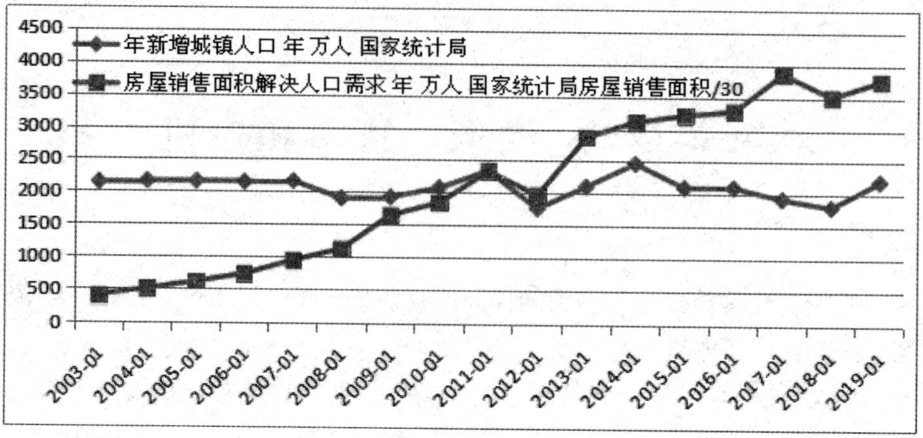

数据来源：国家统计局

相比于新增的城镇人口，住宅竣工面积过多，在2011年超过了这部分人口的需求。实际上，由于预售制度的存在，早在2007年住宅销售面积即超过了新增城镇人口的需求。在对未来的供求关系上，我们做了如下测算。

未来供给：

1. 窄口径：2015年底住宅待售面积为45248万平方米，对应1500万人供给。

2. 中口径：2015年累计的住宅施工面积为511569万平方米，对应1.7亿人的供给。

3. 最大口径：2015年累计的住宅施工面积为511569万平方米+ 36638万平方米的待开发土地面积×2.5倍平均容积率，对应2亿人的供给。

未来需求：

1. 最大口径：按照目前的城镇化率速度，从2016年开始，截止到2030年，累计新增的城镇人口为3亿人，即2016～2030年中国的住宅总需求量为3亿人。

2. 供求缺口：在2016～2030年这未来的15年里，中国还缺1亿人的房地产供给，即每年新开工供给量为667万人。按照2013年新开工4800万人的供给量为标准，最终达到86%的降幅才能实现供求平衡。这对房地产企业的打击将是致命的。

第一节 吊诡的深圳

中国的房地产在经历了2014年的轻度衰退之后，在2015年的下半年，深圳的房价一枝独秀。按照样本住宅价格的数据计算，深圳的房价从2015年的4月到2016年的4月，累计实现涨幅59.87%。按照国家统计局的《2016年4月份70个大中城市住宅销售价格变动情况》公布的数据，深圳的新建商品住宅价格指数同比涨幅为63.4%，二手住宅同比涨幅为56.1%。而同期的新建商品住宅价格指数的涨幅北京为20.2%，上海为34.2%，广州为17.6%，70个大中城市的平均同比涨幅则为4.33%。

图132 北上广深和百城样本住宅均价

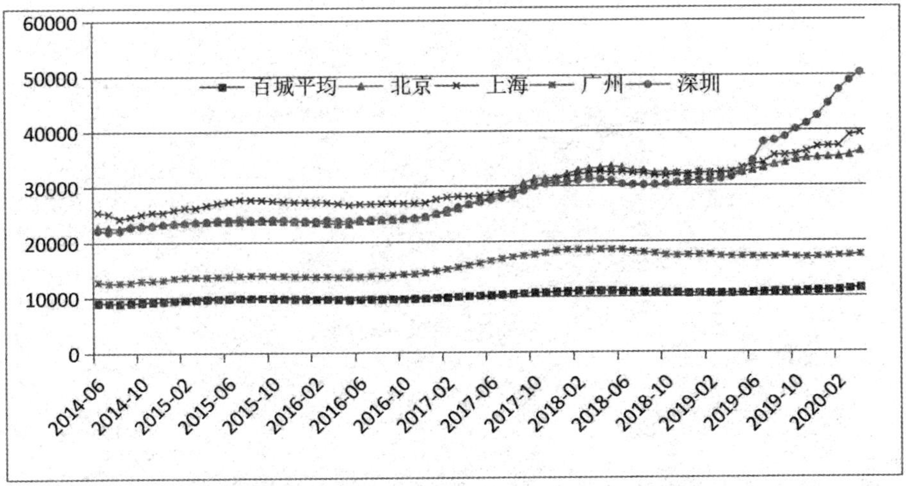

数据来源：wind

从逻辑上讲，这绝对不是供求因素导致的，因为房地产的供给侧和需求侧因素都不会在一年的时间内发生如此巨大变化；也不是由租金上涨导致的，租金也不可能在短时间内发生如此巨大变化。那么剩下的就是货币因素和投机因素在影响深圳的房地产价格。

第二节 基本面因素无法解释房价

我们通过以下两种方式来衡量各城市的房地产供求关系。

第一种方式是通过计算各城市2010～2015年的住宅竣工面积均值，然后用住宅竣工面积均值除以30，得出住宅面积供给人数，再用住宅面积供给人数减去年均新增常住人口数，这与供给减去需求缺口相等。我们分析各个城市的供求缺口与房地产价格的关系（如图133[①]）

图133 房地产供求缺口与房价涨幅的关系

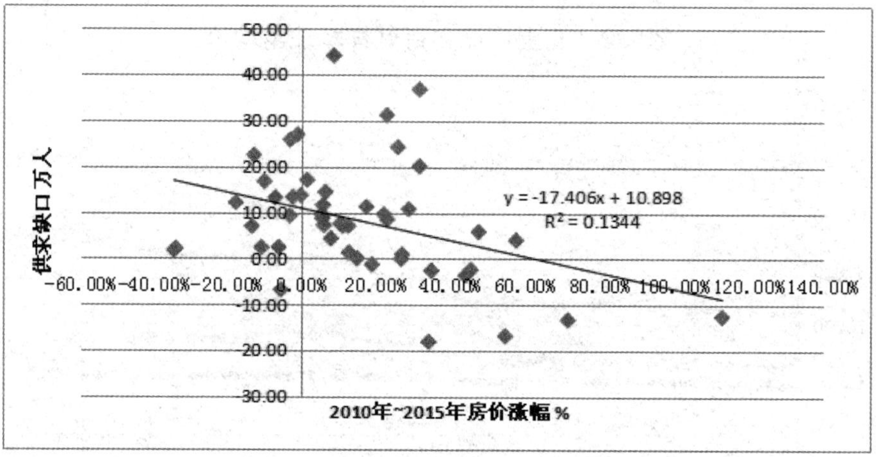

数据来源：wind

通过该方法得出的房价涨幅与供求缺口的关系，虽然有我们预期的斜率出现，但是这样的解释水平并不是显著的。在房价上涨的城市中，有很大一部分是供给大于需求的。该方法并未考虑到2010年之前的存量状况，

①该样本包括了48个城市：合肥、北京、厦门、深圳、温州、太原、广州、郑州、汕头、武汉、兰州、石家庄、南昌、海口、三亚、台州、大连、乌鲁木齐、呼和浩特、珠海、宁波、秦皇岛、济南、江门、天津、西宁、银川、昆明、福州、泉州、惠州、镇江、中山、绍兴、南宁、嘉兴、杭州、成都、贵阳、青岛、南京、南通、长沙、西安、无锡、苏州、沈阳、佛山。

由于我国的住房市场统计数据缺乏，我们也没办法弄清楚2010年这个时间节点的住宅存量如何。不过我们可以通过万科公布的套户比①来进一步完善供求模型的分析。

图134 套户比与房价涨幅

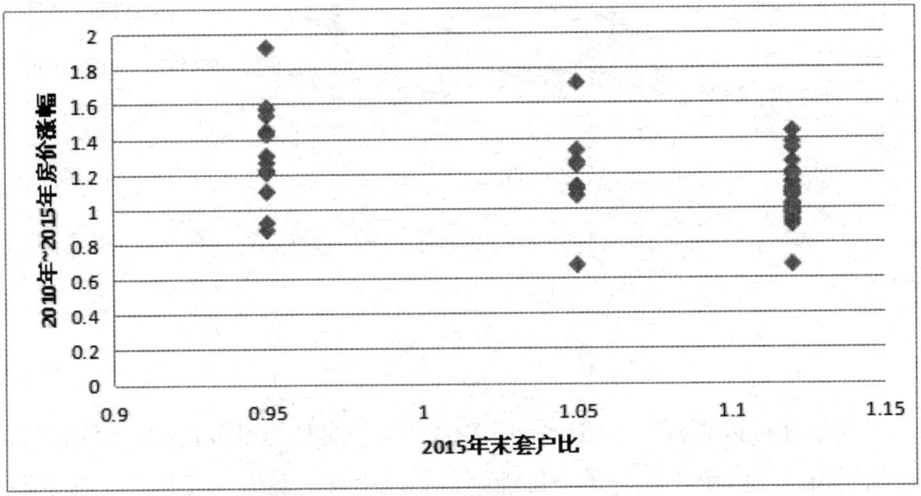

数据来源：wind，万科

同样的，我们观察到了套户比大的城市房价涨幅较小，套户比小的城市涨幅较大。但是同样并不具有统计上的显著性。我们观察套户比大于1.1的城市，房价最高也上涨了50%，而套户比低于1的城市中房价也有下跌的。

通过上述的数据分析，我们基本可以得出这样的结论：虽然供求对各城市的房地产价格有影响，但是供求对各城市房地产价格的影响程度绝对不是占主要地位的。

---

①该样本包括了48个城市：深圳、上海、北京、厦门、三亚、广州、杭州、南京、珠海、温州、苏州、福州、宁波、天津、大连、东莞、海口、郑州、武汉、南昌、佛山、青岛、扬州、济南、无锡、合肥、成都、昆明、泉州、沈阳、南宁、乌鲁木齐、太原、常州、重庆、惠州、长春、镇江、秦皇岛、西安、长沙、烟台、中山、唐山、徐州、吉林、鞍山、贵阳。由于万科仅公布了套户比的范围，笔者采用的值是低于1的城市一律取值为0.95，介于1和1.1之间的城市取值1.05，大于1.1的城市取值为1.12。这不影响结论。

图135　六城租金指数

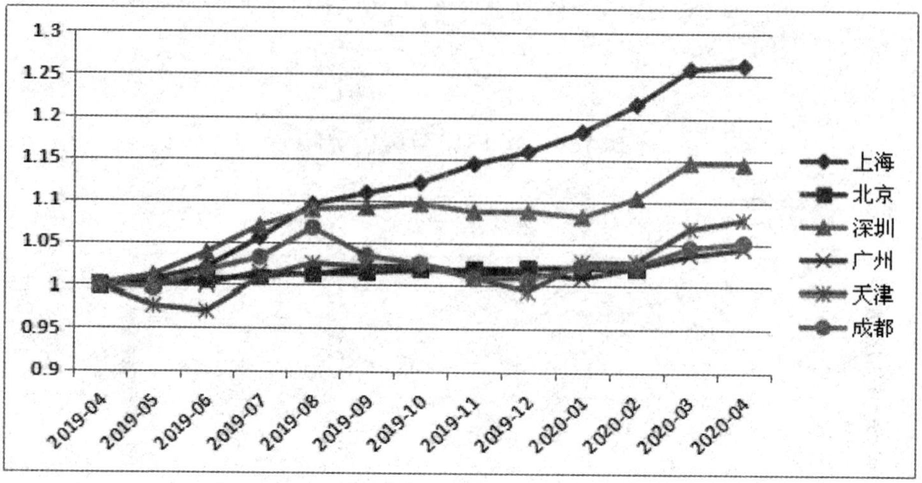

数据来源：wind

我们还可以分析一下租金。根据中原地产编制的租金指数，深圳的租金涨幅相比上海更小，但是房价涨幅却远超上海。这并不是因为上海的租金补涨导致的。我们通过中原地产的租金回报率数据可以看到，在2015年之前深圳的租金回报率一直高于北京和上海，而经过2015年下半年的涨幅之后，深圳的租金回报率已经是六城中最低的。

图136　六城租金回报率

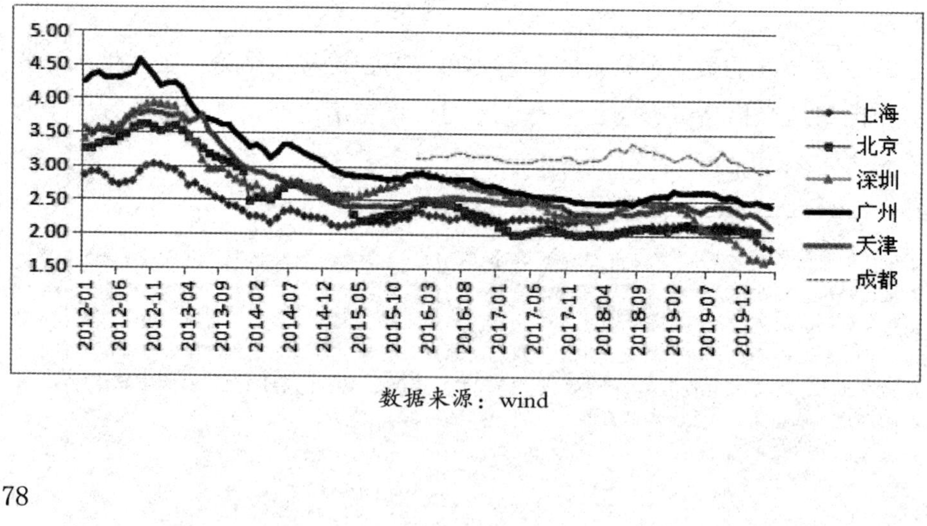

数据来源：wind

故而，无论是从租金的涨幅的角度，还是从租金回报率的角度讲，租金都无法解释深圳在2015年下半年开始的暴涨。

第三节 货币现象只能解释一部分的房价

中国的房地产深受广义货币发行量的影响。我们看到的是每轮M2上行周期都带动了房价上涨，而每轮M2下行周期也带动房价下跌。我们之前讨论过中国的M2超发非常严重，M2作为供求之外的货币因素也在影响着房地产价格。

图137 M2与房地产价格指数

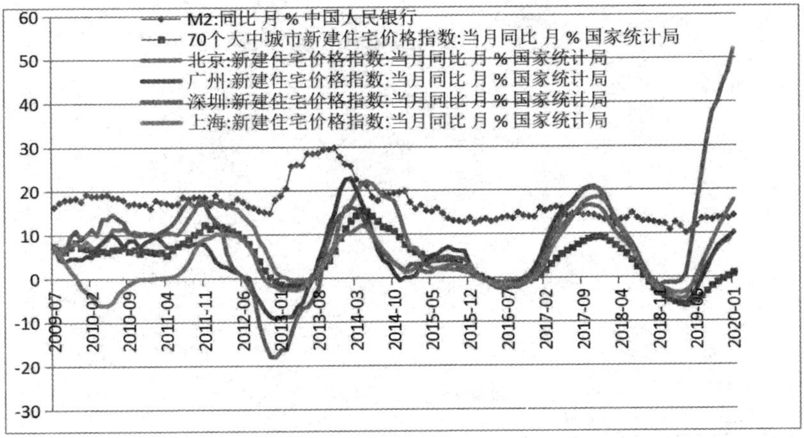

数据来源：wind

M2的发行在全国各个城市之间并不是均匀分布的。由于各城市对资金吸引力的强弱不同，有些城市的货币存量会较多，而有些城市的货币存量会较低。我们按照人均金融机构本外币存款余额①指标衡量各城市对货

①各地央行会公布金融机构本外币存款余额数据，该数据口径包括个人存款、企业存款和政府存款三部分。此处我们使用人均金融机构本外币存款余额数据，并非传统意义上的人均储蓄存款，人均储蓄存款并未包括企业和政府的两部分。我们使用的金融机构本外币存款余额无实际含义，仅用来衡量各城市的资金吸引力。

币的吸引力，并以此考察人均存款余额对房地产价格的影响。笔者截取了2014年98个城市①和2015年47个城市②的样本，具体如图138。

图138　人均金融机构存款余额与住宅均价的关系（2014年98城样本）

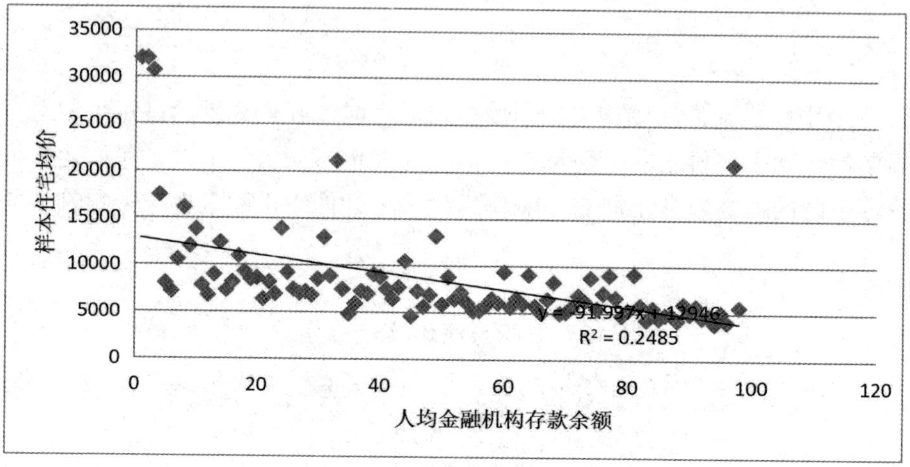

数据来源：wind

①这98城是：北京、上海、深圳、广州、成都、重庆、天津、杭州、苏州、南京、武汉、西安、郑州、宁波、沈阳、无锡、大连、青岛、济南、佛山、长沙、昆明、太原、福州、东莞、合肥、石家庄、哈尔滨、长春、南通、温州、南昌、厦门、南宁、贵阳、唐山、常州、兰州、绍兴、金华、乌鲁木齐、烟台、泉州、台州、潍坊、嘉兴、保定、呼和浩特、珠海、徐州、扬州、泰州、廊坊、中山、邯郸、洛阳、淄博、镇江、江门、海口、东营、惠州、西宁、昆山、赣州、鞍山、江阴、汕头、绵阳、银川、宜昌、柳州、威海、鄂尔多斯、包头、湛江、张家港、秦皇岛、聊城、桂林、常熟、芜湖、菏泽、吉林、德州、株洲、淮安、新乡、日照、衡水、连云港、营口、宿迁、湘潭、马鞍山、宝鸡、三亚、北海。

②这47城是：北京、上海、深圳、广州、杭州、成都、重庆、天津、南京、苏州、武汉、西安、郑州、宁波、长沙、沈阳、大连、济南、无锡、青岛、福州、合肥、太原、长春、哈尔滨、石家庄、温州、厦门、贵阳、南宁、兰州、唐山、常州、乌鲁木齐、泉州、呼和浩特、徐州、扬州、泰州、海口、惠州、西宁、银川、湛江、衡水、宿迁、三亚。

图139　金融机构存款余额与住宅均价的关系（2015年47城样本）

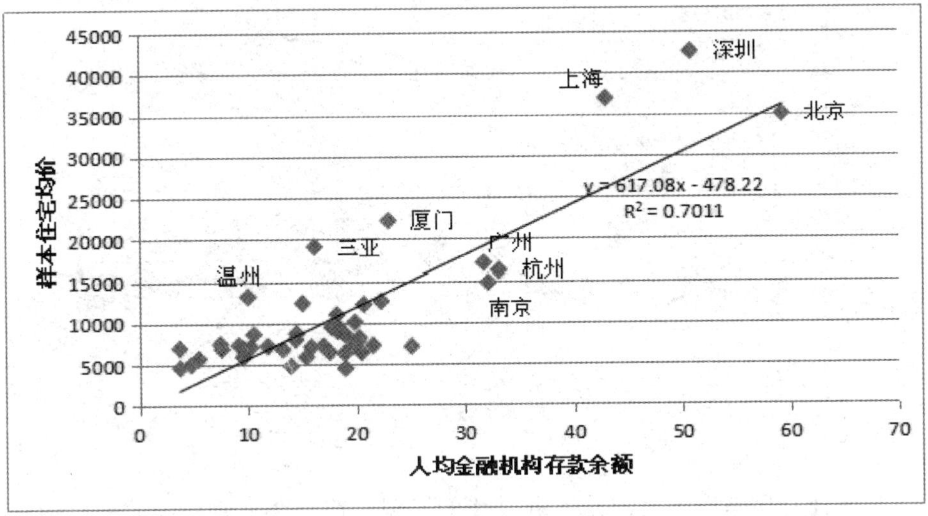

数据来源：wind

我们发现，各城市的金融机构存款余额对房价具有很好的解释性。2015年的47城样本R^2超过了0.7，这代表着2015年的47个城市的房价有70.1%的因素都可以用货币来解释。我们也可以观察一下图上标注出的几个城市。按照我们的回归方程计算，深圳的房价在2015年底应该是30851元/平方米，而实际房价是42591元/平方米，预测值仅为实际值的72%。在房价超过10000元的城市中，预测值与真实值偏差最大的城市是温州，温州的预测值是5698元/平方米，而真实房价则为13184元/平方米。排在第二位的是三亚，预测值是9485元/平方米，而真实房价则为19100元/平方米。相反，贵阳房价的预测值是11232元/平方米，而真实房价为4499元/平方米，是预测值低于实际值幅度最大①的城市。随后是太原、西安和长沙。这意味着这些城市的存款资金对这些城市的房地产并不是十分感兴趣。

①在我们的47城样本中，预测值/真实值最小的城市其实是重庆。但是考虑到重庆统计数据统计范围是重庆所有的下辖区域，包括重庆主城和周边的县城，导致重庆的样本具有偏差性，我们在此不具体讨论重庆。

图140　存款回归模型的预测房价与真实房价差异(2015年47城样本)

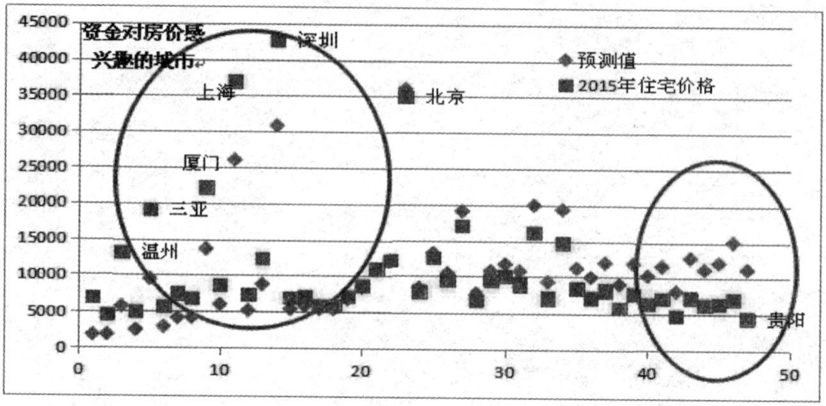

数据来源：wind

结合万科提供的套户比数据，我们发现，在资金不感兴趣的城市中，贵阳、西安和长沙三城的套户比都大于1.1。但是这个数据对另外一头并不适用，三亚的套户比大于1.1，厦门的套户比介于1和1.1之间，但是这两个城市的房价依然比预测值高出太多。毫无疑问的是，这两个城市都是房价的重点投机城市，而三亚被称为东北人的“第二故乡”。

另外，虽然温州的套户比小于1，但是温州的房价2011年经历了严重的下跌。三亚的房价自2010年以来处于长期下跌的趋势。

图141　房价崩盘的样本（温州、三亚样本住宅价格）

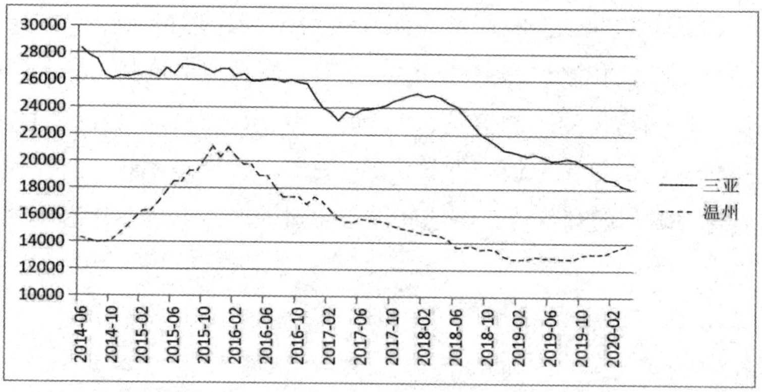

数据来源：wind

三亚的样本住宅价格从2010年6月到2016年4月累计下跌了36.15%。温州的房价从2012年1月到2016年4月累计下跌了33.56%。无疑，这两个城市的房地产已经崩盘。从这点上来讲，谢国忠先生的预言还是相对准确的。

三亚和厦门都是国内著名的海滨旅游城市。从基本面因素讲，三亚2015年的常住人口是74.89万人，是人口十分稀少的城市。三亚的城市面积约为2000平方公里，相当于北京的1/8；2015年的人均GDP为58361元/人，与兰州和哈尔滨的水平相当。从这些因素看，三亚的经济基本上处于非常萧条的状态。加上大于1.1的套户比和一丁点的资金量（1200亿元）留在三亚，即便三亚的房地产已经连跌了6年，房价高估仍然非常严重。

厦门的2015年常住人口是386万人，在中国也算是偏小型的城市，面积为1700平方公里。其中岛内面积为160平方公里，岛内常住人口总数195.9万，占全市总人口的50.75%。2015年的人均GDP为90378元/人，处于全国城市中的中等偏上水平。但是，厦门的房地产有70%是外地人在购买，特别是2014年以来，外地人购买的比率一直伴随着厦门的房价同步上升。这代表着大部分的住房可能并不是真实需求。根据我们的回归模型，厦门的房价预测值仅为真实房价的60%。

图142　厦门外地购房者占比

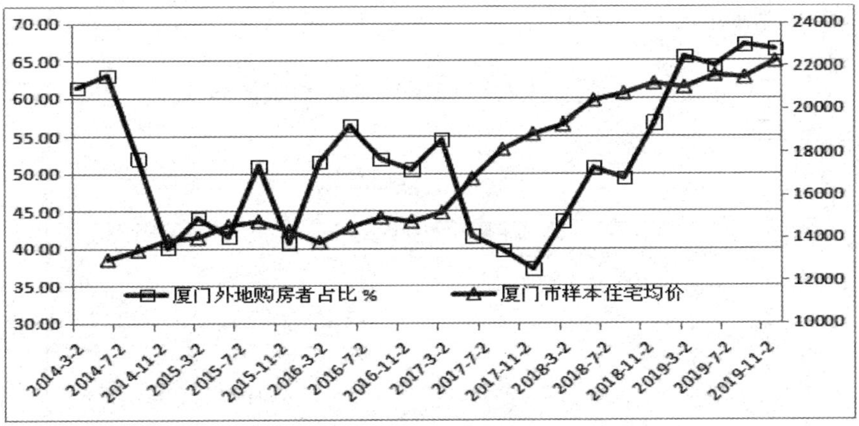

数据来源：厦门市房管局，wind

返回头来我们再看一下深圳。深圳作为中国最为成功的经济特区，其人口结构与北上广具有明显不同：其人口更为年轻化。这不但意味着深圳的经济创新能力强、人均经济产出大，也意味着深圳的投机氛围浓。深圳的人均金融机构存款余额为50.77万元，仅次于北京的59.23万元，位居全国第二。但基于50.77万元测算的估计房价，我们的模型仅解释了深圳真实房价的72%。

那么，为何还有将近30%的房价解释不了？我们前文提及无论是通过人口、套户比、租金或租金回报率这些基本面因素都无法解释深圳的房价在如此短的时间内发生了如此大幅的波动。虽然资金聚集的因素能够解释70%，但是也并不能完全解释深圳的房价。我们在这里有必要搞清楚两个问题：第一，为何资金会在不同的城市聚集的程度不同；第二，剩余30%因素是不是投机因素导致的。

第四节　投机是一切的根源

从逻辑上讲，资金就和流水一样——流水总是填平低洼的地方，资金也是流动的，总是向收益率高的地方流动。我们在分析20世纪的三大背景时，提及城市的人均收入高于乡村是城市化的根本原因。与此类似，资金也是这样流动的。

图143　城乡人民币储蓄存款余额城镇与农户

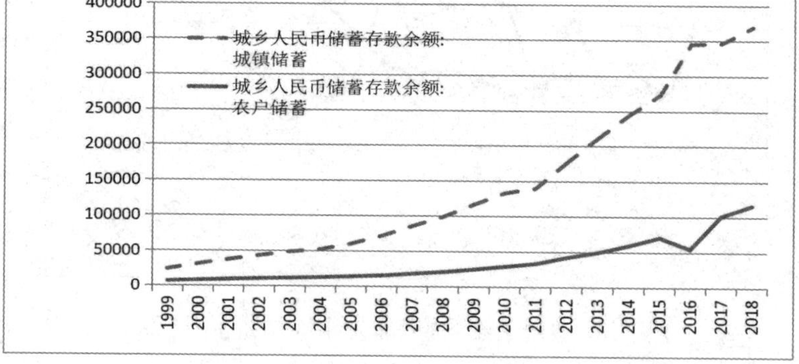

数据来源：wind

我们看到的是，全国城乡人民币储蓄存款余额按照城镇和农村分，1995～2014年的差距越来越大。不信你可以到附近的县城走走，然后再到省城走走，这时你会发现简直到了一个购物天堂。这是因为资金在逃离这些乡村、小城市，奔向大城市，导致了经济偏远地区的物价十分便宜。同样，房价也是物价的一种，故而，我们观察到了房价的70%可以用资金来解释。

那么，资金流向大城市赚钱，主要通过两种模式：第一种是做实业赚钱，最终会体现为城市的人均GDP提高；第二种是炒房赚钱，最终会体现为城市的房价提高。我们可以先做出这样的逻辑分析：如果资金流入对于GDP的提升起了作用，那么这部分资金就不是投机性资金，该城市的房价上涨更多不是因为投机引起的；如果资金流入对GDP的提升起作用比较弱，而且资金流入对房价的作用较强，那么这些流入资金就是投机性资金，目的是通过炒房赚钱。为更直观说明问题，我们利用同样的方法和同样的城市样本，将每个城市的人均金融机构存款余额与人均GDP做了散点（见图144）。

图144　资金聚集对GDP贡献分析（2015年47城样本）

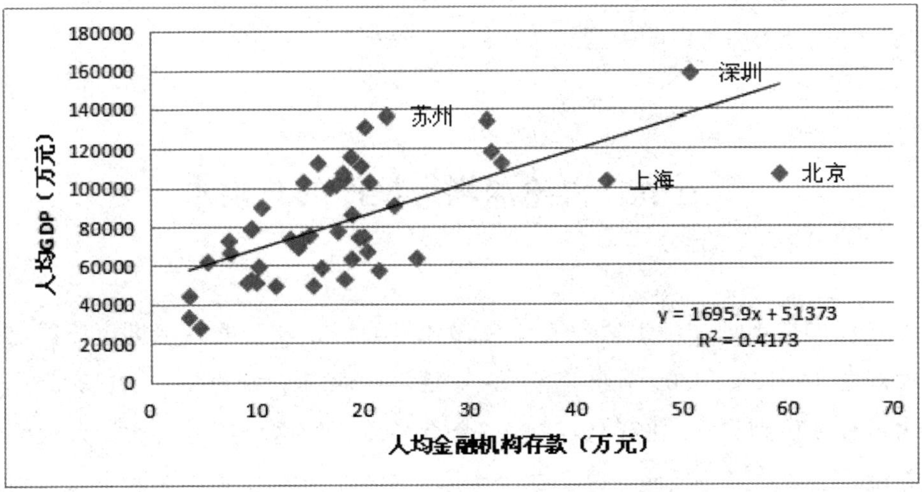

数据来源：wind

我们之前提及经济增长的索罗模型。索罗模型认为经济增长的三因素分别是劳动力、资本和技术进步。我们想生产某种产品，必须有这三者，缺一不可。而国家的经济增长就是所有的微观生产商的总和。我们在中国城市化的部分详细分析过人口对经济增长的贡献呈现下降的趋势。2014年的人口对GDP的解释程度仅有16%，这在统计学上意味着两者基本没什么关系，也意味着这群流入的人口在城市中基本上处于瞎忙的状态，因为他们并没有创造更高的产出。

我们再看一下资本这个因素。我们用人均金融机构存款余额来衡量各城市对资金的吸引力。我们绘制的图表47城样本与资金对房价的47城样本完全一致。我们看到资金对GDP的贡献程度是41.7%，也就是说，资本流入这些城市创造的GDP还不如对这些城市的房价的贡献大。根据我们前文所述，这些资金想进来赚钱，大部分是通过炒房赚钱而不是通过生产产品赚钱。这与本书的开头笔者提出的2006～2016年这段时间内，炒房地产收益超过了84%的上市公司收益是一致的。我们通过两种方法分析问题，最后结论都是殊途同归。

笔者没有更好的方法能区别开这些资金究竟有多大的比例是用来投机的，有多大的比例用来投入实业的。但我们观察到的是这些资金对房价的贡献远远超过了对人均GDP的贡献，这是一个强有力的证据在支持投机因素，是剩余的房价影响因素。

第五节　再论深圳房地产的总供求

深圳市规划和国土资源委员会2016年5月9日发布的《深圳市住房建设规划（2016～2020）》里有句话：“到2015年末，我市常住居民家庭住房自有率达到34%，比2010年提高7个百分点。”这个数据着实让人大跌眼镜。笔者的第一反应就是，这个数据是不是真实的？是不是故意这样做的？因为第一，全国的住房自有率无论是官方数据，还是学术调查机构的数据[①]，都达到了80%以上。第二，笔者曾经在深圳待过两个月，但没发现有人睡在大街上。在这样的心态下，笔者翻阅了国家统计局公布的第五次人口普查（2000年）和第六次人口普查（2010年）[②]县域的长表数据。这里公布了详细的深圳住房调查数据，笔者整理见表22。

表22 深圳五普和六普不同类型住房来源的人口数据(万人)

	常住人口	自建住房	购买住房	租用住房	其他住房
2000年	701	79	195	345	83
2010年	1037	29	193	762	53
2000～2010年增长	＋336	-50	-2	＋416	-30
2015年	1138	—	—	751	—

数据来源：中国国家统计局，《深圳市住房建设规划（2016～2020）》

2000年，深圳常住人口701万人，其中仅有195万人自己购买住房，占比为27.76%，而租房者占比为49.23%，自建占比为为11.23%，其他为11.79%。我们把时间轴推移到2010年。深圳的常住人口已经由700万人增长到了1000多万人，十年间累计增长了336万人，全国的热血青年都涌入深圳这个梦想之地。但是我们看到的结果是，2010年的深圳，购买住房的人是193万人，相比2000年的时候还下降了2万人。这意味着，虽然经过了

①住建部副部长齐骥2011年3月9日援引国家统计局的报告称，我国城镇居民自有住房率达到89.3%（《东方早报》2011年3月24日）；中国房地产业协会副会长顾云昌2011年3月20日称，中国89%的人都有房住（《经济参考报》2011年3月月22日）。见http://sh.house.sina.com.cn/zhuanti/jrjj488。联合国人居署、国家住建部和上海市共同发布的《中国城市状况报告2010～2011》，2008年我国城镇居民自有住房拥有率达87.8%。根据国家统计局住户调查办公室公布的报告，2010年底城镇居民家庭自有住房率为89.3%。见http://www.eeo.com.cn/2012/0606/227779.shtml。

2012年西南财经大学和中国人民银行共同发布的《中国家庭金融调查报告》显示，中国自有住房拥有率高达89.68%。见http://fangtan.china.com.cn/2013-12/26/content_31013399.htm。

浙江大学不动产投资研究中心、清华大学媒介调查实验室等联合发布的《中国居住小康指数》报告显示，40个调查城市中，住房拥有率中位数的拉萨和银川分别为78.6%和78.3%，长沙以90.1%排名第一，北、上、广、深四个一线城市排名最后四位。报告调查结果还显示，有21.4%的受访者表示没有买房，65.4%的受访者拥有一套住房，10.9%的受访者拥有两套住房，2.0%的受访者拥有三套住房，0.3%的受访者拥有四套住房。见http://www.eeo.com.cn/2012/0606/227779.shtml。

②五普的详细数据见http://www.stats.gov.cn/tjsj/pcsj/rkpc/dwcrkpc，六普的详细数据见http://bbs.pinggu.org/thread-3304748-1-1.html。

10年时间，深圳有房子的人数总量竟然原地不动，购买住房的人占总人口比则由27.76%下降到了18.64%。而租用住房的人有762万人，租用住房人占总人口比则由49%上升到了73%。

上述数据十分有意思。深圳73%的人在租房，意味着自有住房率仅为27%。这个数据与《深圳市住房建设规划（2016～2020）》提供的数据严丝合缝地对上了。因此，深圳住房拥有率为34%是十分可靠的。如果要是有意造假，那实在困难，要累计造假15年。这几乎不可能。

那么问题来了：第一，深圳34%的人有房，66%的人租房，深圳66%的房子是哪来的？第二，深圳66%的“刚需”为啥不买房？

《深圳市住房建设规划（2016～2020）》还披露了一个数据：“截至2014年底，我市住房总量达5.59亿平方米，其中原村集体及村民自建住房、工业区配套宿舍等占比48%，因其质量低、环境差，且存在不同程度的违法建设问题，不能在市场上流通，难以支撑我市改善型住房需求。”

在深圳房地产市场上有个特殊的名词叫“农民房”。这个词在笔者走过的其他城市，诸如成都、沈阳、厦门从来没听到过。笔者的一位专门从事深圳地产行业的朋友给出了如下解释：“农民房就是那些本地人建的违章建筑，没有产权证，无法流通。”根据官方公布的数据，深圳的“农民房”存量高达2.68亿平方米。这是什么概念呢？我们按照人均30平方米计算，2.68亿平方米可以住893万人。剩下52%的房子是相对正规的，存量有2.91亿平方米，仍然按照人均30平方米计算，可以住970万人。而深圳2015年的常住人口为1037万人。所以，深圳不缺房子，这是深圳没人睡在大街上的根本原因。

至此，我们可以解答第一个问题了。深圳66%的房子，都是从有房人那来的。深圳的住房集中程度很高。按照上述数据可以有这样的结论：深圳34%的有房人，掌握了深圳100%的住房。

那么，为啥深圳66%的租房人不买房呢？原因很简单，就是因为买不起。根据深圳统计局公布的《2015年深圳国民经济和社会发展统计公报》：“根据居民家庭抽样调查资料显示，2015年深圳居民人均可支配收入44633.30元。”对，你没看错，不用数小数点了，深圳2015年人均可支配收入为4.46万元。2015年底，深圳的样本住宅均价为42591元/平方米。

根据《深圳市2010年第六次全国人口普查主要数据公报》，“平均每个家庭户的人口为2.11人”。按照家庭算，平均每个家庭夫妻双方年收入总计为9.41万元，那么一套60平方米的住宅，总价为255万元，首付的三成为76万元。这意味着夫妻双方不吃不喝，要积攒8年才够首付。

图145　深圳商品住宅竣工面积（万平方米）

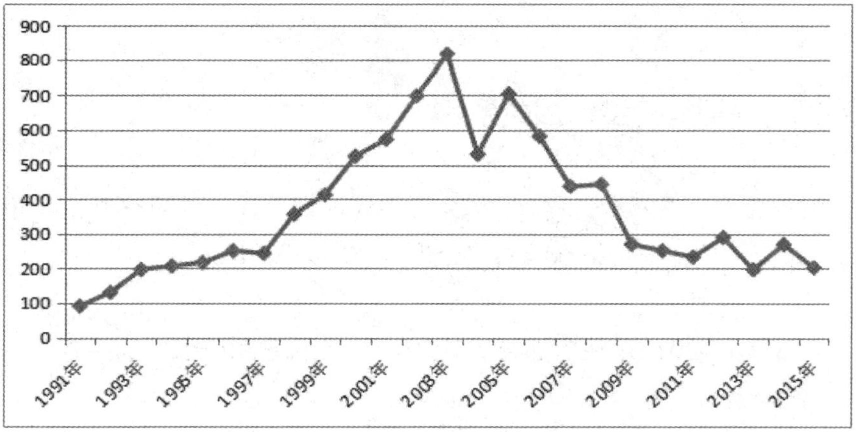

数据来源：深圳统计年鉴2015，wind

剩下34%的有房人的情况如下：

深圳的商品住宅，从2000年开始至2010年，累计竣工了5800万平方米。这些房子2000年掌握在190多万人手中，2010年的时候还是掌握在190多万人手中。所以，这十年间建成的5800万平方米的房子，就是有房人买的，是有房人自己的游戏，没房的人只能干看着他们玩。

到了2015年，这些房子掌握在了390万人的手中，也就是说2011～2015年，总计有200万人在深圳买了房。同期间内，深圳住宅竣工仅为1200万平方米，即40万人的住房供给。也就是说在2011～2015年这五年间，这些新买房的人至少有75%在买二手房。这是一次财富的大转移，深圳的土著居民赚得盆满钵满。

我们稍微总结上面的分析。第一，深圳房屋供求是平衡的，深圳不缺房子；第二，深圳的房子集中在少数人手中（34%），少数人自己玩，和没房子的人没关系；第三，深圳751万人有刚需，但不是有效需求，因为他们买不起房。2010年深圳住宅均价2.3万时都买不起，更别说目前5万多的均价。

第六节　为何住房拥有率在下降

住房拥有率和房价没什么关系

笔者统计了“六普”中48个城市[①]的住房拥有率，并将这48个城市的2010～2015年的住宅价格涨幅对比分析，结果如图146。

图146　2010年住房拥有率与2010～2015年房价涨幅的关系

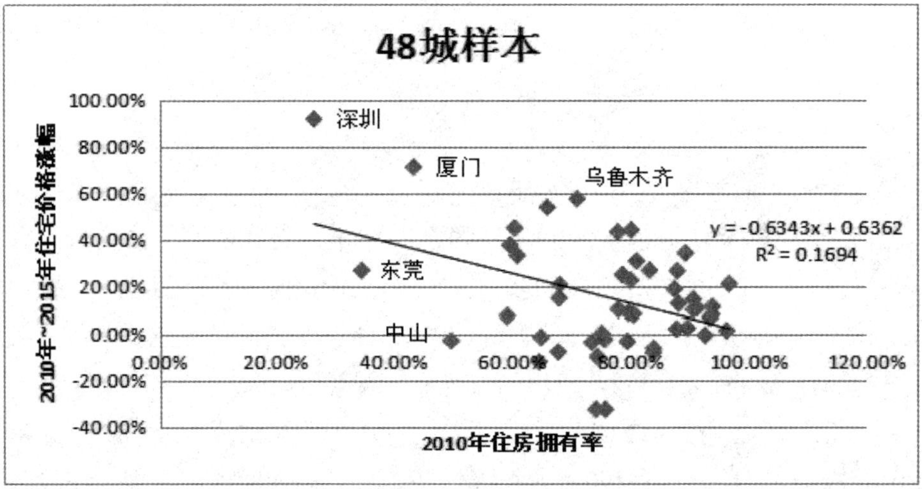

数据来源：“六普数据”，wind

①这48城样本是：北京、上海、天津、徐州、温州、深圳、泉州、东莞、乌鲁木齐、合肥、宁波、太原、济南、武汉、南昌、厦门、海口、南京、佛山、广州、昆明、珠海、常州、杭州、南宁、青岛、扬州、贵阳、唐山、无锡、苏州、郑州、长春、西安、成都、重庆、福州、烟台、中山、秦皇岛、大连、长沙、惠州、吉林、镇江、沈阳、鞍山、三亚。

这个分析的R^2仅为0.169，统计学并不支持两者有关系，住房拥有率不是住房价格的影响因素。这与常理很相悖，但是也不难理解。住房拥有率低，有两种情况：一是供求缺口很大；二是供求平衡，但房子集中在少数人手中。当第二种情况发生时，房地产市场就被割裂，没房的人看着有房的人玩。供求模型仅适用于买卖双方稳定的假设前提。比如，你买空调，你不可能买了一台空调，然后用一段时间就卖出去，不断地倒手，所以空调的价格是严格遵循供求模型。但是房子不然。买房子的人，随时可以转换为卖房子的人。而卖房子的人也可以随时转换为买房子的人。这个市场的供求双方随时在转换。供给和需求无法解释房价，并不是中国的特例。我们前文分析的德国住房拥有率从1980年开始到目前一直维持在50%左右，但是德国的房价一直很稳定。按照常理，德国的住房价格应该大幅上涨才是，但这种情况并未发生。我们之前的分析也在说明德国的住房非常稳定的原因最主要是德国真的没有投机需求。

60%的城市住房拥有率都在下降

住房拥有率下降是深圳的特例吗？其实不是。根据“五普”和“六普”的数据，笔者统计了49个城市的均值。2000年49个城市的住房拥有率均值是82.4%，而2010年的住房拥有率是76.26%，下降了6.14%。在49个城市的样本中，住房拥有率上升的城市为20个，占比为40%。从逻辑上讲，住房拥有率下降可以从两个方面解释：第一，因为城市人口持续的流入，住房建设没有跟上城市人口流入的步伐，进而导致的住房拥有率下降；第二，新流入的人口出于各种原因并没有买房，而在此期间新建的住房都被有房子的人买了，从而导致虽然房地产的总供给看起来能够满足常住人口的需求，但是由于住房集中度非常高，住房拥有率却很低。

那么，我们如何区分究竟是何种原因导致的住房拥有率下降呢？有两个方法。第一，统计出各城市2000～2010年累计竣工住宅面积，拿该数据除以人均30平方米，再减去2010年比2000年多出的常驻人口数，看两者究竟谁大。如果前者大于后者，则代表住房建设没有跟上城市人口流入的步伐这个假设不成立，进而能够反证出是因为住房集中度上升导致的住房拥有率下降。但是这个方法工作量太大，需要逐个统计49个城市每年的住房竣工面积。

第二，看这49城的套户比。如果套户比低于1，且住房拥有率下降，则可以说明是因为住房建设无法跟上人口流入的步伐导致的；如果套户比大于1，且住房拥有率下降，则可以说明这是因为住房集中在少数人手中导致的。笔者将住房拥有率和套户比的数据整理成表23。

表23　住房拥有率与套户比

	2000住房拥有率	2010住房拥有率	2000～2010年住房拥有率增幅	2014年套户比
东莞	72.41%	34.61%	-37.81%	小于1
中山	84.73%	49.69%	-35.03%	大于1.1
厦门	71.03%	43.46%	-27.57%	1～1.1
深圳	50.77%	26.58%	-24.19%	小于1
温州	90.83%	67.71%	-23.12%	小于1
宁波	87.41%	64.47%	-22.94%	小于1
佛山	81.50%	59.15%	-22.35%	1～1.1
苏州	86.97%	67.85%	-19.12%	大于1.1
惠州	86.83%	67.98%	-18.85%	大于1.1
杭州	83.11%	64.82%	-18.30%	大于1.1
珠海	76.34%	59.60%	-16.74%	大于1.1
广州	75.51%	60.83%	-14.68%	1～1.1
常州	89.78%	75.16%	-14.62%	大于1.1
无锡	87.17%	73.44%	-13.74%	大于1.1
泉州	93.59%	80.05%	-13.55%	小于1
郑州	90.19%	80.15%	-10.04%	大于1.1
福州	88.64%	79.70%	-8.94%	大于1.1
成都	87.90%	80.54%	-7.36%	大于1.1
合肥	87.97%	81.07%	-6.90%	小于1
西安	84.42%	79.48%	-4.94%	大于1.1
上海	63.65%	59.48%	-4.16%	小于1
青岛	91.98%	87.84%	-4.15%	大于1.1
三亚	79.23%	75.72%	-3.51%	大于1.1
贵阳	77.83%	74.39%	-3.44%	大于1.1
镇江	90.70%	87.48%	-3.22%	大于1.1
昆明	78.20%	75.63%	-2.57%	大于1.1

	2000住房拥有率	2010住房拥有率	2000～2010年住房拥有率增幅	2014年套户比
太原	80.29%	77.87%	-2.42%	小于1
长沙	90.37%	87.95%	-2.42%	大于1.1
烟台	94.37%	93.79%	-0.58%	大于1.1
南宁	83.60%	83.87%	0.27%	大于1.1
武汉	78.33%	78.67%	0.34%	1～1.1
扬州	93.06%	93.51%	0.45%	大于1.1
北京	64.30%	64.87%	0.57%	小于1
乌鲁木齐	70.29%	70.96%	0.67%	小于1
秦皇岛	93.04%	93.88%	0.84%	大于1.1
唐山	95.36%	96.33%	0.97%	大于1.1
济南	90.24%	91.23%	0.99%	1～1.1
南充	95.44%	96.48%	1.04%	大于1.1
徐州	94.02%	96.74%	2.73%	小于1
海口	69.88%	74.14%	4.25%	1～1.1
大连	79.54%	83.94%	4.40%	大于1.1
南京	78.63%	83.25%	4.63%	1～1.1
重庆	81.13%	85.78%	4.65%	大于1.1
长春	85.34%	90.66%	5.32%	大于1.1
南昌	82.09%	88.18%	6.09%	1～1.1
吉林	83.40%	92.64%	9.24%	大于1.1
天津	64.48%	74.88%	10.40%	小于1
沈阳	77.17%	89.35%	12.18%	大于1.1
鞍山	74.45%	90.70%	16.25%	大于1.1

数据来源：第五次人口普查，第六次人口普查，万科

根据上表，在住房拥有率下降的29个城市中，套户比小于1的城市仅有8个，分别是东莞、深圳、温州、宁波、泉州、合肥、上海和太原。我们前文分析过深圳。如果算上深圳的“农民房”，深圳套户比大概有1.8。也就是说，不算深圳的话，仅有7个城市的套户比低于1，在29个城市样本中仅占比20%。这代表着住房拥有率下降的主要原因是住房集中度上升导致的，而不是住房建设没有赶上流入人口的步伐。

原因我们之前也已经解释了。在背景部分我们分析了，由于中国的城市化进程耽误，住房建设也耽误。我们需要在1998年之后完成其他国家半个世纪时间完成的城市建设。这个故事非常富有吸引力，而且在过去的30

年中不断深化，而且也被市场反复验证。至今，这个故事已经沦为房地产市场的真理，所以有房子的人有巨大的投机需求，这样的投机需求之下。在有房子的人可以通过抵押贷款和出售后再买不断推升房地产价格。而没房子的人由于房价收入比已经处于高位，基本上只能干看着，最终导致了住房拥有率下降，而套户比上升。

稍微总结一下本章的分析。本章我们深度挖掘了决定中国房地产价格的因素。供求的缺口、套户比、租金、住房拥有率等基本面因素都无法比较好地解释房价的上涨，但是货币因素却是个很好的解释指标。我们也分析了各城市货币对房价的贡献较货币对GDP的贡献更大。这代表着大部分资金在扮演着投机需求的角色。我们通过分析住房拥有率普遍下降和套户比普遍大于1的背景，得出了住房集中度在投机需求的刺激下越来越高的结论。

第十章｜房价的未来

在之前的分析中，无论是美国、日本、德国还是我国的经验，都表明着住宅具有非常明显的二重性。在某一时间段内，住宅更多表现出商品的属性，其价格受到供求关系的影响，比如二战之后至上世纪60年代的美国住房市场。在另外的某段时间内，住宅更多地表现出了金融属性。因为住宅可以产生租金，还可以制造故事，所以投机性需求也会影响住宅的价格，比如美国住宅价格在上世纪末和本世纪初发生的泡沫。

而我国则更为特殊一些，具体的我在第八章已经做出了详细的分析。其结果就是我国的住房价格在同一时期杂糅了供求因素和投机因素的双重影响，而不是像美国住房市场那样能够分得清清楚楚。我也在之前的分析中将房价转化成了货币因素和投机因素两个主要影响因子。所以，考察中国的房地产价格会有怎样的变化，就要从这两个影响因子入手。

第一节　货币及汇率

有流行的观点认为，中国的央行面临着“保资产价格”和“保汇率”这两难的权衡。从历史上来看，俄罗斯是保住了“资产价格”放弃了“汇率”；而日本则相反，保住了“汇率”放弃了“资产价格”。其内在的逻辑就是，在货币扩张的顶峰，资产价格由于货币的超发达到了高点，也是货币超发和汇率稳定的两个条件导致了汇率承压。我们在此处要详细解释货币和汇率这两个现象，深挖并认识大历史带给我们的这两个现象。

背景及基本概念

货币作为人类社会最为重要的经济现象，在古今中外有一大批学者投入了这个领域的研究。不研究历史就无法得出可靠的结论。我们先来简要地概述全球货币发展史。

1.金本位

第一次世界大战前，大部分国家实行金本位货币制度。无论是中世纪直接使用金币、金条作为交换媒介，还是到后来纸币出现后，纸币规定了含金量，都称为金本位。金本位的货币体制有很多缺点。

第一，黄金作为一种不能够人工合成的物品，严重制约经济体的货币供应量增加。当然，对货币超发深恶痛绝的感情，让人们想回到那个金本位时代。但是问题在于，如果经济体的产出在增长，货币供给不增长，结果就是产出会受损。我们可以想象有这样一群农民，他们每年辛苦劳作。原来一亩地只能产出500斤水稻时，我们假定经济体总计有500克黄金对应，而当这个农民提高了其生产技术之后，此时的一亩地能产出1000斤水稻，但是经济体的货币没有相应增长，水稻的价格就下降一半。经济体在理想状态下是没有问题的。但是，现实的经济体的情况是，商品的价格调节极为灵敏，而劳动力的价格调节滞后。如果有个人在工厂工作的工资是每年200克黄金，当经济体产出增加，货币总供给不变的情况下，这名工人的工资是具有粘性的，他的工资还是每年200克黄金，而农民的农产品价格却下降了一半。这对整个经济体的资源分配是十分不公平的。最后结果就是农民减少产出，争相去当工人（这就是我国计划经济时代一个非常大的特点）。大家都去当工人，那么粮食的产量就会减少。经济体的产出减少。就代表着经济下滑，导致经济危机。所以，一个好的货币政策，是要根据经济的产出而调节货币的供应量，保证以劳动力获得收入的人群和以出售商品获得收入的人群分配是和谐的，经济不会因此产生较大的波动。现实世界更为复杂，上述的模型是简化的，但是我想讲的道理已经讲清楚了。

第二，黄金作为一种矿物，开采成本很高。在金本位体制下，需要大量投入人力物力开采黄金，然后冶炼加工，形成金块之后再埋入各国央行的地下，再派出重兵把守。也就是说，花了非常大的力气把黄金从一个地底下搬运到另外一个地底下，效率是十分低下的，而且也不安全。

第三，金本位导致了重商主义。在金本位的制度下，重商主义盛行。当时的英国甚至规定黄金无论何种原因不得流出英国的国界。当然，这种主观的想法是不可能的。在一定的时期内，如果一个经济体的内部没有发现新的黄金矿藏，那么如何扩大货币供给量呢？我在前文分析有提及，如果货币供给量不扩大，很有可能影响经济增长。英国人发现通过对外贸易的盈余可以赚来黄金，所以，在金本位的背景下，各国都拼命地发展对外贸易，以积累黄金。但是，这样会有一个比较严重的问题产生。对外贸易差额正好等于一个国家储蓄和投资的差额，对外贸易差额越大，代表着该国要储蓄更多、消费更少。在重商主义的思想下，造成的结果就是国内的老百姓日子过得一般，而贸易输入国的老百姓过得很好。这点和曾经的日美贸易关系、当下的中美贸易关系极其相似。长期下来，一个国家虽然能够积累一定的黄金数量，但是这是以牺牲国内民众福利换取而来的。

第四，各国都没有独立的货币政策。在金本位体制下，各国都没有独立的货币政策权。这是因为货币的供给量根本就不掌握在央行手中。当然，中世纪的欧洲因为战争和贵族的贪婪把铸币的成色变得越来越差。虽然这是一个货币供给扩大行为，但是与现代经济学意义上的货币政策具有很大差异。各国都实施金本位政策时，意味着各国其实是在实行固定汇率制，在黄金自由流通的情况下，经济增速较弱的经济体无法主动扩大货币供应量来拉动经济，同时这类型经济体可能会有更多的刚性进口需求，导致黄金源源不断地流出。13世纪时，宋朝和欧洲的关系就是这样的状态。当时的宋朝在全球范围内是一个相对发达的经济体，而欧洲发展则较为落后。欧洲人像追逐奢侈品一样追逐宋朝进口过来的商品，欧洲的白银和黄金源源不断地流入中国，导致了欧洲通货紧缩，经济发展低迷。

2.政府信用

一战之前的各国货币虽然都变成了纸币，但是各国的纸币还在与黄金挂钩。各国的央行规定，可以用一定数量的本国货币向央行买入黄金，也可以用将黄金缴纳给央行兑换货币。这本质上还是在实行金本位制度。同样的，由于各国的货币都有含金量，所以各国的汇率实行的是固定汇率制度。一战爆发后，当时主要发达国家都卷入了战争，各国将大量资源投入战争，导致了国家财政吃紧。在这个背景下，各国都停止了纸币与黄金的兑换，以通过增发纸币的方式为战争筹款。增发的货币，产生了新的购买力，一下子就冲击到了固定汇率制度，使得全球各国的固定汇率制度在战争期间变成了浮动汇率制度。

“金本位制度随着战争爆发而突告瓦解的最直接原因，是中央银行竭力保持黄金储备不受外界影响的愿望。战争早期支配着整个世界的关于未来的极端不确定性，本就很可能导致对作为一种财富存储手段和支付手段（特别是对他国）的黄金的需求出现急剧上升。因此，若中央银行继续以黄金兑换纸币和其他债券，他们必须预料到黄金遭迅速掠夺的可能性。普遍认为，黄金现金储备的亏空——甚或只是大幅下降——将严重影响公众对央行纸币发行的一般信心，进而影响人们对国家通货未来的信心。事实上，作为一项通则，中央银行必然合法地持有一定数量的黄金，以用于兑换其所发行的纸币；黄金储备的大量流失无疑关系到这项责任的疏忽，故而必须予以阻止。”（【瑞士】古斯塔夫·卡塞尔《1914年以后的货币与外汇》，第5页）

由于通胀的影响，人们对金本位带来的物价稳定念念不忘，在一战结束后，世界各国开始重建金本位制度，规定货币的含金量。但是，这却带来了非常严重的后果，就是1929年经济大萧条。各国无法通过货币政策来拉动经济，大萧条期间产生了严重的通货紧缩。

“20世纪20年代初，各国重返金本位制的愿望非常强烈。然而很多人注意到，即便没有通货膨胀，也缺乏足够的黄金去满足全球货币需求。1922年热那亚经济汇兑本位制被用来解决这个问题，即使用可兑换的外汇储备（主要是美元和英镑）和黄金来支持国内货币供给，以便节约黄金。”（【美】本·S.伯南克《大萧条》，第84页）

“近年来的研究认为，大萧条发生的核心原因是全球各国货币供给崩溃。这种崩溃导致20世纪20年代末到20世纪30年代初总需求急剧收缩、价格下降。近来大多数作者进一步指出，造成全球货币供给大幅收缩的原因是20世纪20年代后期大多数国家采用（或者重新采用）的国际金本位制存在的技术缺陷和管理不善。”（【美】本·S.伯南克《大萧条》，第123页）

大萧条开始不久，金本位又开始动摇了。“在1931年7月中旬到9月19日，英国损失了2亿英镑以上的黄金与外汇。9月19日，纽约的英镑兑美元汇价下降到了4.17美元，相比平价，美元升值了16.7%。当天晚上，英格兰银行宣布他的黄金储备已经下降到了不能再维持金本位之境地。第二天政府即宣布停付黄金，放弃了它所首创的金本位。”（干杏娣《经济增长与汇率变动：百年美元汇率史》，第20页）

在这个过程中，西方的主要经济体反复纠结。1933年7月伦敦会议又开始讨论恢复金本位制度。好景不长，接下来二战爆发了。与一战相同的是，二战期间，各国都放弃了金本位。直至二战之后，1944年的布雷顿森林会议，确定下来了美元的含金量，各国的货币盯住美元，实行固定汇率制度。在战后，这个制度一直持续到了20世纪60年代末期。如我们前文所述，20世纪的70年代是世界经济的多事之秋。越战、中东战争、石油危机、贸易失衡困扰着全球经济，美国不得不放弃了美元与黄金固定的转换关系，美元开始贬值（见图147）。

图147 英德日法兑美元汇率

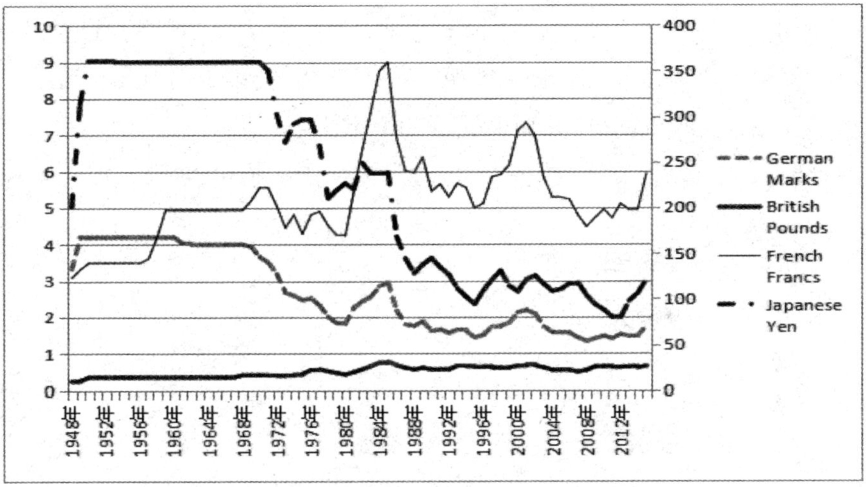

数据来源：University of British Columbia http://fx.sauder.ubc.ca

究竟是什么在决定汇率变动？

前文，我们简要地介绍了国际货币制度的演进历史。但是我们要搞清楚的一件事是：贯穿这一历史究竟有没有一个决定性的因素在决定国与国之间货币的汇率比价？提及汇率，我们必须介绍一个人，就是瑞典的经济学家古斯塔夫·卡塞尔。卡塞尔是瑞典斯德哥尔摩大学的经济学教授，最先提出了汇率决定的购买力平价理论，其主要的关于货币和汇率的观点体现在其著作《1914年以后的货币与外汇》一书中。该书印行于1922年，是汇率领域内的史诗级著作。

“当两种货币都遭受了通货膨胀时，正常的汇率将等于旧汇率乘以一国通胀程度与另外一国通胀程度相除之商。很自然的，我们总是能发现对这一新的正常汇率的偏差，而且可以预计这些偏差在过渡时期会相当大。但根据上述方法计算出的汇率必需被视为两种通货之间新的平价，一个尽管存在各种暂时性的波动，汇率却总是倾向于趋近的平衡点。我把这个平价称为购买力平价。”（【瑞士】古斯塔夫·卡塞尔《1914年以后的货币与外汇》，第116页）

我在逻辑上先解释卡塞尔的这段话，这段话看似平常但是却道出了汇率的真谛。我们假设中美两个贸易国所有的产出都可以进行贸易。在0时刻，中国的货币供给水平为Mc0，产出水平为Yc0；美国的货币供给水平为Ma0，产出水平为Ya0，0时刻的1美元兑人民币的汇率为e_0。在t时刻，中国的货币供给水平为Mct，产出水平为Yct；美国的货币供给水平为Mat，产出水平为Yat，t时刻的1美元兑人民币的汇率为e_t。

此时我们可以推导出，0～t这段时间内中国的物价涨幅为：

$$\Delta P_c = \frac{M_{ct}}{M_{c0}} * \frac{Y_{C0}}{Y_{ct}} = \frac{\Delta M_c}{\Delta Y_c}$$

美国的物价涨幅为：

$$\Delta P_a = \frac{M_{at}}{M_{a0}} * \frac{Y_{a0}}{Y_{at}} = \frac{\Delta M_a}{\Delta Y_a}$$

则：

$$e_t = \frac{\Delta P_c}{\Delta P_a} * e_0 = \frac{\Delta Y_a}{\Delta Y_c} * \frac{\Delta M_c}{\Delta M_a} * e_0$$

在该公式中，e_0是已知的，预测e_t被转换成预测未来的经济增长和货币供给，相对经济增长速度和货币供应量是汇率的根本决定因素。

上述，我们用数学语言描述了汇率的变化，我们来详细的解释其经济的含义。一个经济体之所以会与另外一个经济体产生汇率，其根本原因是这两个经济体在进行贸易。如果经济体之前没有贸易的需求，那么这两个经济体的汇率就没有存在的意义。而贸易的根本原因是经济体之间需要互通有无。我们可以假设这样一个情形来解释贸易的本质。A国生产小麦，每年的总产出是100吨，而A国每年仅消费其中的50吨，也就是说A国每年会储蓄下来50吨的小麦。B国生产衣服，每年的总产出是200万件，B国每年消耗的衣服为50万件，剩余150万件。为了简化分析，我们假设A国除了生产小麦之外不生产其他东西，B国除了生产衣服之外也不生产其他东西。如果，A国与B国之间不发生贸易往来，A国的国民福利就仅为50吨小麦，B国的国民福利仅为50万件服装。如果A国与B国之间进行贸易，假设A国的剩余50吨小麦与B国的150万件服装进行交换，交换的结果是A与B两国的国民福利都扩大了。我们看到的结果是，通过贸易，A国与B国的国民形成了双赢的局面，互通有无扩大了国民的福利。

现在，我们在上述的情形中加入货币因素，假设A国与B国在贸易结算中都适用A国的货币。在最初时刻A国与B国没有发生贸易之前，A国与B国都没有外汇储备。由于B国的强烈需求，A国国向B国出口了小麦，A国要求B国用A国的货币进行支付。但是，B国没有A国货币，这时B国只能形成国际借款，待B国赚到外汇时再予以归还。此时，B国居民进入到了借债消费模式。此时，对于B国来讲，剩余的150万件服装是过剩产能，对B国的经济毫无意义可言。在恒等式S-I=NX的支配下，B国的I=0，S=-NX（对应到目前的经济情况看，美国相比于中国、日本和德国，美国的贸易都是逆差的，即美国的储蓄是被过度消耗的）。B国必须努力扭转这样的局面，因为如果长此以往下去的话，A国的出口企业不愿意再对B国“赊账”了。伴随着B国的进口量累积，B国偿还这些贷款的能力就会越来越弱。B国想要扭转这的局面，必须要做的就是向A国出口服装，赚到A国的外汇之后偿还A国的贷款。

在这个案例中，A国与B国的贸易是不同性质的商品，故A国与B国的汇率第一取决于A国人想穿衣服的欲望强度和B国人想吃饭的欲望强度之对比，第二取决于A国与B国各自的货币供给量。如果A国的货币供给量是B国的2倍，在不考虑第一点所提及的条件下，A:B的汇率应该正好等于2:1。在现实经济指标中，第一个影响因素对应的是经济体的产业竞争力，第二个影响因素对应的是经济体的货币供应量。但是，现实问题是由于技术传播的成本非常低，导致了经济体的竞争力更多是归结于经济体的制度因素

（这个观点我们在本书之前的部分有提及，具体详见库兹涅茨《各国的经济增长》）。制度因素导致各国的经济增长在长期内具有明显差异。但是，各国的政府对于货币供应量的管控尺度差异要比制度差异大得多。所幸的是，拥有好的经济制度的经济体一般也都有一个好的货币发行制度。所以，我们在实证中只能更多地实证货币因素的影响，也是上述理论分析的一个很好的替代方案。

在当今国际贸易中，各国的贸易都不会仅是一种商品的交换。我们把经济体的产出分为可贸易部门和不可贸易部门两个部分。可贸易部门是指可以进行运输或者在法律上进行物权转让的产品，不可贸易部门的定义则与之相反。大宗商品、农产品、工业原料、工业制成品、在金融不存在管制的经济体内的股票和债券，都属于可贸易部门。而建筑业、房地产业、服务业和在金融管制的经济体内的股票和债券大部分都属于不可贸易部门。在考虑汇率问题时，一个经济体的货币购买力仅和可贸易部门的价格相关，而与不可贸易部门的价格无关。这是因为，我们前文有提及，汇率存在的意义就是贸易。

对于可贸易部分的产品，一定会遵循一价定律。如果A国生产的钢材用A国本币计算的价格是100元/吨，而B国生产的同样质量的钢材，B国本币计算的价格是200元/吨，那么在不考虑交换成本的情况下，A:B的汇率一定是1:2。如果B国的央行在利用其外汇储备将A:B的汇率维持在1:1，会产生一个套利的机会。B国的套利者会把其持有的B国货币1000元，向B国的央行兑换成1000元的A国货币，用这1000元的A国货币在A国的市场上购买10吨钢材，并在B国的市场上卖出，收入为2000元B国的货币。这样下去的结果就是B国的外储不断减少直至外储不再能够维持1:1的汇率，套利行为会一直持续到汇率达到1:2为止。

对于不贸易部门的产品，则与汇率的关系并不大。假设中国北京的房地产价格均价为7.5万元人民币/平方米；而美国纽约的房地产价格均价为1.5万美元/平方米。那么这两个数据之比并不影响中美的汇率，因为住房是不可贸易产品，即便我们发现按照7的人民币汇率，将美国的房子卖掉后，在中国购房更为划算，但是我们实际上不能达成这样的套利，最终也就没办法对汇率产生压力。

汇率影响因素的实证

在实证中，我们可以使用CPI近似替代各国的可贸易部门价格变动，因为各国在统计CPI指数时，CPI囊括的大部分产品都是可贸易的。我们搜集了1960～2015年全球22个经济体的汇率和CPI数据。其中，汇率数据来自英属哥伦比亚大学的Werner Antweiler教授，CPI的数据来源于世界银行。在前文中，我提及了布雷顿森林体系在上世纪60年代末期开始瓦解，各国的汇率开始与美元脱钩，实证全球经济体的汇率追溯至1960年是较为合理的。

让我们这样处理数据：我们以美国为基准，用2015年的美元兑各国货币的汇率除以1960年美元兑各国的货币汇率，以计算出在1960～2015年这段时间内，各国的货币兑美元的贬值幅度。再将各国2015年的CPI指数除以美国2015年的CPI指数（CPI指数的基准是1959=100）。得出的结果如图148。

图148 购买力平价对货币贬值幅度的实证

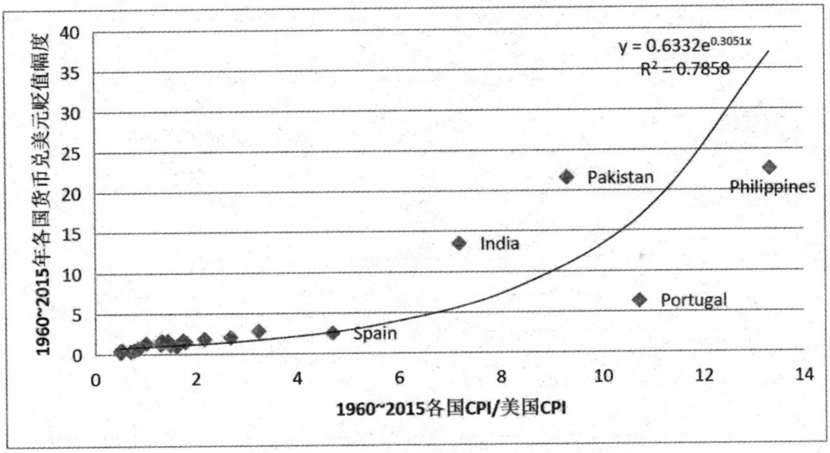

数据来源：Werner Antweiler，世界银行

在我们的分析中，CPI比值与汇率的相关性高达0.785。对于长期历史数据来讲，这个是个十分有力的解释，基本上证实了购买力平价就是汇率的决定因素。我们再考察代表性样本的时间序列数据。

图149　德国、日本、英国、菲律宾、巴基斯坦
的购买力平价与汇率时间序列关系

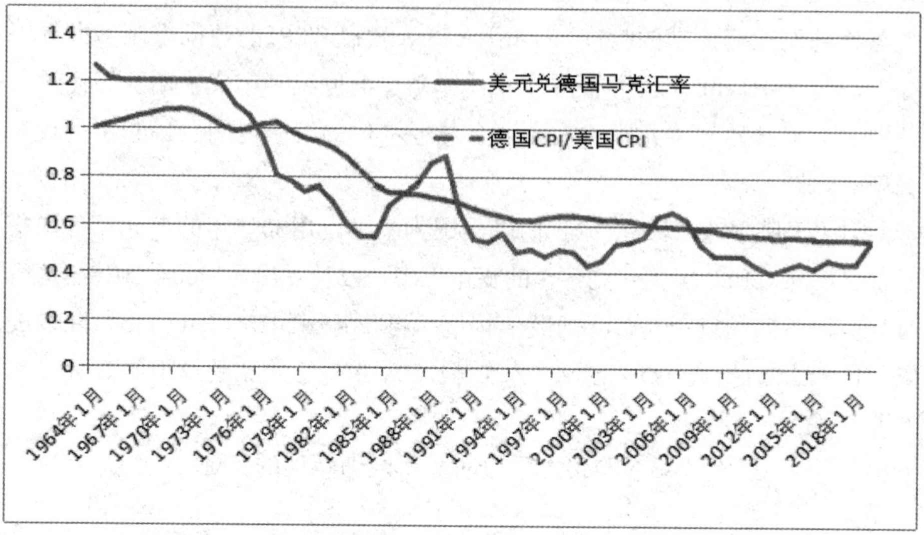

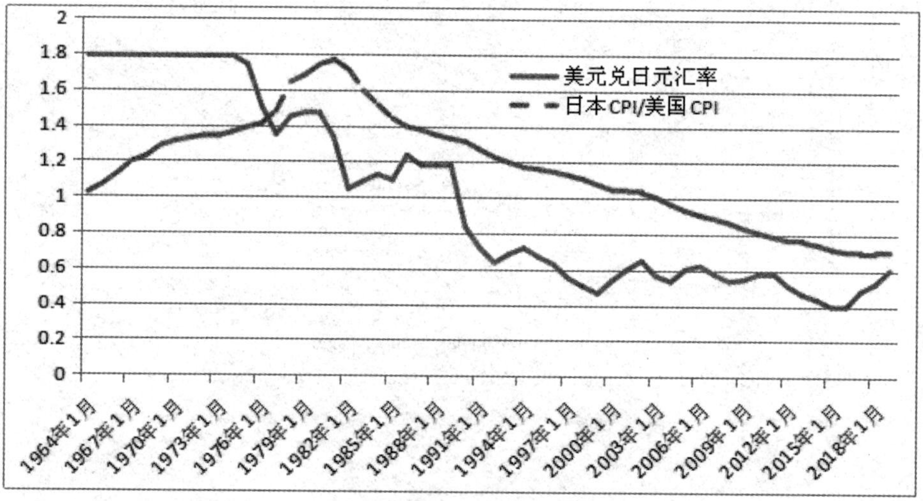

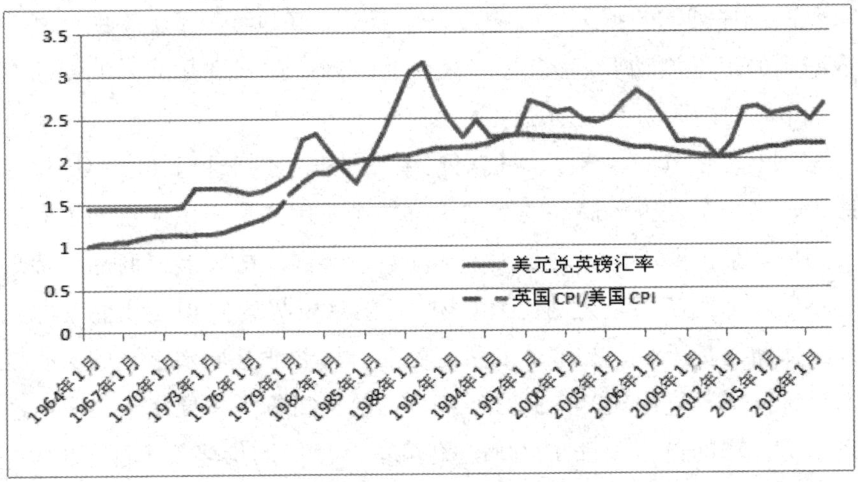

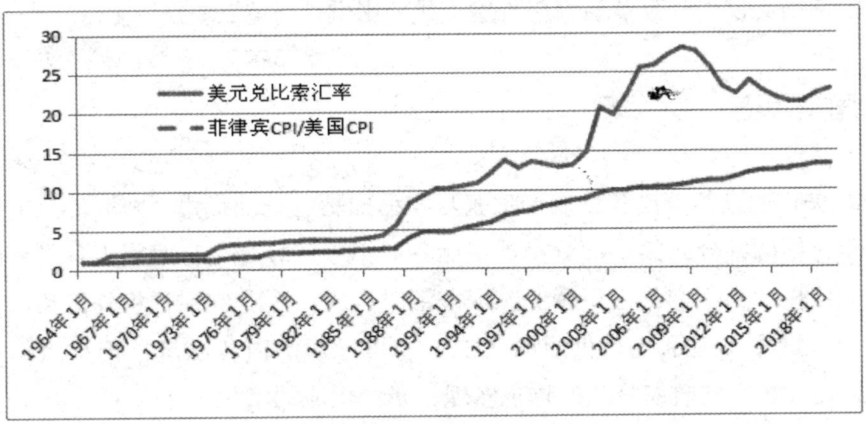

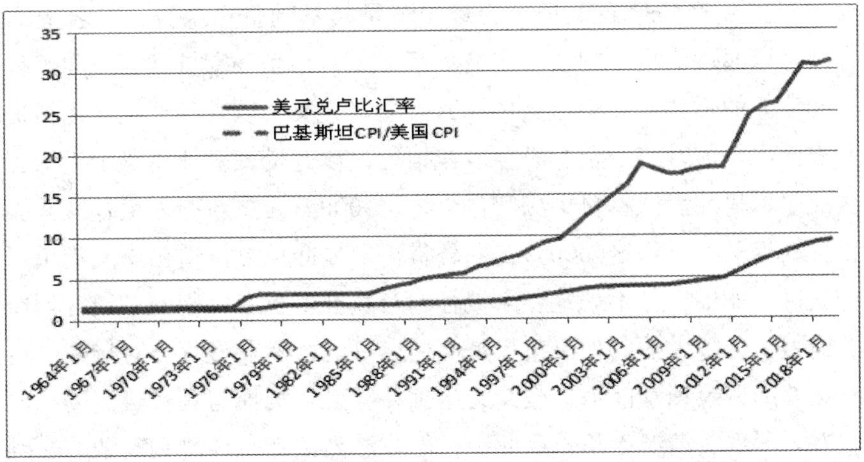

数据来源：Werner Antweiler，世界银行

从时间序列的数据上看，购买力平价也很好地解释了汇率的波动。我们观察到的汇率波动要远大于CPI之比的波动。这或许是因为汇率的波动隐含了市场对购买力的预期。

根据我们的实证结果，我们对汇率做进一步的分析。CPI的变化有两种原因，第一个是因为商品的稀缺，第二个是因为货币供应量的扩大。我们认为后者是主要因素。这是因为伴随着世界经济的发展，商品的稀缺越来越不重要。而货币增发对CPI的影响是经济学界的共识。我们考虑当一个经济体新增货币时，经济体的所有商品价格并非是同步上涨的。假设我们的经济体增发货币100%，此时经济体内的投机行为主要集中于房地产，导致了房地产的价格上涨了200%，而可贸易部门的价格仅上涨了20%，那么汇率则会仅受到可贸易部门价格变化的影响，下降20%。

中国货币史

央行通过其资产负债表的扩张与收缩控制着基础货币（M1）的投放，主要包括两部分：第一部分是外汇储备；第二部分是央行对国内各经济部门的债权。当我们的出口企业赚取外汇时，出口企业到银行将外汇换成人民币，这样实现了货币供应的增加。当央行对国内各经济部门扩大债权时，比如央行向政府贷款，这也实现了货币供应的增加。

央行的资产负债表上记录的资产数量是基础货币部分。而各家商业银行则可以通过信贷来制造出广义货币（M2）。当一家贷款企业向银行申请1000万元的贷款额度后，这1000万元的资金又会以某种形式（包括贷款企业未使用授信时将资金暂时存放在银行，或者贷款企业将资金用于支付购买的原材料，而原材料供应商也会将这1000万元重新存入银行）回流至银行，银行又可以将这1000万元向外贷出。如此反复创造出广义货币。从理论上讲，如果央行不规定各家银行的存款准备金率，则商业银行创造货币的能力是无限大的。如果市场是高效运行的，商业银行会对贷款的投放具有足够的风险识别能力，最终会达到社会融资规模与真实投资需求的均衡状态。但现实情况下是，商业银行面临激烈的竞争环境和复杂的金融风险，转移工具有足够的动力推动商业银行去冒险。所以，央行通过对存款准备金率和贷款额度的控制达到最终控制M2供应的目的。

另外，对于一个整体的经济体而言，货币并不是财富，货币仅为价值尺度。举个例子来讲，对于一个家庭，拥有一套市值为200万元的房产和200万元的存款，则该家庭的财富总计为400万元。但是对于经济体来讲，假设经济体内仅有两个家庭，这两个家庭都是一模一样的拥有一套市值为200万元的房产和200万元的存款，对经济体而言总体的财富仅有400万元，并非800万元。笔者谈及这点是为了驳斥池子理论。人们总是妄想经济体内有个池子是装货币的，要么是股市，要么是房地产，要么是债券市场。股票价格的多高，仅为货币对它的一个价值尺度，并非股票真的能把钱圈在一个池子里。我们可以把时间切片，任何一个切片的时间点，我们去观察所有的货币都是躺在银行里的。

图150　中国的货币供给

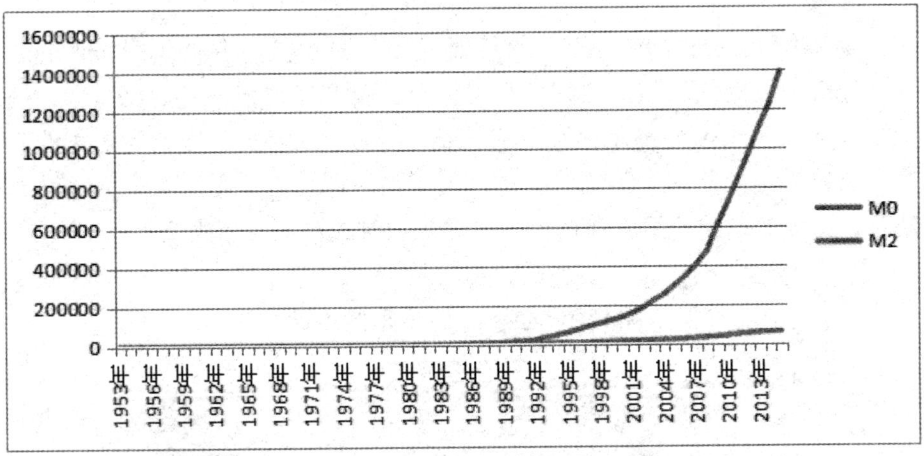

数据来源：许少强《1949～2000年的人民币汇率史》，wind

新中国成立以来，货币供给大体上分为两个阶段：一个是1978年之前，一个是1978年以后。1954～1978年的24年M2供给速度年均值为10.29%，而1979～2015年的36年M2的供给速度年均值为21.38%。故而，笔者将1954～1978年这段时间内的经济称为“信用压抑时代”，将1978～2015年这段时间内的经济称为“信用扩张时代”。

图表151 中国的M2、CPI与名义GDP

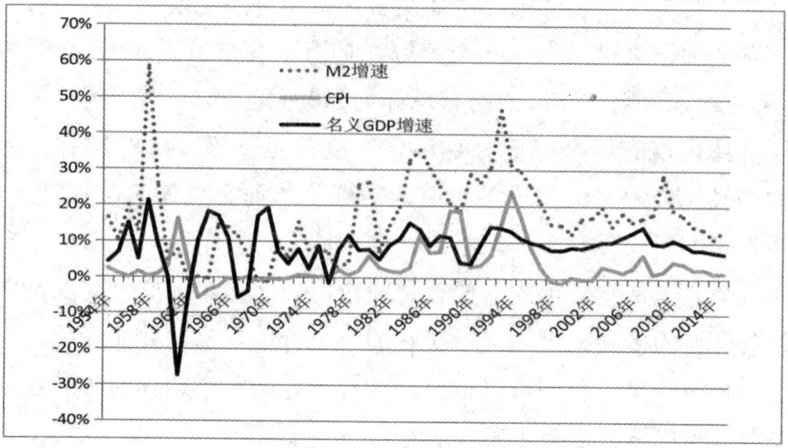

数据来源：许少强《1949～2000年的人民币汇率史》，wind

信用压抑时代

新中国成立后，中国的工业基础十分薄弱，再加上一系列失误的政策，经济最终走到崩溃的边缘。从消费、投资和净出口三者的比重看，这一阶段的经济大部分都是消费，占比在70%左右。消费占比如此之大的一个重要原因是处于这个年代的经济产出不足，即供给不足。我们的父辈结婚时，更多考虑的是手表和自行车，这是当时经济的一个真实写照。

图152 经济三驾马车的占比

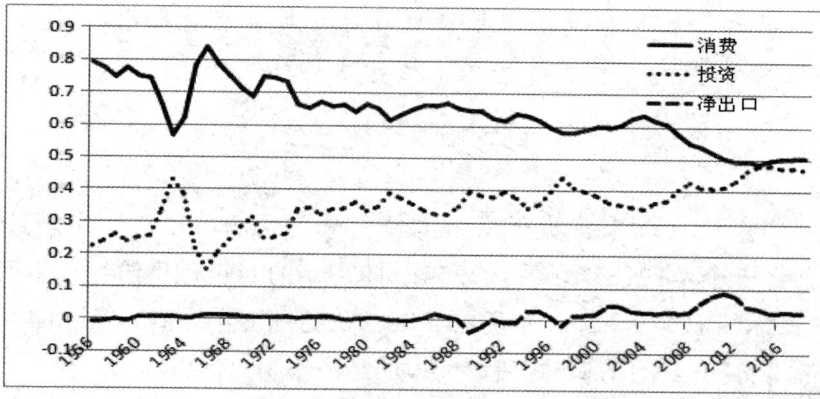

数据来源：wind

由于经济的产出不足，每年的产出70%都被消费掉，无法将更多的产出形成储蓄。一方面，这是由于当时的经济制度决定的，较为低效率的经济制度没能够将经济要素发挥到最大。另一方面，也是当时的人口结构决定的。我在第八章中绘制了中国的人口结构图。在1950～1978年这段时间内，我国的劳动力人口占比大部分处于50%以下。我在人口部分提及，中国的节育技术和经济水平的落后，导致了我们父辈那一代人每家都是多个兄弟姐妹。对于一个家庭来讲，劳动力人口占比太少，意味着整个家庭的储蓄就会很低，收入被用来维持基本的生活开支。对于整个经济体来讲，储蓄率的过低意味着金融市场成了无源之水、无本之木，银行没有储蓄来源就无法将资源配置到投资上、所以这是一个信贷压抑的时期。在制度、资本和人力都处于劣势的情况下，这段时期内整个国民经济处于缓慢的增长中。

信用扩张时代

1978年后，首先变化的是顶层制度，市场经济被承认。“同中国大多数工厂的情况一样，桂林丝厂的工人看来并不是干劲十足的。就业保障、退休金保障以及其他一些好处促使中学毕业生拼命挤进工厂去工作。因此，许多人挤进了本来就已经过多的工人行列。生产线上的工人过多使工人长时间闲着。当我走进一个车间的时候，有三名女工正在同旁边桌上的另外三名女工聊天。我一进去，她们就很快回到自己的座位上，然后交叉着双手坐在那里，好奇地朝我张望。在我逗留的几分钟里，只有一个女工干了活，而没有一个女工说得清楚她们的生产定额是多少。”（吴晓波《激荡三十年》，第12页）吴晓波引用的这段外国人眼里的中国，十分精彩地为我们呈现了在制度改革之前的中国微观经济是如何的一个糟糕局面，顶层制度的改革挽救了濒于崩溃的经济。

伴随着商品价格管制的放开和货币供给量的增大，我们看到的是通货膨胀的上行。上世纪80年代是比较严重的通胀期，工资严重地落后于物价的涨幅。社会矛盾也异常突出。经济的高增长、货币供应量的高增长和物价的高增长这三者一直持续到了上世纪末。这是一个典型的信贷扩张周期的特征。

在上世纪最后的20年中，中国制造业蓬勃发展。伴随着制造业的发展，中国出现了第一批城市化大潮。制造业是需要密集的资本和密集的劳动力投入的。有一个利好是中国劳动力人口较多，我们的父辈们正当壮年，投入了这样一个改革浪潮中。加之计划生育政策开始实施，微观的经济主体不必要抚养更多的小孩，国民经济的储蓄率开始提高。储蓄通过金融机构的配置形成了制造业投资，经济的产出迅速扩大。另外，提一个题外话：我们的储蓄率很高，并不是中国人喜欢存钱，也并不是中国的社会保障制度不完善导致中国人不敢消费。我相信，我们的社会保障制度比上世纪60年代已经进步了很多。那么是不是上世纪60年代的储蓄率比现在高呢？我们看到的结果并不是。储蓄率高或者低的根本原因是劳动力人口占比。只要社会上抚养的人数少了，干活的人多，储蓄率自然高。相反，未来的情况是老年人口增加，劳动力人口减少，必然导致储蓄率的降低。

图153　储蓄率与劳动力人口的关系

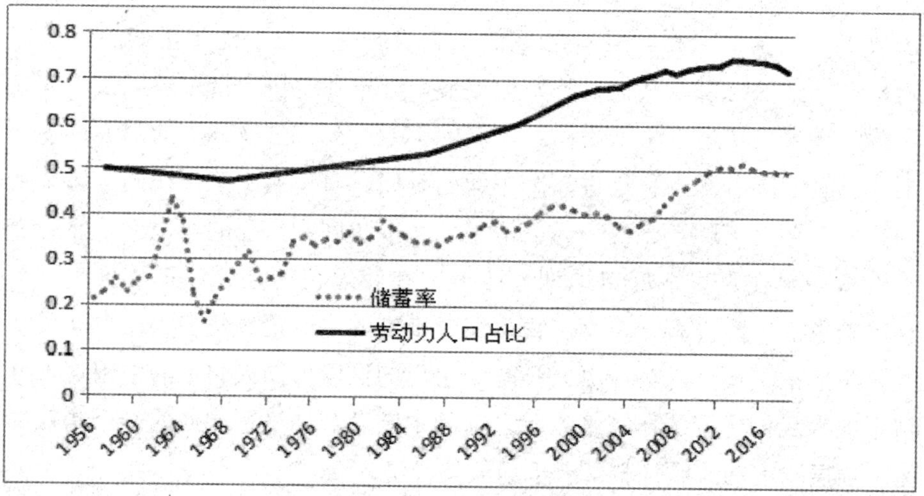

数据来源：wind，中经网统计数据库

新世纪以来，投资对GDP拉动起了决定性的作用。在这个时期投资一直领先于最终消费和货物服务净出口对GDP增长的拉动。而在全社会固定资产的投资中，占比最大的两个部分是制造业和房地产：制造业占比达到31.9%，房地产投资占比达23.3%。2010年全社会固定资产投资总额为

278121.9亿元，其中制造业投资88619.2亿元，房地产投资64877.3亿元。而在制造业的细分子行业中有很多是房地产行业的上游行业。其中，非金属矿物制品业、通用设备制造业、黑色金属冶炼及压延加工业、金属制品业都是房地产的上游行业。

我之前一直提及的是，投资能够主导经济的关键因素是储蓄率上升，而储蓄率上升则是因为劳动力占比上升。制造业和房地产的投资主要就是要靠信贷资源拉动的。伴随着抵押物价值的上升，可投放的信贷金额进一步扩大，而伴随着信贷的扩张，抵押物的价值进一步上升。

从另外一个方面我观察到我国的净出口，从新中国成立以来在GDP的比重长期低于1%。净出口也是观察经济储蓄投资的一个重要变量。虽然净出口在经济体中的比重并不是很大，但是根据恒等式S-I=NX，我们知道净出口就是储蓄和投资的差额。正是因为储蓄的扩大，我们的净出口还会在2000年以后逐步走高，我们的外汇储备也是在这段时间内积累的。但是，我们看到的是自2009年以来，净出口占GDP的比重处于下降的趋势中。这代表着伴随外需的收缩和储蓄投资差额的减少，我们的经济也发生了信贷周期的一个从扩张到收缩的转换。

未来的情况则可能会有很大不同。我们看到的是伴随着劳动力人口的下降，这个信贷的反馈环可能无法继续维持下去。加之目前全球各国的利率已经再也无法降低，央行通过传统的利率工具对货币供给量的影响也已经失效。储蓄率的不可维持加之利率已经低无可低，我们正在处于一个信贷周期的顶点。如果这个信贷周期向相反的方向变化，最终的结果将是可怕的。

货币超发的相关讨论

目前，国内的一些经济学者对我国的货币超发持否定的态度。其主要的论据是反证法：货币超发会导致通货膨胀，而近两年中国的经济接近通缩的边缘，即便是近20年来看，中国的通胀水平在全球范围内处于较低水平，是相对可以接受的。所以，从这个结果反证回来，中国的货币并没有超发。

但是笔者认为这个逻辑并不是十分可靠的。首先我们从逻辑上讲，一个标的的价格是否上涨至少有三个原因：第一个是该标的稀缺程度大小；

第二个是货币是否超发；第三个是该标的是否具有投机需求。第一个和第二个是很好理解的常识性原理，第三个较为被人们忽视。但是，第三个却是大多数价格上涨的根本原因。据说当时在郁金香泡沫时，有一种黑色球茎的郁金香是珍品，在当时郁金香投机中价格是最高的。从表面上来讲，这种在当时独株的郁金香是一个珍品，满足了物以稀为贵的基本原理，但是从根本上讲这是投机导致的。

而当货币超发时商品的价格也并不是一致同步上涨的。从2014年以来，我们看到的是钢材和煤炭的价格一直在下跌，而房地产的价格却一直在上涨。这两者都处于同一种货币环境下。货币膨胀时，各种商品的价格涨幅取决于其真实的使用需求和投机需求的共同推动。不会出现在货币超发的环境下，所有的商品同步涨幅这样的情况。而CPI囊括的大部分是日用品和农产品。目前中国的制造业完全有能力满足全中国的需求，对这点市场的所有参与者都达成了共识，所以我们的CPI并没有涨太多。另外，我国的CPI并没纳入住宅价格。住宅价格的涨幅相信是所有人瞠目结舌的，而我在之前的章节中也分析到货币对住宅价格的决定性影响。经过前文我的分析，中国75%的城市的套户比都是大于1的，意味着其实中国的住宅建设企业也是有能力满足全国人民的居住需求的。可是市场的参与者却不是这样认为的。绝大部分的市场参与者认为中国的住宅企业产能远不能满足市场的需求，所以，我们看到的现象是住宅拥有率又处于下降的趋势中。这个投机的因素决定了房价的上涨。所以，我们分析的是上述国内某经济学者反证法其实是有很大的漏洞的，他所提及的逻辑是不成立的。

在一个货币超发的环境中，有更多的投资者认为住宅是一个抗击通胀的有力工具，而实际的投资经验也在支持这样一条结论。这其实是经不住推敲的。什么东西才能够真正抗击通胀呢？是那些未来能够产生高现金回报率的投资标的。首先，基础资源并不能抗击通胀。我们可以看到2014年以来的钢铁和煤炭，2015年的石油，这些重要的基础资源，在货币超发的背景下，价格却在下跌。至于原因我们刚刚已经讲过了。其次，房子表面看起来抗通胀的原因是其价格由于投机因素导致的上涨。如果我们按照房租产生的现金流对房子进行折算，这是一个非常不划算的生意。最后，高现金回报率的投资品才是抗击通胀的最佳投资标的，在中国比如贵州茅台酒。

政府债务

前文我已提及，在信用扩张的年代，通过银行贷款是可以不断派生出货币的。而这个过程中，对于借款人来讲，这是一个债务率不断走高的过程，所以货币的超发和债务的增加是一个硬币的正反面。

在第一章中，我考察了中国的家庭部门债务，得出的结论是：虽然表面上看起来我们的家庭部门债务与GDP的比值比国际上主要的国家低很多。但是，我们常见的分析忽视了中国家庭部门的收入也比主要的国家低很多，所以从债务收入比上来讲，我们国家的家庭部门债务并不是很低。而通过对时间序列的分析，我们的家庭部门债务增速相当快。主要的经济体在2008年之后的家庭部门债务都在下降，而我国的家庭部门债务在逆势增长，目前已经接近了德国的水平。所以，家庭部门的债务情况并不是像大多数经济学者想象的那样乐观。

家庭部门的债务主要是房地产贷款。对于整个经济体而言，这部分的债务反应是最为缓慢的。这部分的贷款如果出问题，肯定是房价已经发生下跌之后的事情。所以，家庭部门债务如果恶化并不是一个先行指标而是一个结果。很多经济学者从我们的住房按揭贷款坏账率很低来推断我国的房地产市场是相当健康的，这一逻辑是本末倒置的。

另外，对于经济体而言，最为重要的还有两个部门的债务：第一个是政府部门的债务；第二个是企业部门的债务。而政府部门又区分为中央政府和地方政府。国内的中央政府的债务主要是国债发行，地方政府债务主要是地方政府控制的国有企业和城投企业进行的平台融资。企业部门的债务主要研究对象是非金融企业债务。因金融企业的资产负债规模庞大，且金融机构的资产与非金融企业的负债正好对应，合并计算会产生重复。

从中央政府债务的角度来讲，我国的中央政府债务非常低。这有可能与中国的经济体制有关。大部分的资本主义国家的私人部门经济权重较大，政府部门的投资资金来源要么是税收，要么就是发行国债。而中国则不然。我国的经济体制仍然以国企为主，政府投资的资金来源除了上述两个渠道之外，政府控制的国有企业可以扮演政府的角色，进行类似于政府投资的行为。这使中国的政府不需要发行大量的债务来维持经济投资增长。这部分的债务都体现到了企业部门。所以，从这点上来讲，中国的中央政府债务基本上不存在风险。

图154 各国中央政府债务占GDP的比重

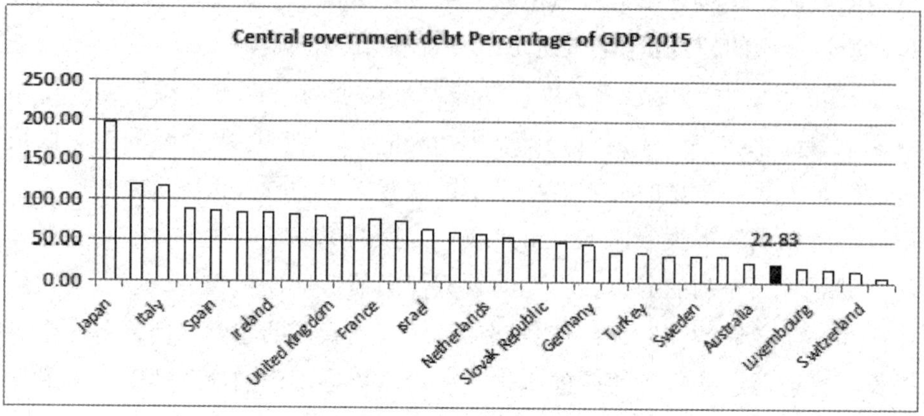

数据来源：OECD

另外，中国的地方政府债务到底有多少，是谁也搞不清楚的事。之前地方政府是不允许发行债券的，但是地方政府一定要完成经济发展指标，而想要经济增长最简单的方法就是投资。所以地方政府的债务大多数并不是通过债券市场进行融资的，而是通过地方政府控制的地方国有企业和城投企业进行融资，信息也并未公开披露。而且其中的兜底条款五花八门，很难界定究竟平台公司的哪一笔债务算有政府兜底，哪一笔债务没有政府兜底。从我国法律的角度讲，我国的政府部门不具有合法的担保主体资格，即便是地方政府对某一笔债务进行承诺担保，在法律上也是无任何意义的。根据审计署2013年公布的《全国政府性债务审计结果》：“截至2013年6月底，全国各级政府负有偿还责任的债务206988.65亿元，负有担保责任的债务29256.49亿元，可能承担一定救助责任的债务66504.56亿元。”而对于这三类的标准，审计署的解释口径如下：“政府负有偿还责任的债务是指需由财政资金偿还的债务，属政府债务；政府负有担保责任的债务是指由政府提供担保，当某个被担保人无力偿还时，政府需承担连带责任的债务；政府可能承担一定救助责任的债务是指政府不负有法律偿还责任，但当债务人出现偿债困难时，政府可能需给予一定救助的债务。

后两类债务均应由债务人以自身收入偿还，正常情况下无需政府承担偿债责任，属政府或有债务。以上三类债务不能简单相加。”

根据《中华人民共和国担保法》第八条的规定，“国家机关不得为保证人，但经国务院批准为使用外国政府或者国际经济组织贷款进行转贷的除外。”另外，2012年12月24日，由财政部、发展改革委、人民银行、银监会联合发文的财预[2012]463号《四部门关于制止地方政府违法违规融资行为的通知》又专门提及了地方政府担保：“地方各级政府及所属机关事业单位、社会团体，要继续严格按照《担保法》等有关法律法规规定，不得出具担保函、承诺函、安慰函等直接或变相担保协议，不得以机关事业单位及社会团体的国有资产为其他单位或企业融资进行抵押或质押，不得为其他单位或企业融资承诺承担偿债责任，不得为其他单位或企业的回购（BT）协议提供担保，不得从事其他违法违规担保承诺行为。”

可以这样讲，无论是法律还是监管层都不承认这些平台公司借款是政府债务。那么，为何审计署公布的审计报告中会有“负有担保责任的债务”和“可能承担一定救助责任的债务”这两个分类呢？其实，这是中国的经济体制决定的。当前，我国经济社会发展正处于经济结构调整期，这对审计工作提出了更高的要求。努力推动审计工作在新世纪新阶段取得新的更大发展，是摆在我们面前的艰巨任务。

那么地方政府债务的风险究竟有多大呢？如果按照审计署公布的结果总体上来讲是没有多大问题的。但关键的问题是，中国地方政府的财政太依靠土地转移收入，通俗地讲就是依靠卖地收入，而土地是一个不可再生资源，总有一天会被卖完。目前的情况是，地方政府的财政收入中有26.65%的收入是卖地的收入（详见表24）。

表24　2015年财政收入概况

项目	亿元	备注
①全国一般公共预算收入	152217	主要是税收收入
其中：中央	69234	
地方	82983	
②政府性基金预算收入	42330	主要是国有土地使用权转让收入
其中：中央	4112	
地方	38218	
③全国国有资本经营预算收入	2560	主要是政府控制的企业上缴财政的收入
其中：中央	1613	
地方	947	
④全国财政总收入	197107	④=①+②+③
其中：中央财政总收入	74959	
地方财政总收入	122148	
地方政府土地出让收入	32547	是政府性基金预算收入的重要部分
土地收入占地方财政比重	26.65%	地方政府土地出让收入/地方财政总收入

数据来源：财政部《2015年财政收支情况》

企业债务

经过近15年的中国信用大幅扩张，我国非金融企业部门的杠杆率上升极快。我们用整体法求出A股上市公司的资产负债率均值，与美国日本比较如图157。

图155 中、美、日上市公司平均资产负债率

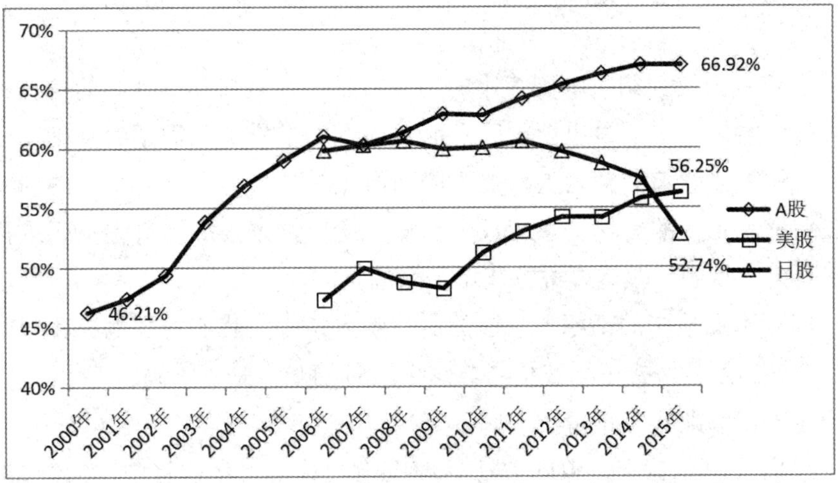

数据来源：wind

我们看到的是，2000～2015年，中国上市公司的资产负债率从46.21%上升到了66.92%。而67%的这个绝对值对于平均水平来讲，是非常高的。相比于美国和日本，我国上市公司的平均资产负债率也是高出很多。在GDP高增长的年代，大多数的企业都主动提高杠杆。从另外一个角度来讲，中国特殊的经济体制导致企业承担了一部分原本应该由政府承担的债务。中国政府手中掌握了大量的企业，包括道路桥梁建设、通讯、基础化工、基础金属原材料等。这些行业不少是属于公共部门行业。这些投资原本应该由政府发行债券筹资完成，而在我国的经济体制下，这些债务实际上计入了企业债务。

中国非金融企业部门的杠杆率偏高是经济学界较为一致的看法。而我们看到，上述公司平均的资产负债率已经接近70%。这是明显不可持续的，未来企业部门主动降低杠杆的情况有可能会出现。从2015年开始，我国的金融市场开始面临资产荒。这意味着资金的供给方远大于资金的需求方，代表伴随着经济的下行和杠杆率已经处于高位，企业倍感赚钱越来越困难，对于主动投资的需求降低。这也意味着我们的利率会进一步走低，同时要习惯低资本回报率时代的来临。

我们的汇率会怎样走

之前我简要介绍了中国货币的历史。我认为从1978年开始的信贷扩张是货币供给量大增的最重要原因，而目前这个信贷扩张周期的基础——高储蓄率即将伴随着劳动力人口的下降而产生长期拐点。加之企业的债务已经在高位，企业的去杠杆态度较为明显。所以，未来如果央行不强推货币扩张政策，我们比较难以维持货币扩张的状态。

回到本章最初的话题。目前的流行观点认为，我们的房地产和汇率存在跷跷板的效应，接下来我们考察这个流行的观点是否正确。

中国汇率购买力平价

我们采用和前文一致的方法处理中国的数据。我们将中国的CPI指数除以美国的CPI指数，然后将时间序列作图158。

图156　购买力平价与人民币汇率

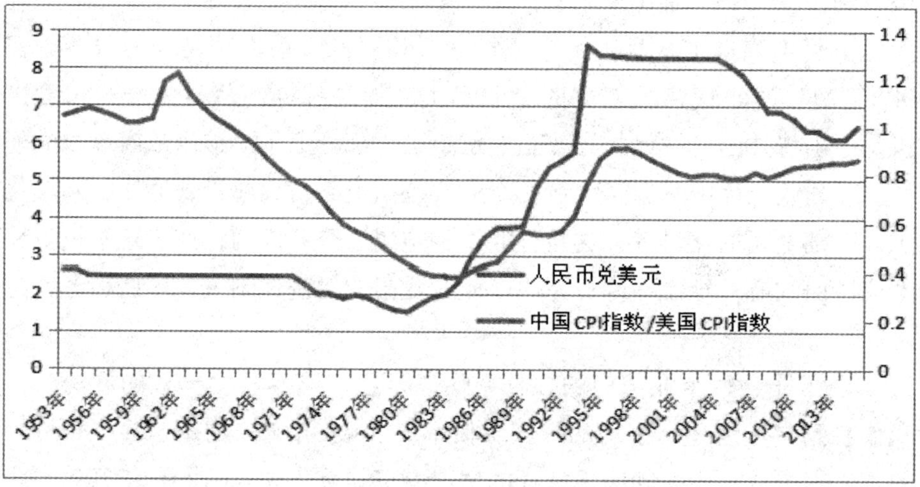

数据来源：许少强《1949～2000年的人民币汇率史》，罗伯特·席勒，wind

我国的人民币汇率大体上是由购买力平价决定的。我们从图158中可以看出1953～1968年这段时间，由于中国的经济实行强力的计划经济，此阶段的人民币汇率更多的是官定汇率。同时，这段时期内我国的对外贸易占GDP的比重不到1%。这段时期内也由于价格的管制，我们的通胀看起来并不是很严重，但是我们知道那时候的消费是配给制度，还实行过大锅饭的制度，所以CPI失真比较严重。

1978年以后，市场的地位被承认。我们看到的是物价大幅上涨，被压抑了多年的需求终于爆发出来，人民币的购买力急速下降，并伴随着人民币兑美元的汇率暴跌。步入2000年之后，伴随着市场经济体制的不断完善，我们的产出越来越多，民众对日用品的需求不再如此强烈。虽然我们的货币发行在信用扩张时代的速度高得惊人，但是我们看到CPI这篮子日用品并没有发生大幅度的上涨。相反，1998～2008年这10年间中国实现了经济高增长和低通胀并存的局面。这个时代的经济摆脱了储蓄率不足的局面，实现了信贷扩张和投资扩张的良性循环。

另外，我们观察到图158中比较明显的一个结果是汇率的变动滞后于CPI对比的变动。这与我国的汇率并非是完全市场决定的有关。2007年之后，中美都大放水，但是对应到CPI上，我们的CPI比美国上升得更快。这一段时间的累积，最终也反应到了汇率上，伴随着经济的下行预期和人民币相对于美元的购买力削弱，我们的汇率开始出现贬值预期。

汇率与房价

在1998年住房制度改革之后，我们的住房也由市场进行配置。在巨幅的信用扩张背景下，住房的价格上涨速度十分快。我们看到的是住房的价格涨幅巨大，但是我们的汇率却处于缓慢的升值通道中。所以，我们观察这段历史发现了住房价格上涨是与汇率升值并存的。而汇率和房价的关系，并不仅仅是在我国出现这样的同步性。兴业证券的郭草敏、何雨晨实证现实日元实际有效汇率与日本房屋价格高度相关。（郭草敏、何雨晨《房价与实际有效汇率的爱恨情仇》）平安证券的钟伟、黄海南提出，德国、英国、澳大利亚、新加坡、韩国、泰国以及1991年前的日本都可以观察到汇率与房价同涨同跌的现象。（钟伟、黄海南《汇率与房价：不是必然，但高度相关》）

那么为什么会出现这样的结果呢？我在前文也有提及，汇率存在的意义就是两国之间的贸易，而房地产作为典型的不可贸易品，其相对价值对汇率是没有影响的。我们在实际的观察中发现，有的国家房地产价格与汇率正相关，有的国家的房地产价格与汇率负相关，而有的国家房地产价格与汇率是无法观察到确切的关系的。

与可贸易商品相反，房地产的价格不遵循一价定律。我在本书对美国、日本和德国房地产史的回顾中，仅归结到了两个因素在决定房地产的价格，第一个是真实的居住需求，第二个是投机性需求。而货币因素则被排除在直接原因之外。货币的扩张也是以投机需求为根本才能够实现房地产价格上涨的。所以，房地产与汇率的关系，仅当货币超发同时引发房地产与可贸易商品价格上涨，才会导致房价与汇率的负相关出现。流行的观点并不一定是正确的。一个好的投资者一定要严格推敲，才能够做出正确的判断。

汇率的未来

在前文中，我分析了货币扩张带来的购买力下降。而货币扩张过程，购买力的下降对于可贸易部门和不可贸易部门并不是均等的。可贸易部门的商品价格遵循着一价定律，而不可贸易部门的价格并不对汇率产生任何影响。所以，未来的汇率，第一取决于货币供给，第二取决于我国主要可贸易部门的产品价格。

第一，从货币供给的角度看。2015年货币供给的自然因素，包括储蓄率和信用扩张周期都处于一个关键性的高点上。前文我分析过，主要是劳动力的拐点导致了储蓄率下行和经济下行，同时，企业的高杠杆也不支持信用扩张。而家庭部门的收入过低，信用扩张的潜力也并不是很大。唯一存在大规模扩张可能性的就是政府部门。伴随着土地财政的不可持续，政府的财政收入可能会大幅度下滑，所以政府部门的信用扩张是存在客观动力的。

另外，央行还可以为经济体增加额外的货币，但这个是较难以估计的，因为中国的央行并未严格遵循泰勒规则。根据过往的经验，央行放水的时间远多于央行收紧银根的时间。而且，央行每次收紧银根最终的结果都是经济的大幅下行。从大概率上讲，如果央行在制度上不是独立决策机构的话，采取主动收紧货币供应政策的概率极低。所以，从货币供给因素上来讲，我们的汇率并不乐观。我们凭空创造出了太多的货币购买力，以至于目前的中国人虽然年收入仅仅达到了美国上世纪80年代的水平，但是我们的中产却可以轻松地在美国买几套住房。

第二，我们从可贸易部门的商品价格角度看。

“美国的名义汇率与美国相对单位劳动成本指数有何结论？汇率是两种劳动的相对价格。”（【美】保罗·克鲁格曼《汇率的不稳定性》）

“将名义美元与美国出口品的价格相对于其他经合组织国家出口品的价格进行比较，结果发现汇率也是两种产品的相对价格。”（【美】保罗·克鲁格曼《汇率的不稳定性》）

在这里，我用这样的一个公式表示，可贸易部门的商品价格=生产成本+社会平均利润。其中，生产成本由四个方面组成，分别是劳动力成本、生产要素成本（最主要是土地要素成本）、资本成本和技术成本。不难理解的是我们的劳动力成本和生产要素成本都在上升，而且上升的速度很快。虽然资本成本和技术成本在长期看会下移，但是这两者的下降抵消不了劳动力成本和土地成本的上涨。在全球范围内看资本成本和技术成本长期趋同，在比较汇率时，这两个因素意义不大。

图157　中国和美国的劳动力价格

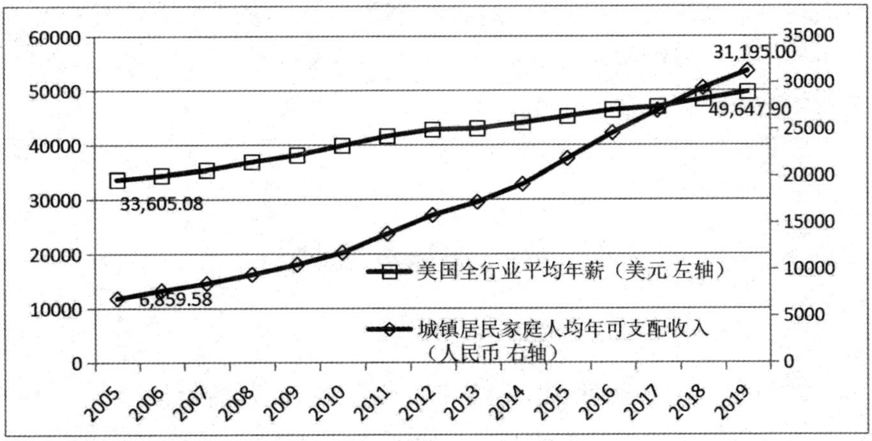

数据来源：wind

所以，伴随着劳动力价格的上涨，我们可贸易部门商品的价格也会上涨，我国的出口竞争力被削弱。或者产生另外一种情况，即劳动力密集型产业被淘汰，我们由出口国变为进口国。这两条路径的结果是一样的，并最终体现在汇率承压上。

综上两点分析，我们的汇率在未来会伴随着货币的超发和可贸易部门商品价格的上涨而出现贬值。

第二节　投机因素

投机导致泡沫。一般的投资者一看到泡沫的言论就认为鼓吹泡沫的人一定是一个唱空者、做空者。但实际并不是这样的。泡沫和崩盘是两个词汇，投机导致泡沫，泡沫导致崩盘。这是一个商品价格的三个相态，这三者既有联系又有区别，其转换类似于物理学上一个物体的三种相变。炸药在爆炸之前可以持续相当长时间的稳态，如果没有外力作用，这种状态会保持很长时间。

一个泡沫，在何地、何时破灭，笔者多年以来苦苦追寻这个问题的答案，但是迄今为止并未发现有一个好的逻辑能够对泡沫破灭进行分析。但是，市场泡沫破灭的规律也有一些蛛丝马迹可以寻找。下面我们就大概谈一谈典型的泡沫所共有的特点。

第三节　泡沫的随机性

“投机往往要经历两大阶段。第一个阶段是理性投资阶段。这时居民、企业、投资者或其他主体对外部冲击的反应是有限的、理性的。在第二个阶段，资本收益起着主导作用。最初的胃口只是要追求高利息，但很快就让位给第二步的胃口。第二步的胃口是通过出售本金来获得高收益。

在19世纪30年代的美国，购买土地最初只是为了增加种植高价格的棉花，然后再出售。到了19世纪50年代，根据范·弗莱克的说法，农场主和种植园主都开始消费土地，并对土地进行投机。他们购进的土地多于耕种所需要的土地，多余部分作为对其种植土地价值下跌时的保值。”（查尔斯·P.金德尔伯格《金融危机史》，第30页）

在一个投机的过程中，各种投机要素都表现出高随机性，包括投机标的随机、持续时间随机、崩盘时间随机。对于投机标的，遍布货币、股票、土地、房产、金属、农产品甚至没什么实际用途的郁金香。而不同泡沫的持续时间也不尽相同，并没有一个统一的规则。持续时间短的泡沫可能只有一两年的时间，也有存续几十年的泡沫，其在稳态时间内表现得非常没有规律性。另外，泡沫的破灭也很难有先行信号出现。在人类迄今为止的最大危机——1929年经济大萧条之前，美国的经济学界充满乐观的情绪，耶鲁大学的经济学家费雪在大萧条中，也闹得灰头土脸。笔者总结了一下本书之前提及的房地产投机泡沫，见表25。

表25　本书提及的房地产泡沫概要

国家	泡沫期间	泡沫持续时长	泡沫划分理由	破灭时的估值
美国	1998年～2005年	7年	1998年房价开始脱离长期趋势，发生上涨；2005年是美国房价的最高点	房价收入比11.45，租售比3.15%
日本	1970年前后～1991年	20年	1970年套户比开始大于1，泡沫破灭后的日本房价跌到了1968年的水平；1991年是日本房价的最高点	房价收入比在12倍左右，东京的核心地区在18倍左右
中国	2015年前后～？	1年以上	2015年中国的主要城市套户比都达到了1以上，人均住房面积达到了32平米以上，全国平均住房拥有率达到了90%，而在此时间以后房价继续上涨	目前的估值：房价收入比22倍左右，租售比4%左右

通过表25，我们发现各国的房地产泡沫都具有很大的差异.日本的房地产泡沫持续了20多年。可想而知的是，身处其中的投资者会怀疑这究竟是不是泡沫。但房价总会回归到均值。

第四节　未来的不可预测性

预测未来是每个投资者都十分想做的事情，可惜很难预测准。我们前文看到的曼昆作为经济学功底如此深厚的经济学家，在预测美国房地产大趋势时折戟。费雪在预测美国股市时以乐观情绪感染了每一个美国投资者。费雪不光说还做了，最后的结果就是费雪把自己的房子都输掉了，耶鲁大学还要把他原来的房子买回来，再租给费雪。

为了说明预测未来的难度，我们专门整理了1900～2000年的中国历年大事表。最终发现，在这100年的历史中，随机截取一段20年的时间，站在这段时间的起始时刻，即便你发挥最大的想象力，也根本猜不到20年后的情况，更别说是逻辑严谨的推理与证明了。

我们随便挑一段历史。1900年，大清帝国在内忧外患的情况下艰难度日，义和团的大师兄们光着膀子练习刀枪不入的武功，清军被八国联军打得屁滚尿流。再把时间往后推20年。1920年大清帝国早已经倒塌，新成立的民国四分五裂，各系军阀混战，共产主义萌芽开始显现。试想，站在1900年，如何预测1920年的事？

我们再选取新中国成立后的一段历史。1960年，中国的农业受到沉重打击导致人民生活困难。我们把时间往后推20年。1980年，深圳、厦门、海南、珠海、汕头已经成为经济特区，全国经济开始欣欣向荣，这时候人们追求更多的不是吃饭，而是更进一步的财富扩大。那么，我们在1960年经济困难时，如何预测到1980年的经济如此之好？

第五节 集体行为改变的猜测

“学逻辑的学生一般都讨论过A将一个毒气弹扔到B脚边的地上，B将之扔给C，C又将之扔给D，不断继续，之后毒气弹在Y将之扔到Z的脸上后爆炸。这该责怪谁呢？是A这位最初的肇事者，还是Y这位最终引起爆炸的人？同样的情况，危机的根源是投机和信贷发放过多，而引发危机的则是一些削弱市场信心的小事。这些小事迫使人们开始考虑倒闭风险，因此将商品、股票、不动产、汇票、本票——不管是什么——全部转换为现金。就引发危机的事件而言，它可能是微不足道的一件小事：一家企业的破产、某一个自杀事件、某人的逃跑、某一件事的被揭露、拒绝向某一个借款人发放贷款，或是观念的某种转变导致某一个重要角色被抛售等等。”（查尔斯·P.金德尔伯格《金融危机史》，第126页）

投机是集体行为，就好比金德尔伯格举的那个逻辑学的例子。而一旦这个集体性的偏见形成后，就有自我发展且延续的能力。但无论怎样泡沫最后的结果就是崩溃，而寻找从泡沫到崩溃的这个临界点是相当困难的。我们的经济学界和投资界对这方面的知识还处在古罗马时期人们对地球和太阳的关系的理解程度。

很多时候，市场的崩溃并没有一个可以归属的原因。罗伯特·席勒在1987年美国股灾和1988年对美国房地产市场崩溃前后的投资调查还原了当时的史实。结果证明，在危机来临之前的时刻，投资者并未表现出任何的躁动与不安，也并未有什么突发的新闻事件导致投资者群体性预期的改变。

1987年10月19日，美国道琼斯指数一天就下跌了22.6%，全天暴跌了508点。罗伯特·席勒的问卷列出了1987年当天发生的主要10个新闻事件，让投资者对这些新闻事件中哪个是影响股价崩盘的因素进行重要性打分。最终的结果显示的是，投资者好像认为几乎每个事情都与下跌相关。投资者选出的最重要的影响因素是：10月19日上午道指下跌了200点。“在市场巨幅下跌的日子，投资者可能正在对价格变化本身做出反应，而没有对任何具体的新闻做出反应。”（【美】罗伯特·席勒《市场波

动》，第363页）

同样的是，罗伯特·席勒对橙县、旧金山、波士顿和密尔沃基四个城市的房地产投资者长期调查后得出的结论是：“所有这些，使人想起一个非常不同于文献中用传统方法讨论和建立模型的房地产市场。在一个完全理性的市场，价格很可能被诸如收入、人口变化和国家经济状况这样的基本面决定。这种市场的投资者，可能应用预测未来价格变化的基本面的潜在变化的所有可获得信息，使延长的价格摆动不可能和盈利机会稀少。包括进入流行地区的途径在内的各种资源可能是有效配置的。这里提出的调查结果和现实的价格行为共同描绘出一幅非常不同的图像。当证据详实，而且我们能做出推测时，我们看到市场主要是由预期驱动的。人们好像以过去的价格变化而不是对基本面的任何认识为基础形成他们的预期。这一点增加了价格暴涨将持续下去的可能性，因为住房购买者实质上变成了没有稳定性的投机者。”（【美】罗伯特·席勒《市场波动》，第403页）

在这样的一个集体性行为过程中，我们无法将历史上的各个事件总结出一个普遍规律，甚至对笔者所一再提及的科学三部曲的第一部——假说的提出我们都无法进行。所以，笔者从现在开始到本书结尾的文字都是逻辑盲点，即不可靠的研究，因为我们仅能够按照常理揣测改变这个集体性预期的因素。从逻辑上讲，投机最为重要的有两点：第一个是集体性的预期偏见，第二个是支持这个预期偏见所需要的资金。我们之前提及了两位泡沫研究巨擘金德尔伯格和席勒关于这个问题的研究结论。当然这两位巨擘的结论也仅是初步的结论。这个领域需要更多的经济学者投入精力深入研究，以能够得出更为确定性的结论。对于资金来讲，利率则是一个非常重要的指标。利率一方面真实地影响资金的供求，另一方面也影响投资者对投机行为的预期。我们在“新世纪各国的一致性”这章中详细地分析了利率对房地产价格的影响，得出的结论是利率下行基本上无法解释房地产价格的上涨。而罗伯特·席勒在研究这个问题时认为，是人们广泛地接受了戈登模型后形成了对利率下行导致房价上涨的一致预期，才导致了房价泡沫的产生。

在日本的房地产泡沫崩溃之前，出现了利率上行的现象。日本经济学界也有学者将日本房地产泡沫崩盘的直接因素归结于利率的上行。“1989年春，美国诞生了布什政府。日本银行似乎就在等待这一天，终于修正了超低利率的货币政策。日本的股市行情也于当年底达到最高峰。地价稍迟于股价，于1990年达到最高峰后转为急速下跌。在这种形势下，被誉为通货膨胀斗士的日本银行新总裁三重野康在新闻媒体的一片欢呼中走马上任。随即，继1989年10月日本银行提高官方利率后，又紧锣密鼓地于1990年2月和8月两次提高官方利率，使之达到了6%的水平。”（【日】吉川元忠《金融战败》，第97页）

所以，我们在考察泡沫至崩溃的这个相变时间节点上，投资者集体性情绪的改变和利率的走势是我们必须十分关心的两个因素。

第六节　房价的未来

经过前文的分析，相信大多数读者已经掌握了本书的脉络。我通过历史来研究房地产市场运行的规律，最终得出的结论是：我们的房地产市场正处于一个泡沫中。我们也通过实证分析将房地产价格的上涨进行了归因，我们基本上把2015年下半年以来的以深圳为首的房地产价格巨幅上涨归因于货币和投机因素，而排除了基本面因素。同样的，在本章中我们也简要回顾了货币史，总结了影响货币供给量的两大因素：第一个是信用周期；第二个是央行主动的政策调整。我们也初步分析了投机因素的一般规律。那么，我们身处一个泡沫中，这个泡沫究竟能持续多久？换句话说，房地产什么时候开始崩盘？这是投资者十分关心的一个问题，因为大多数的投资者出于动物精神，总想做出精准的预测以达到收益的最大化。笔者也一再提及，这已经超出了笔者的能力范围。但是本书还是要给出一些初步的看法，供想赚最后一块铜板的投资者使用。

投资者情绪

投资者情绪像流感病毒一样在人群中不断传播。2015年4月，笔者与几个朋友一起吃饭，席间大谈特谈股票，而隔壁桌也在讲股票。在这种情况下，笔者开始警惕整个股票市场的风险。因为，在那个时候，笔者的几个平时根本不炒股的朋友也炒起来了。而在中国一旦聊起房地产，那可真是无人不知无人不晓，从三教九流到机构投行，随便抓出来一个人都能够对房地产投资讲得头头是道。投资者情绪是比较难以量化的一个指标，对其判断一靠观察周围人的想法，二看主流媒体对相关事件报道的覆盖程度。笔者利用人民网的人民日报数据库检索了从2005年以来出现的有关房地产方面的文章的次数，与房价同比涨幅做对比分析如图158。

图158　人民日报曝光次数与房价涨幅

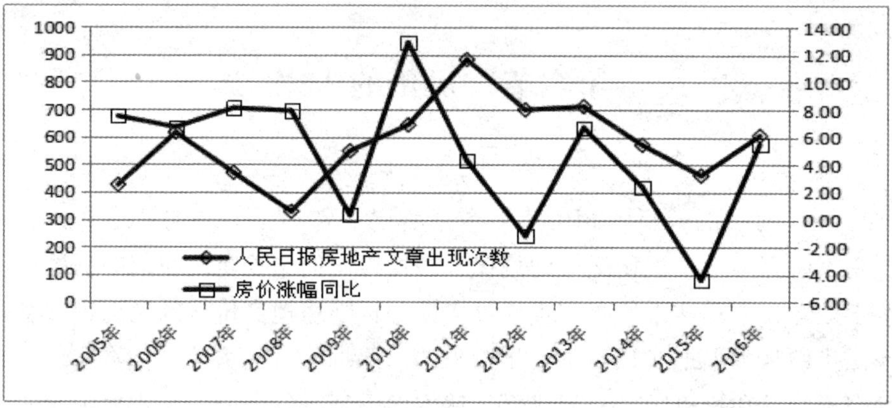

数据来源：wind，人民网

我们看到的情况是，近5年以来，《人民日报》上包含房地产字样的文章数量的增减与房地产的价格走势呈现高度一致性。由于《人民日报》是固定版面，有关房地产方面的文章多，意味着其他方面的文章就会减少，这个指标在一定程度上代表着群体情绪。我们明显观察到的是近5年以来，房价涨幅较大的年份，《人民日报》上关于房地产的文章数量就会增多。当然，我们仅能够说明的是一种相关性，这里面并没有因果关系，更多的是这两者是反身性关系：价格的上涨引导着情绪，而情绪的高涨反过来也带来了价格的上涨。

情绪与房价有关系的另外一个证据是，当房价上涨时，二手住宅的成交量会上涨，当房价下跌时，二手住宅的成交量会下降。这说明房价上涨，更多的是由投资者的情绪带动的。

图159 上海市二手住宅价格与成交量的关系

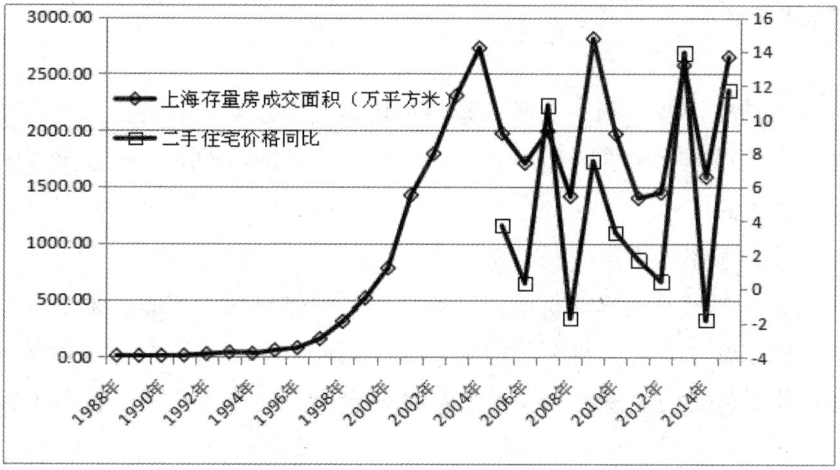

数据来源：上海市统计局，wind

笔者观察上海统计局公布的二手住宅成交面积数据，因为这些数据覆盖的历史时期较长。我们观察2004年之前的上海房地产成交面积一路上行，而到了2004年之后二手住宅的成交面积就开始呈现震荡的走势了。我们手头没有时间更长的房地产价格指数数据，但是笔者检索旧闻时可以肯定的是，中国在1995～1997年，有一段时间房地产处于衰退期，而我们看到这并没有在成交量上体现出来。这代表着在2004年之前上海的房地产受到情绪的影响较低。但是过了2004年之后，我们看到的房地产成交量与房价完全正相关性。当然，这种相关性也是没有因果关系的，而是一种反身性。

那么，这种先行的情绪观察如何做到呢？说实话笔者做不到。笔者目前能做到的是，在笔者认为高估的位置上出现价格大幅下跌之初就开始跑，这个跌幅是在20%左右的一个跌幅。另外，在这样的一个跌幅下，一般政策制定层都会出现利好政策。如果市场不理利好政策继续下跌的话，就是十分确定的泡沫破裂初期。当然，笔者的这个经验是针对股票市场的，因为笔者持有的股票的估值并不是很高，在整体形势不好的情况下，笔者的股票跌幅也较低。另外，股票市场的退出流动性还是有的。但是，这个经验之谈是否能够照搬到房地产市场上，只能由读者自己把握。

利率的未来

笔者前文提及，利率既通过影响市场真实资金来影响房价，也通过投资者的情绪在影响房价。如果利率出现抬升这是泡沫破灭前十分重要的先行且可量化的信号。

那么，利率如何走呢？

首先，我们看利率的供给侧。利率的供给侧有两个方面。第一个是储蓄率，即家庭、企业和政府部门将多少的剩余资本用来储蓄。这些储蓄为金融机构提供了资金来源。储蓄率越高，金融市场的资金供给就越丰富，利率就会越低。另外一个方面是央行主动增减货币供给的行为。

那么，未来的供给侧可以肯定的一件事就是，伴随着劳动力人口占比的下行，储蓄率是不断下行的，而央行的行为大概率是宽松的。而这两种力量孰强孰弱不好判断。幸好大多数中国投资者基本不看央行的数据，所以央行公布的M2数据相当于一个范围比较窄的消息。聪明的投资者一定要时刻关注这个增速。如果M2的增速下行至与经济增速持平或者更低的水平，那么，这绝对是一个危险的信号。

从需求侧考察利率，主要是看经济增长率。一个经济增长率越高的经济体，对资金的需求就越强，利率也就越高。而经济增长的三大因素——劳动力、资本和制度，在我们可以预见的范围内都不会有很大的改善，中国的经济长期下台阶也是大概率事件。所以，需求侧大概率也不支持利率上行。但是，不排除的是经济体制深入改革的可能性。如果经济体制改革能够进一步深化，我们的经济由于消费市场的巨大还能够带来相当强劲的增长，这也有可能带动利率的上行。

还有一个利率的影响因素是国际因素。在蒙代尔三角的框架下，理论上我国的利率是不需要和国外保持一致的，因为我们选择了相对稳定的汇率制度+资本不可自由流动+独立的利率政策。但是关键的问题在于我们的外汇管理局管不住巨大的境内外贸易，导致实质上的资本自由流动。所以我们观察到的情况是，中美的国债利率走势非常接近。全球的目光都集中在美国的利率变化上。而美国的货币政策是比较严格地遵循泰勒规则的，也就是说美联储的经济学家模型中是存在一个实际利率的，美联储的基准利率要保证等于这个实际利率。如果美联储的基准利率高于这个实际利率，经济就会出现衰退和失业，反之就会出现过热和通胀。

这个实际利率则取决于美国的经济增长。还是回到长期经济增长的话题上。如果我们在保持目前的经济制度不变的情况下，我们的真实经济增长有可能会在接下来落后于美国，因为我们看到的是劳动力价格在大幅度上升，土地价格也在大幅度上升，而劳动力价格便宜和生产要素价格便宜这两点是我们过去经济增长的非常关键的因素。如果是长期经济增长落后于美国导致利率不得不随之上行，我们面临的压力是巨大的。但是，我们也有政策腾挪的空间。如果这样的情况出现，我们最终会在蒙代尔模型中选择独立的利率+浮动的汇率+资本自由的流动，有可能压力会体现在人民币汇率上。

另外，影响利率的一个因素是信用风险溢价。上述提及的利率更多的是无风险利率，而实际经济体的利率是无风险利率+信用风险溢价。我们的企业部门的债务已经处于高位，在经济下行的背景下，企业部门的债务也值得投资者仔细观察。但是，我们国家的经济体制在地方政府层面显示出来的一个很大特点就是政企不分。如果地方政府真的不是因为财政收入下降太多，是不会不还钱的。辽宁的案例在全国毕竟仅是少数。因为我们无法量化企业和地方政府的债务，所以这块风险不好把控，投资者需要不断在事物发展过程中进一步观察。

只要国内的货币政策仍旧宽松，房价泡沫就会继续。至于继续到多久，就要看市场的长期因素变化的程度和其他笔者根本没有料想到的因素影响，但最终的落脚点都是群体性预期的改变。

后 记

一、关于深圳房地产的解释

之前笔者有在公众号发了几篇关于房地产市场的文章（大部分都是本书的节选）以后，有不少读者向笔者反馈：“我到底该不该买房？美国加不加息和我丈母娘有什么关系？”笔者必须做进一步的说明。笔者的文章是写给投资者看的，而不是给房地产市场的刚需群体看的。如果刚需满足笔者给出的定义——“一个人在沙漠里快渴死了，一杯水，1亿美元他也愿意买”，那么这个“刚需”买房是不需要任何逻辑及分析的：无论房价是1块钱一平方米，还是1亿元一平方米，你都要买。这是因为你如此深爱着你的女朋友，如果你不能和她在一起，你甘愿自杀以谢天下，而你的丈母娘横推竖挡，要求你必须买房子。在这样的情况下，你就满足了“刚需”的定义，故房价无论是多少，和你没关系，你必须要买。

退一步来讲，也许你和你女朋友的感情还没到“自杀”的地步。假设你以5万元/平方米买进房地产，最后房价跌到3万元/平方米的概率为50%，你的期望亏损率为20%。你觉得这20%的亏损率给你带来的痛苦要小于和你女友结婚带来的快乐，这也满足“弱刚需”条件。那还是一样的结果，就是要买。

但是聪明的投资者不是这样思考问题的。投资者思考问题的逻辑是这样的：如果有个人刚花了1亿元买了一杯水，投资者要做的决定是不是要以这个价格大肆囤积水，将来出手以谋求更高的价格。我们需要进一步分析这个过程。我们假设：0时刻是有两个人刚刚完成的交易，一杯水的价格为1亿美元；所有的信息都是公开的（即所有投资者的信息都是一致的，不存在内幕消息）；交易价格也是公开的（即不可能有人低于市场成交价买到水）。

那么聪明的投资者需要做的第一件事，就是分析水的需求：1. 究竟有多少人在沙漠里被困住了？只有这一个人，还是有一堆人（对应到地产上就是："无房且刚需"群体究竟多大）？2.这堆人是不是真的这么有钱？如果他们真的没钱，他们的选择只能是渴死而不是花1.5亿美元向你买水（对应到地产上就是："无房且刚需且有效需求"群体究竟多大）。3.我按照1亿美元一杯买到的水能否平安运输到沙漠以1.5亿美元完成交易（对应到地产上就是"持有成本"究竟多大？包括按揭利率和机会成本等）？4.其他投资者是不是也在干这事（对应到地产上就是："套户比"究竟多大）？

以深圳为例，聪明的投资者分析的结果如下：1.深圳有700万人没有房子，这里面的"刚需"搞不清楚有多大。2.由于深圳没有公布权威的收入分布数据，我们无法确切知道700万人中有多少可以买得起房子。但是根据深圳公布的人均收入数据，至少我们可以确定的是这700万人中的绝大多数人买不起深圳的房子。3.持有成本=机会成本7%+贷款利息4.5%-房屋租金收入1.5%=10%。4.其他投资者也在干这事，深圳34%的的投资者掌握了深圳100%的房子。深圳的商品住宅套户比大概在0.94左右，如果算上农民房，深圳的套户比有1.8。

聪明的投资者需要做的第二件事，就是寻找房价这样高的原因。结果显示的是，货币发行和深圳的有房人自己买卖导致房价上涨。有房人可以把现有的房子抵押或者卖掉之后继续买房子，而无房人靠工资买房子，所以他买不起。至此，聪明的投资者认定这是一个故事，决定不参与这个故事。如果参与这个故事，你的投资就会变得不确定，风险调整收益会降低。

二、聪明而孤独的投资者所需的素质

笔者从开始踏入股市至今已经将近8年光景，不算长也不算短。在众多的流派中，笔者是查理·芒格的忠实追随者。他说：

成功投资的关键因素之一就是拥有良好的性格——大多数人总是按捺不住，或者总是担心过度。成功意味着你要非常有耐心，然而又能够在你知道该采取行动时主动出击。你吸取教训的来源越广泛，而不是仅仅从你自己的糟糕经验中吸取教训，你就能变得越好。

你必需有浓厚的兴趣去弄明白正在发生的事情背后的原因。如果你能够长期保持这种心态，你关注现实的能力将会逐渐得到提高。如果你没有这种心态，那么即使你有很高的智商，也注定会失败。

——查理·芒格

（【美】彼得·考夫曼《穷查理宝典》，第124页）

查理·芒格这两段话道出了一个聪明的投资者所需具备的最为关键的两点：第一是耐心，第二是客观知识。美国电影《大空头》是一部讲述一小撮聪明的投资者在美国房地产泡沫破灭之前买入了大量的信用违约互换做空自己国家的故事。但是，问题发生了：这些聪明的投资者看清楚了房地产市场泡沫即将破灭，次级贷款的市场价格却一直在走高，即便是在出现了比较严重的违约之后，次级贷款资产的价格还是一路走高。这对空头来讲，必须缴纳保证金，否则互换合约会被强制平仓。这个过程是煎熬的，聪明的投资者永远是孤独的。

根据笔者这几年的经验，如果你的投资是受到大多数人赞美的，那么这笔投资至少是平庸的，甚至是可能折本的。而好的投资总是被大多数人不信任、鄙夷和唾弃的，聪明的投资者承受的压力是巨大的。笔者接触的投资者最喜欢问的两个问题：1.给你随机提供一串六位数字，你在两分钟内判断下这只股票是该买、该卖、持有，还是不理它。2.问笔者创业板什么时候见顶，房价什么时候崩盘。

可惜的是，笔者完全回答不了这两个问题，因为这不是聪明的投资者的逻辑。聪明的投资者追求的是风险调整收益最大化，而不是收益最大化。

三、风险调整收益

话说在一个遥远的国度，总计有2亿人口。这个国家的人有个特点，就是他们喜欢玩一种猜硬币的游戏。每个周一的早晨，人们会去类似彩票网点的地方，买硬币的正反面。每周五，政府都会开奖，公布当天的硬币是正面还是反面。赢了的人赢得100块钱，输了的人输掉100块钱。从开始玩这个游戏半年后，这个国家的电视台发现有个家伙每次都猜对，便去采访了这个“神人”。这个人也因此声名大噪，开始著书立说，全国巡回演讲，讲述着自己为什么会连续半年都猜对了硬币的正反面。

后来，大家都觉得这个游戏太单调了，于是换了一个游戏玩。总计有2000个硬币，只要有人猜对任何一个就赚钱，猜错任何一个就赔钱。这时，原本著书立说的“神人”再也没能赚钱了，灰溜溜地消失在了人们的视野中。可是，半年后，又出现了一位“神人”，连续半年每次都猜对。电视台又开始采访他：你是如何在这些杂乱无章的硬币中找到规律的呢？这个人又是著书立说，全国巡回演讲……

稍微知晓数学原理的人都应该会清楚，其实这两个“神人”一点本事都没有。硬币无论是1个，还是2000个，还是2亿个，猜正确与否的概率都是50%。无论如何，2亿人口中半年后总会有人连续猜对的。

风险调整收益这个概念是夏普提出的。夏普认为风险调整收益=（投资收益率-长期国债利率）/投资收益率标准差。但笔者对该公式的分母这部分持怀疑态度。我们拿股票来讲。A投资者从2000点买入到3000点卖出，A投资者的收益为50%；B投资者从3000点买入到4501点卖出，B投资者的收益率为50.03%。那么，谁的水平更高一点点呢？显然是A投资者，因为A投资者承担的风险远低于B。这就是风险调整收益。

股票的价格是一个随机过程。虽然你看到上证指数最终在2015年涨到了5178.19点，但是股票价格落在5178.19点的概率其实等于0，有无数种可能性不是落在该点上，因为股票价格本身是随机过程，而且这个随机过程的概率空间本身不断变化。所以，我们看到B投资者表面上风光，其实他只是一个幸运的傻瓜，和猜硬币的“神人”是一样的。

房地产市场也是一样的。李嘉诚在卖出他的物业之后接受记者采访时说：“我一生恪守的原则是不赚最后一个铜板。”

附一：美国房地产数据概要

Date	Real Building Cost Index	U.S. Population Millions	Long Rate	Real Home Price Index
1890	51.36234	63.056	3.42	100
1891	47.26616	64.361	3.62	88.01179
1892	52.04816	65.666	3.6	95.42174
1893	44.67333	66.97	3.75	92.29739
1894	57.26343	68.275	3.7	123.9805
1895	61.47034	69.58	3.46	117.4551
1896	60.06895	70.885	3.6	100.303
1897	62.38489	72.189	3.4	106.5157
1898	61.43804	73.494	3.35	110.1841
1899	64.04461	74.799	3.1	103.8531
1900	49.42063	76.094	3.15	101.5743
1901	51.25232	77.584	3.1	87.3261
1902	50.51617	79.163	3.18	100.4736
1903	43.54355	80.632	3.3	93.07489
1904	47.08562	82.166	3.4	101.8544
1905	47.11098	83.822	3.48	87.24855
1906	51.76915	85.45	3.43	103.5252
1907	49.54471	87.008	3.67	109.3165
1908	50.12571	88.71	3.87	100.8192
1909	44.07167	90.49	3.76	95.38041
1910	37.98177	92.407	3.91	93.11064
1911	42.29756	93.863	3.98	97.54334
1912	42.25411	95.335	4.01	102.3652
1913	40.33647	97.225	4.45	95.40856
1914	34.47784	99.111	4.16	96.97716
1915	35.31752	100.546	4.24	88.14876
1916	47.29617	101.961	4.05	93.72485
1917	53.5943	103.268	4.23	85.00904
1918	42.64392	103.208	4.57	75.56662
1919	36.18272	104.514	4.5	70.5138
1920	40.2718	106.541	4.97	66.07415
1921	32.80519	108.538	5.09	65.61431
1922	34.43761	110.049	4.3	74.7962
1923	41.57111	111.947	4.36	76.35008
1924	40.36964	114.109	4.06	74.28698

1925	39.71851	115.829	3.86	78.16282
1926	38.8067	117.397	3.68	72.4906
1927	39.90827	119.035	3.34	71.3803
1928	40.80372	120.509	3.33	73.28213
1929	41.93969	121.878	3.6	72.61433
1930	40.62222	123.188	3.29	69.49191
1931	39.67347	124.149	3.34	68.6452
1932	34.39721	124.949	3.68	68.33719
1933	43.07844	125.69	3.31	72.86595
1934	47.50404	126.485	3.12	73.27941
1935	45.83077	127.362	2.79	78.07
1936	46.79909	128.181	2.65	79.4149
1937	52.19453	128.961	2.68	79.71762
1938	52.09138	129.969	2.56	78.46465
1939	52.83555	131.028	2.36	78.54968
1940	54.83644	132.122	2.21	81.73081
1941	56.18901	133.402	1.95	73.81588
1942	53.0935	134.86	2.46	68.50283
1943	50.87879	136.739	2.47	70.92297
1944	50.71152	138.397	2.48	80.309
1945	50.41571	139.928	2.37	87.75005
1946	54.05276	141.389	2.19	106.5059
1947	54.66305	144.126	2.25	109.3297
1948	54.02491	146.631	2.44	101.2226
1949	55.07055	149.188	2.31	100.0466
1950	59.91719	151.684	2.32	105.8948
1951	59.2787	154.287	2.57	103.8987
1952	58.94344	156.954	2.68	103.9743
1953	60.83922	159.565	2.83	114.2245
1954	62.25448	162.391	2.48	116.1419
1955	65.95528	165.275	2.61	115.7086
1956	68.79149	168.221	2.9	113.3819
1957	69.24632	171.274	3.46	113.183
1958	68.92571	174.141	3.09	111.9606
1959	70.95297	177.13	4.02	110.1771
1960	71.63614	180.76	4.72	109.5306
1961	71.5682	183.742	3.84	109.8636
1962	72.593	186.59	4.08	108.7678
1963	73.36702	189.3	3.83	109.3016
1964	74.36712	191.927	4.17	109.6137
1965	75.45725	194.347	4.19	109.3287
1966	76.74927	196.599	4.61	106.966

1967	77.15051	198.752	4.58	106.2151
1968	79.39056	200.745	5.53	105.6208
1969	83.32304	202.736	6.04	106.4137
1970	83.0429	205.089	7.79	109.08
1971	89.43619	207.692	6.24	110.1137
1972	95.7431	209.924	5.95	109.6552
1973	100.3046	211.939	6.46	104.3252
1974	97.09327	213.898	6.99	102.2226
1975	94.1225	215.981	7.5	101.9783
1976	96.2339	218.086	7.74	105.446
1977	99.1655	220.289	7.21	113.1093
1978	100.5688	222.629	7.96	120.1125
1979	100	225.106	9.1	120.5976
1980	93.67721	227.726	10.8	115.0619
1981	90.50388	230.008	12.57	111.0588
1982	88.95277	232.218	14.59	107.585
1983	91.5283	234.333	10.46	108.5432
1984	89.0616	236.394	11.67	109.2969
1985	86.30725	238.506	11.38	113.1727
1986	85.06564	240.683	9.19	122.6985
1987	85.80012	242.843	7.08	126.7521
1988	84.31285	245.061	8.67	130.1417
1989	81.66945	247.387	9.09	129.8091
1990	79.63499	250.181	8.21	121.4912
1991	76.74207	253.53	8.09	117.6774
1992	77.05382	256.922	7.03	115.3102
1993	78.88788	260.282	6.6	114.6619
1994	79.89887	263.455	5.75	114.4762
1995	77.74431	266.588	7.78	113.6635
1996	77.89286	269.714	5.65	112.6798
1997	79.39146	272.958	6.58	115.2642
1998	78.79061	276.154	5.54	120.7335
1999	78.98128	279.328	4.72	126.6166
2000	78.722	282.398	6.66	133.7823
2001	76.64016	285.225	5.16	140.5416
2002	76.81354	287.955	5.04	150.3961
2003	76.31544	290.626	4.05	162.1109
2004	80.77303	293.262	4.15	178.4082
2005	82.79485	295.993	4.22	195.8266
2006	82.72701	298.818	4.42	194.2934
2007	83.19661	301.696	4.76	176.6197
2008	83.44616	304.553	3.74	155.2878

2009	84.80835	307.24	2.52	145.3576
2010	84.61393	309.776	3.73	137.2897
2011	86.23909	312.036	3.39	128.1532
2012	85.7097	314.278	1.97	134.1239
2013	86.05997	316.524	1.91	146.3432
2014	85.41248	318.77	2.86	151.8237
2015			1.89	158.9022

数据来源：罗伯特·席勒

附二：日本房地产数据概要

	真实土地价格指数	套户比	住房拥有率	国债利率	M2增速	真实租金指数	真实人均收入指数	真实人均GDP（1990百万日元/人）	CPI	城市化率	总人口（千人）	14~64岁人口占比
1898	#N/A	#N/A	#N/A	#N/A	#N/A	#N/A	#N/A	#N/A	#N/A	11.75%	45,403	#N/A
1903	#N/A	#N/A	#N/A	#N/A	#N/A	#N/A	#N/A	#N/A	#N/A	14.03%	48,543	0.6501724
1908	#N/A	#N/A	#N/A	#N/A	#N/A	#N/A	#N/A	#N/A	#N/A	16.04%	51,742	0.6456915
1913	#N/A	#N/A	#N/A	#N/A	#N/A	#N/A	#N/A	#N/A	#N/A	16.32%	55,131	0.6392909
1918	#N/A	#N/A	#N/A	#N/A	#N/A	#N/A	#N/A	#N/A	#N/A	18.67%	58,087	0.6332371
1920	#N/A	#N/A	#N/A	#N/A	#N/A	#N/A	#N/A	#N/A	#N/A	18.04%	55,963	0.601734
1925	#N/A	#N/A	#N/A	#N/A	#N/A	#N/A	#N/A	#N/A	#N/A	21.59%	59,737	0.6040407
1930	#N/A	#N/A	#N/A	#N/A	#N/A	#N/A	#N/A	#N/A	#N/A	23.96%	64,450	0.6075772
1935	#N/A	#N/A	#N/A	#N/A	#N/A	#N/A	#N/A	#N/A	#N/A	32.73%	69,254	0.6057287
1940	#N/A	#N/A	#N/A	#N/A	#N/A	#N/A	#N/A	#N/A	#N/A	37.72%	73,114	0.6101769
1946	#N/A	#N/A	#N/A	#N/A	#N/A	#N/A	#N/A	#N/A	#N/A	#N/A	75,750	#N/A
1947	#N/A	#N/A	#N/A	#N/A	#N/A	#N/A	#N/A	#N/A	#N/A	33.11%	e)78,101	0.6212784
1948	#N/A	0.928124933	67.03%	#N/A	#N/A	#N/A	#N/A	#N/A	#N/A	#N/A	80,002	#N/A
1949	#N/A	#N/A	#N/A	#N/A	#N/A	#N/A	#N/A	#N/A	#N/A	#N/A	81,773	#N/A
1950	#N/A	#N/A	#N/A	#N/A	#N/A	#N/A	#N/A	#N/A	#N/A	37.29%	f)84,115	0.6119581
1951	#N/A	#N/A	#N/A	#N/A	#N/A	#N/A	#N/A	#N/A	#N/A	#N/A	84,541	#N/A
1952	#N/A	#N/A	#N/A	#N/A	#N/A	#N/A	#N/A	#N/A	#N/A	#N/A	g)85,808	#N/A
1953	#N/A	0.905475797	57.53%	#N/A	#N/A	#N/A	#N/A	#N/A	#N/A	#N/A	86,981	#N/A
1954	#N/A	#N/A	#N/A	#N/A	#N/A	#N/A	#N/A	#N/A	#N/A	#N/A	h)88,239	#N/A

	真实土地价格指数	套户比	住房拥有率	国债利率	M2增速	真实租金指数	真实人均收入指数	真实人均GDP（1990百万日元/人）	CPI	城市化率	总人口（千人）	14～64岁人口占比
1955	100	#N/A	#N/A	5.52	#N/A	0.415819	#N/A	0.580292416	17.30	56.10%	f)90,077	0.6294126
1956	111.1094867	#N/A	#N/A	5.34	22.12%	0.477966	#N/A	0.615630129	17.78	#N/A	90,172	#N/A
1957	139.6858218	#N/A	#N/A	5.71	15.06%	0.50929	#N/A	0.655251408	18.10	#N/A	90,928	#N/A
1958	169.8859403	0.961763286	71.24%	6.08	19.05%	0.56044	#N/A	0.690783179	18.14	#N/A	91,767	#N/A
1959	205.6591062	#N/A	#N/A	6.08	20.29%	0.61413	#N/A	0.74135426	18.52	#N/A	92,641	#N/A
1960	252.4992209	#N/A	#N/A	6.08	21.02%	0.675393	#N/A	0.810317915	19.18	63.28%	f)94,302	0.6573491
1961	330.2786963	#N/A	#N/A	6.08	19.42%	0.711443	#N/A	0.891472844	20.91	#N/A	94,287	#N/A
1962	399.8672797	#N/A	#N/A	6.08	21.27%	0.714953	#N/A	0.942410775	21.93	#N/A	95,181	#N/A
1963	444.6445776	0.96650016	64.27%	5.71	24.06%	0.727273	#N/A	1.004813012	23.10	#N/A	96,156	#N/A
1964	483.5130833	#N/A	#N/A	5.71	15.33%	0.795833	#N/A	1.086013871	24.18	#N/A	97,182	#N/A
1965	515.5237306	#N/A	#N/A	5.71	18.04%	0.839216	#N/A	1.118312855	25.75	67.89%	f)99,209	0.7008035
1966	520.2129792	#N/A	#N/A	5.71	16.24%	0.88806	#N/A	1.228952098	26.88	#N/A	99,036	#N/A
1967	534.2296158	#N/A	#N/A	5.71	12.27%	0.92446	#N/A	1.341837998	28.39	#N/A	100,196	#N/A
1968	583.7619094	1.010714892	60.31%	5.71	15.63%	0.914966	#N/A	1.466491992	29.50	#N/A	i)101,331	#N/A
1969	641.7057797	#N/A	#N/A	5.93	18.74%	0.935484	100	1.620027112	31.40	#N/A	102,536	#N/A
1970	715.0480357	#N/A	#N/A	5.80	17.13%	0.948949	104.8392281	1.747903311	33.70	72.07%	f)104,665	0.7046074
1971	790.0694689	#N/A	#N/A	5.17	24.91%	0.966006	110.4999582	1.805842601	35.30	#N/A	106,100	#N/A
1972	847.2594841	#N/A	#N/A	4.15	26.75%	1.00271	120.5540736	1.933772945	37.30	#N/A	107,595	#N/A
1973	897.5619137	1.047485911	59.19%	5.80	16.14%	0.973301	133.1918424	2.06335973	44.10	#N/A	109,104	#N/A
1974	911.3909978	#N/A	#N/A	6.83	11.82%	0.844055	129.9757598	2.003513516	53.40	#N/A	110,573	#N/A
1975	806.500723	#N/A	#N/A	5.68	14.52%	0.827526	135.4512463	2.035213507	57.70	75.90%	a)111,940	0.691275

	真实土地价格指数	套户比	住房拥有率	国债利率	M2增速	真实租金指数	真实人均收入指数	真实人均GDP（1990百万日元/人）	CPI	城市化率	总人口（千人）	14～64岁人口占比
1976	735.5819193	#N/A	#N/A	5.68	13.85%	0.832803	137.2062517	2.095028914	63.80	#N/A	113,094	#N/A
1977	716.849279	#N/A	#N/A	4.15	10.72%	0.842183	139.7941121	2.149870801	66.90	#N/A	114,165	#N/A
1978	708.2205455	1.079659143	60.36%	3.39	12.23%	0.874822	143.3082535	2.220720549	69.50	#N/A	115,190	#N/A
1979	700.8507398	#N/A	#N/A	5.68	11.04%	0.883402	144.3079347	2.352128621	73.50	#N/A	116,155	#N/A
1980	708.8567443	#N/A	#N/A	5.93	7.79%	0.852605	144.526578	2.441926363	78.80	76.19%	a)117,060	0.6857984
1981	740.0285281	#N/A	#N/A	5.42	10.45%	0.847458	149.8328735	2.51749419	82.10	#N/A	117,902	#N/A
1982	775.927414	#N/A	#N/A	5.42	7.83%	0.854782	153.4041455	2.572163264	83.80	#N/A	118,728	#N/A
1983	799.3425847	1.096883808	62.38%	4.91	7.52%	0.865741	155.4913305	2.618033898	85.20	#N/A	119,536	#N/A
1984	803.613517	#N/A	#N/A	4.91	7.75%	0.8641	161.7516099	2.709608079	87.50	#N/A	120,305	#N/A
1985	814.0918514	#N/A	#N/A	2.89	9.30%	0.869034	166.011962	2.828604945	88.80	76.74%	a)121,049	0.6979646
1986	840.0625653	#N/A	#N/A	2.89	8.25%	0.886062	165.8041111	2.881720368	88.50	#N/A	121,660	#N/A
1987	878.6422793	#N/A	#N/A	2.38	11.61%	0.915743	171.2596289	2.99601682	89.20	#N/A	122,239	#N/A
1988	956.6767931	1.110943616	61.34%	2.38	10.55%	0.932745	178.8574147	3.165706953	90.10	#N/A	122,745	#N/A
1989	1002.747629	#N/A	#N/A	3.65	10.74%	0.935345	190.8145931	3.317323161	92.50	#N/A	123,205	#N/A
1990	1103.131407	#N/A	#N/A	5.55	8.64%	0.929916	200.1108898	3.477525463	95.90	77.37%	a)123,611	0.7098381
1991	1185.505254	#N/A	#N/A	4.91	2.13%	0.924089	204.3280948	3.604152263	98.50	#N/A	124,101	#N/A
1992	1151.788021	#N/A	#N/A	3.14	-0.30%	0.935259	204.4574075	3.631049154	99.60	#N/A	124,567	#N/A
1993	1076.44023	1.114677227	59.78%	1.63	1.48%	0.94685	203.2959605	3.620303671	100.70	#N/A	124,938	#N/A
1994	1020.92886	#N/A	#N/A	1.63	2.98%	0.959804	204.9664518	3.643082266	101.30	#N/A	125,265	#N/A
1995	987.3910806	#N/A	#N/A	0.37	3.20%	0.977407	206.8492079	3.703404476	100.90	78.05%	a)125,570	0.706333

	真实土地价格指数	套户比	住房拥有率	国债利率	M2增速	真实租金指数	真实人均收入指数	真实人均GDP（1990百万日元/人）	CPI	城市化率	总人口（千人）	14～64岁人口占比
1996	937.9642463	#N/A	#N/A	0.37	2.92%	0.98723	207.4555501	3.872383381	101.50	#N/A	125,859	#N/A
1997	883.2884972	#N/A	#N/A	0.37	3.81%	0.979691	208.285416	3.916009417	103.40	#N/A	126,157	#N/A
1998	847.0456325	1.132687106	60.26%	0.18	4.43%	0.977906	207.5967769	3.805682681	104.00	#N/A	126,472	#N/A
1999	814.6391706	#N/A	#N/A	0.41	2.72%	0.980714	206.4211406	3.7922243	102.90	#N/A	126,667	#N/A
2000	770.7994819	#N/A	#N/A	0.75	2.08%	0.987354	203.4511368	3.871529221	102.50	78.68%	a) 126,926	0.6901469
2001	731.5168897	#N/A	#N/A	0.03	3.42%	0.995088	198.5539876	3.875108461	101.20	#N/A	127,316	#N/A
2002	684.3614627	#N/A	#N/A	0.01	2.29%	1.002979	201.3082589	3.881550905	100.90	#N/A	127,486	#N/A
2003	638.3446853	1.140429584	61.17%	0.00	1.12%	1.003984	202.5608676	3.941107151	100.50	#N/A	127,694	#N/A
2004	583.7256056	#N/A	#N/A	0.00	2.04%	1	205.7809472	4.032756651	100.70	#N/A	127,787	#N/A
2005	544.3050878	#N/A	#N/A	0.00	1.89%	1	202.6103634	4.085789983	100.30	86.30%	a) 127,768	0.6676191
2006	506.5554746	#N/A	#N/A	0.42	0.72%	0.995015	210.2531141	4.150927508	100.60	#N/A	127,901	#N/A
2007	492.136066	#N/A	#N/A	0.55	2.13%	0.992032	207.5353336	4.237874223	101.30	#N/A	128,033	#N/A
2008	486.3161136	1.152342265	61.12%	0.36	1.89%	0.97451	211.1365908	4.193824934	101.70	#N/A	128,084	#N/A
2009	475.6218203	#N/A	#N/A	0.12	3.13%	0.98408	213.0956654	3.964774196	100.00	#N/A	128,032	#N/A
2010	455.3211598	#N/A	#N/A	0.13	2.37%	0.985958	211.4239912	4.150308178	99.60	90.71%	a) 128,057	0.6420154
2011	437.9560135	#N/A	#N/A	0.10	3.15%	0.987578	216.0483989	4.137893366	99.40	#N/A	127,799	#N/A
2012	423.2799169	#N/A	#N/A	0.09	2.56%	0.991634	217.9213335	4.221757203	99.30	#N/A	127,515	#N/A
2013	405.6055351	1.155872877	61.74%	0.06	4.23%	0.982047	220.1027118	4.296617132	100.90	#N/A	127,298	#N/A
2014	389.2985089	#N/A	#N/A	-0.01	3.33%	0.959361	220.0981759	#N/A	103.30	#N/A	127,083	#N/A
2015	383.1737982	#N/A	#N/A	-0.02	3.10%	#N/A	#N/A	#N/A	104.13	91.38%	#N/A	#N/A

数据来源：

CPI，https://research.stlouisfed.org/fred2/series/JPNCPIALLMINMEI/downloaddata

地价，http://www.stat.go.jp/english/data/chouki/

住房拥有率，http://www.stat.go.jp/english/data/chouki/

国债利率，https://research.stlouisfed.org/fred2/series/INTGSTJPM193N

M2，https://research.stlouisfed.org/fred2/series/MYAGM2JPM189S/downloaddata

真实租金指数，http://www.oecd.org/eco/outlook/focusonhouseprices.htm

真实收入指数，http://www.oecd.org/eco/outlook/focusonhouseprices.htm

真实人均GDP，http://www.stat.go.jp/english/data/nenkan/index.htm

附三：德国房地产数据概要

	Real house prices 1970=100	real rent 1970=100	population 1000	Households owning real property	城市化率	15-64岁的人口（占总人口的百分比）	Long-Term Government Bond Yields: 10-year	套户比	Tenants rent yeild	price to income (person)
1950	#N/A	#N/A	69346	#N/A	#N/A	#N/A	#N/A	#N/A	#N/A	#N/A
1951	#N/A	#N/A	69785	#N/A	#N/A	#N/A	#N/A	#N/A	#N/A	#N/A
1952	#N/A	#N/A	70164	#N/A	#N/A	#N/A	#N/A	#N/A	#N/A	#N/A
1953	#N/A	#N/A	70566	#N/A	#N/A	#N/A	#N/A	#N/A	#N/A	#N/A
1954	#N/A	#N/A	70945	#N/A	#N/A	#N/A	#N/A	#N/A	#N/A	#N/A
1955	#N/A	#N/A	71350	#N/A	#N/A	#N/A	#N/A	#N/A	#N/A	#N/A
1956	#N/A	#N/A	70943	#N/A	#N/A	#N/A	7. 30	#N/A	#N/A	#N/A
1957	#N/A	#N/A	71475	#N/A	#N/A	#N/A	7. 70	#N/A	#N/A	#N/A
1958	#N/A	#N/A	72031	#N/A	#N/A	#N/A	5. 90	#N/A	#N/A	#N/A
1959	#N/A	#N/A	72543	#N/A	#N/A	#N/A	6. 20	#N/A	#N/A	#N/A
1960	#N/A	#N/A	73147	#N/A	71. 38	67. 05092186	6. 20	#N/A	#N/A	#N/A
1961	#N/A	#N/A	73668	#N/A	71. 7	66. 63990373	6. 00	#N/A	#N/A	#N/A
1962	#N/A	#N/A	74383	#N/A	71. 76	66. 13331219	6. 10	#N/A	#N/A	#N/A
1963	#N/A	#N/A	75046	#N/A	71. 83	65. 58211425	6. 00	#N/A	#N/A	#N/A
1964	#N/A	#N/A	75591	#N/A	71. 89	65. 06351759	6. 40	#N/A	#N/A	#N/A
1965	#N/A	#N/A	76336	#N/A	71. 96	64. 61650977	7. 70	#N/A	#N/A	#N/A
1966	#N/A	#N/A	76864	#N/A	72. 02	64. 11375525	7. 70	#N/A	#N/A	#N/A
1967	#N/A	#N/A	77038	#N/A	72. 08	63. 71135954	6. 80	#N/A	#N/A	#N/A

	Real house prices 1970=100	real rent 1970=100	population 1000	Households owning real property	城市化率	15-64岁的人口（占总人口的百分比）	Long-Term Government Bond Yields: 10-year	套户比	Tenants rent yeild	price to income (person)
1968	#N/A	#N/A	77550	#N/A	72. 15	63. 39984281	6. 30	#N/A	#N/A	#N/A
1969	#N/A	#N/A	78269	#N/A	72. 21	63. 16856379	7. 60	#N/A	#N/A	#N/A
1970	103. 505566	99. 568	78069	#N/A	72. 27	63. 02317805	8. 20	#N/A	3. 38%	#N/A
1971	107. 3223832	101. 349	78556	#N/A	72. 33	62. 86664113	7. 90	#N/A	3. 32%	#N/A
1972	107. 6050538	101. 242	78821	#N/A	72. 39	62. 86539215	8. 60	#N/A	3. 31%	#N/A
1973	107. 4971305	99. 0248	79053	#N/A	72. 45	62. 98657877	9. 60	#N/A	3. 24%	#N/A
1974	105. 3900346	96. 3335	78882	#N/A	72. 5	63. 18051489	9. 90	#N/A	3. 21%	#N/A
1975	102. 2266212	98. 5783	78465	#N/A	72. 56	63. 42130069	8. 50	#N/A	3. 39%	#N/A
1976	101. 9636895	99. 1172	78209	#N/A	72. 62	63. 78336129	7. 40	#N/A	3. 42%	#N/A
1977	105. 9996343	100. 009	78111	#N/A	72. 67	64. 08982103	6. 10	#N/A	3. 32%	#N/A
1978	111. 9933926	100. 397	78073	#N/A	72. 73	64. 43740376	6. 70	#N/A	3. 15%	#N/A
1979	113. 5479006	97. 8225	78180	#N/A	72. 79	64. 96088367	7. 90	#N/A	3. 03%	#N/A
1980	115. 0460762	96. 2737	78397	#N/A	72. 84	65. 70622798	8. 80	0. 983677	2. 94%	9. 676041
1981	113. 1560624	94. 7065	78418	#N/A	72. 99	66. 34962709	9. 70	#N/A	2. 94%	9. 600416
1982	108. 5212071	95. 2015	78248	#N/A	73. 11	67. 230949	7. 90	#N/A	3. 08%	9. 528771
1983	105. 2217679	97. 2384	78008	#N/A	73. 1	68. 1960975	8. 40	#N/A	3. 25%	9. 536731
1984	101. 1370532	99. 3546	77709	#N/A	72. 94	69. 01168356	7. 20	#N/A	3. 45%	9. 484988
1985	99. 70702719	100. 555	77661	#N/A	72. 71	69. 54668395	6. 60	#N/A	3. 55%	9. 106862
1986	100. 8664846	103. 509	77780	#N/A	72. 62	69. 7782223	6. 20	#N/A	3. 61%	9. 035217
1987	99. 96994634	104. 329	77900	#N/A	72. 21	69. 78299616	6. 50	#N/A	3. 67%	8. 975513

	Real house prices 1970=100	real rent 1970=100	population 1000	Households owning real property	城市化率	15-64岁的人口（占总人口的百分比）	Long-Term Government Bond Yields: 10-year	套户比	Tenants rent yeild	price to income (person)
1988	99.9167965	105.048	78390	#N/A	73	69.61394828	6.50	#N/A	3.70%	8.911829
1989	101.4798142	104.321	79113	#N/A	72.98	69.39314873	7.50	#N/A	3.61%	8.868046
1990	105.2516263	104.673	79753	#N/A	73.12	69.20064464	8.90	0.93441	3.50%	8.883967
1991	105.0524649	111.761	80275	#N/A	73.27	68.96561572	8.20	#N/A	3.74%	8.975513
1992	107.7842966	115.022	80975	#N/A	73.36	68.77035099	7.30	#N/A	3.75%	8.919789
1993	109.1053273	122.038	81338	39%	73.38	68.62380099	5.90	#N/A	3.93%	8.876006
1994	110.8491234	126.132	81539	#N/A	73.34	68.52869168	7.50	#N/A	4.00%	8.804361
1995	109.4467194	129.556	81817	#N/A	73.29	68.48959417	6.10	#N/A	4.16%	8.740677
1996	106.8509118	131.951	82012	#N/A	73.23	68.46305908	5.80	#N/A	4.34%	8.688933
1997	103.7153883	132.814	82057	#N/A	73.17	68.46207735	5.30	#N/A	4.50%	8.673012
1998	102.8924406	133.605	82037	40.30%	73.1	68.47355933	3.90	#N/A	4.57%	8.649131
1999	103.1542743	134.95	82163	#N/A	73.06	68.46661957	5.15	#N/A	4.60%	8.597387
2000	102.0932418	134.598	82260	#N/A	73.07	68.4143222	4.89	0.987042	4.64%	8.557584
2001	100.1150427	133.87	82440	#N/A	73.11	68.10346381	4.74	#N/A	4.70%	8.4939
2002	98.12083102	134.286	82537	#N/A	73.17	67.78765229	4.33	0.924587	4.81%	8.442157
2003	95.16873831	133.27	82532	48.80%	73.23	67.467411	4.29	#N/A	4.92%	8.422255
2004	92.71692248	132.684	82501	#N/A	73.29	67.15463946	3.58	0.986325	5.03%	8.378472
2005	90.80199341	132.054	82438	#N/A	73.36	66.8694365	3.34	#N/A	5.11%	8.358571
2006	90.54299429	132.411	82315	#N/A	73.49	66.61876845	3.77	0.996253	5.14%	8.20732
2007	89.19276417	131.11	82218	#N/A	73.7	66.37014396	4.21	#N/A	5.17%	8.223242

	Real house prices 1970=100	real rent 1970=100	population 1000	Households owning real property	城市化率	15-64岁的人口（占总人口的百分比）	Long-Term Government Bond Yields: 10-year	套户比	Tenants rent yeild	price to income (person)
2008	89.05068058	131.61	82002	48%	73.9	66.14771301	3.05	#N/A	5.20%	8.131695
2009	90.52376162	132.997	81802	#N/A	74.09	65.98112871	3.14	0.977108	5.17%	8.095873
2010	91.19924087	131.607	81752	#N/A	74.29	65.87365422	2.91	1.004424	5.07%	8.159842
2011	95.88737606	130.706	80328	#N/A	74.49	65.86410649	1.93	1.028381	4.79%	8.524414
2012	98.94506043	130.206	80524	#N/A	74.69	65.90566818	1.30	1.027673	4.63%	8.637034
2013	104.6667806	130.663	80767	47.50%	74.89	65.95433642	1.80	1.026597	4.39%	8.581283
2014	108.758197	131.721	81198	#N/A	75.09	65.95247899	0.59	1.024817	4.26%	9.317854

数据来源：

Real house prices，1970=100，OECD

real rent，1970=100，OECD

population，德国国家统计局https://www.destatis.de/EN/FactsFigures/SocietyState/Population/CurrentPopulation/Tables_/lrbev03.html#Footnote3

Households owning real property，德国国家统计局https://www.destatis.de/EN/FactsFigures/SocietyState/IncomeConsumptionLivingConditions/AssetsDebts/Tables/HouseholdOwningRealProberty_

城市化率，世界银行，http://data.worldbank.org.cn/country/germany

15～64岁的人口（占总人口的百分比），世界银行，http://data.worldbank.org.cn/country/germany

Long-Term Government Bond Yields: 10-year，美联储

附四：中国主要城市房地产数据

指标	2014套户比	2015常驻人口	2015人均GDP	2015人均金融机构存款余额	2015样本住宅价格	2015人口密度（行政区域口径）	2000年住房拥有率	2010年住房拥有率
单位	套/户	万人	万元/人	万元/人	元/平米	人/平方公里	%	%
北京	小于1	2170.50	106284.00	59.24	34981.00	1322.51	0.64	0.65
上海	小于1	2415.27	103100.00	42.96	36935.00	3810.18	0.64	0.59
天津	小于1	1546.95	106908.37	18.20	10999.00	1297.89	0.64	0.75
徐州	小于1	866.90	61511.00	5.48	5696.00	736.85	0.94	0.97
温州	小于1	911.70	50809.00	10.01	13184.00	755.66	0.91	0.68
深圳	小于1	1137.89	157985.00	50.78	42591.00	5698.00	0.51	0.27
泉州	小于1	851.00	72422.00	7.46	7477.00	772.58	0.94	0.80
东莞	小于1	825.41	7.60	12.08	9667.00	3355.33	0.72	0.35
乌鲁木齐	小于1	355.00	74000.00	19.67	7182.00	257.47	0.70	0.71
合肥	小于1	779.00	73102.00	14.37	7992.00	680.65	0.88	0.81
宁波	小于1	782.50	102475.00	20.67	12223.00	797.17	0.87	0.64
太原	小于1	431.87	63337.12	25.08	7110.00	618.02	0.80	0.78
济南	1～1.1	713.20	85919.00	19.00	8509.00	891.72	0.90	0.91
武汉	1～1.1	1060.77	104132.00	18.28	8979.00	1237.92	0.78	0.79
南昌	1～1.1	530.29	7.54	16.09	8860.00	716.41	0.82	0.88
厦门	1～1.1	386.00	90378.00	23.00	22206.00	2453.91	0.71	0.43
海口	1～1.1	222.30	52501.00	18.31	9527.00	973.29	0.70	0.74
南京	1～1.1	823.59	118171.00	32.14	14759.00	1250.33	0.79	0.83
佛山	1～1.1	743.06	10.77	15.97	8727.00	1956.45	0.81	0.59
广州	1～1.1	1350.11	134066.19	31.73	17058.00	1816.13	0.76	0.61
昆明	大于1.1	667.70	5.95	17.75	7632.00	317.77	0.78	0.76
珠海	大于1.1	163.41	12.39	32.95	13698.00	947.85	0.76	0.60
南充	大于1.1	636.40	2.38	4.02	4552.00	510.06	0.95	0.96
常州	大于1.1	470.10	112221.00	15.82	7088.00	1075.25	0.90	0.75
杭州	大于1.1	901.80	112268.00	33.12	16186.00	543.38	0.83	0.65
南宁	大于1.1	698.61	49066.00	11.82	7196.00	314.07	0.84	0.84
青岛	大于1.1	909.70	102519.00	14.46	8723.00	806.33	0.92	0.88
扬州	大于1.1	448.36	89646.00	10.53	8646.00	680.26	0.93	0.94
贵阳	大于1.1	462.18	63003.00	18.98	4499.00	574.64	0.78	0.74
唐山	大于1.1	780.10	78354.00	9.56	5912.00	579.05	0.95	0.96

指标	2014套户比	2015常驻人口	2015人均GDP	2015人均金融机构存款余额	2015样本住宅价格	2015人口密度（行政区域口径）	2000年住房拥有率	2010年住房拥有率
无锡	大于1.1	651.10	130900.00	20.24	8202.00	1407.18	0.87	0.73
苏州	大于1.1	1061.60	136300.00	22.29	12574.00	1226.29	0.87	0.68
郑州	大于1.1	956.90	77217.00	17.70	9483.00	1285.12	0.90	0.80
长春	大于1.1	754.50	73293.97	13.20	6811.00	366.37	0.85	0.91
西安	大于1.1	870.56	66739.00	20.44	6403.00	862.20	0.84	0.79
成都	大于1.1	1465.80	74273.00	20.11	7775.00	1209.31	0.88	0.81
重庆	大于1.1	3016.55	52330.00	9.54	6986.00	366.07	0.81	0.86
福州	大于1.1	750.00	75300.00	15.03	12385.00	574.01	0.89	0.80
烟台	大于1.1	701.41	9.19	10.02	6271.00	506.36	0.94	0.94
中山	大于1.1	320.96	9.38	13.64	6011.00	1799.10	0.85	0.50
秦皇岛	大于1.1	307.32	4.07	7.78	6439.00	393.90	0.93	0.94
大连	大于1.1	698.40	110673.00	19.85	10079.00	555.43	0.80	0.84
长沙	大于1.1	743.18	115443.00	18.93	6324.00	628.96	0.90	0.88
惠州	大于1.1	475.55	66231.00	7.60	6863.00	419.13	0.87	0.68
吉林	大于1.1	426.24	5.76	5.85	5337.00	153.82	0.83	0.93
镇江	大于1.1	317.65	11.03	12.77	6511.00	827.21	0.91	0.87
沈阳	大于1.1	828.70	99670.05	16.94	7202.00	644.40	0.77	0.89
鞍山	大于1.1	346.00	6.79	8.99	5167.00	373.85	0.74	0.91
三亚	大于1.1	74.89	58361.00	16.15	19100.00	390.26	0.79	0.76

参考文献

书 籍

1.[美]彼得·考夫曼.穷查理宝典[M].上海：世纪出版集团 上海人民出版社，2012.

2.[美]西蒙·库兹涅茨.各国的经济增长——总产值和生产结构[M].北京：商务印书馆，2015.

3.肖耿.中国经济的现代化——制度变革与结构转型[M].南京：凤凰出版传媒股份有限公司 译林出版社，2012.

4.陈洪波，蔡喜洋.全球房地产启示录之稳定的德国[M].经济管理出版社，2015.

5.吴东航，章林伟.日本住宅建设与产业化[M].北京：中国建筑工业出版社，2009.

6.[英]安格斯·麦迪森.世界经济千年史[M].北京：北京大学出版社，2003.

7.[美]格里高利·克拉克.应该读点经济史[M].北京：中信出版社，2009.

8.[法]皮埃尔·莱昂.世界经济与社会史[M].上海：上海译文出版社，1985.

9.[美]布赖恩·贝利.比较城市化[M].北京：商务印书馆，2010.

10.[美]简·德·弗里斯.欧洲的城市化（1500-1800）[M].北京：商务印书馆，2015.

11.[美]霍默·霍伊特.房地产周期百年史——1830～1933年芝加哥城市发展与土地价值[M].北京：经济科学出版社，2014.

12.[美]罗伯特·席勒.市场波动[M].北京：中国人民大学出版社，2007.

13.[美]罗伯特·席勒.非理性繁荣[M].北京：中国人民大学出版社，2004.

14.[美]查尔斯·P·金德尔伯格.疯狂、惊恐和崩溃金融危机史[M].北京：中国金融出版社，2007.

15.日本中央大学经济研究所.战后日本经济：高速增长及其评价[M].北京：中国社会科学出版社，1985.

16.[日]野口悠纪雄.泡沫经济学[M].上海:生活·读书·新知三联书店，2005.

17.[日]吉川元忠.金融战败：发自经济大国受挫后的诤言[M].北京：中国青年出版社，2000.

18.[联邦德国]卡尔·哈达赫.二十世纪德国经济史[M].北京：商务印书馆，1984.

19.[美]蒂莫西·F·盖特纳.压力测试[M].北京：中信出版社，2015.

20.孙健.中华人民共和国经济史[M].北京：中国人民大学出版社，1992.

21.厦门市城乡建设委员会、厦门市科学技术发展委员会、厦门市房地产管理局.厦门经济特区房地产业的发展[M].厦门：中外合资厦门彩印有限公司，1987.

22.中国国家统计局.统计年鉴[R].北京：中国国家统计局，历年.

23.[美]迈克·戴维斯.布满贫民窟的星球[M].北京：新星出版社，2009.

24.[加拿大]道格·桑德斯.落脚城市——最后的人类大迁移与我们的未来[M].上海：上海文艺出版社，2012.

25.[瑞士]古斯塔夫·卡塞尔.1914年以后的货币与外汇[M].北京：商务印书馆，2016.

26.[美]本·S·伯南克.大萧条[M].大连：东北财经大学出版社，2015.

27.干杏娣.经济增长与汇率变动：百年美元汇率史[M].上海：上海市

社会科学院出版社，1991.

28. 许少强，朱真丽. 1949～2000年的人民币汇率史[M]. 上海：上海财经大学出版社，2002.

29. 吴晓波. 激荡三十年[M]. 北京：中信出版社，2008.

30. [美]保罗·克鲁格曼. 汇率的不稳定性[M]. 北京：北京大学出版社，2000.

文　章

31. 袁明宠. 农民出租房价格高，住户不堪负担[N]. 杭州日报，1994年9月27日.

32. 曹洁军. 我市调整公有住房租金[N]. 杭州日报，1996年11月30日.

33. 西南财经大学，中国家庭金融调查与研究中心. 城镇住房空置率与住房市场发展趋势[EB/OL]. http://chfs.swufe.edu.cn/xiangqing.aspx?id=899.

34. 万科集团. 2015年年报[EB/OL]. http://www.cninfo.com.cn/cninfo-new/index.

35. 李迅雷. 中国还有多少农村劳动力可向城市转移[J]. 新财富，2012，(10)：38-41.

36. 国家卫生和计划生育委员会流动人口. 中国流动人口发展报告（2015）[M]. 北京：中国人口出版社，2015.

37. 甘犁. 住房需求被高估，被进城与主动进城差很多[EB/OL]. http://finance.sina.com.cn/china/20140909/074920240743.shtml.

38. 陈嘉禾. 世界的规律你也许看不到：浮游生物理论、房租、房地产、新经济与银行业[EB/OL]. http://www.microbell.com/talklist.asp?id=1235940&pageName=%CD%B6%D7%CA%B2%DF%C2%D4.

39. 陈嘉禾，谷永涛. 一线城市的楼市一定能保持坚挺吗？[EB/OL]. http://sc.stock.cnfol.com/hongguanyanjiu/20140612/18114752.shtml.

40. 李想，林发彬. 日本战后城市化与房地产业发展的关系[J]. 亚太经济，2013，(3)：60-64.

41. 肖辉英. 德国的城市化、人口流动与经济发展[J]. 世界历史，1997，(5)：63-72.

42. 易娱竹. 租房：大多数德国人的选择——德国完善的住房租赁制度[J]. 中华建设，2015，(6)：50-53.

43. 青木. 住房合作社，德国房价的稳定器[N]. 环球时报，2010年5月30日.

44. 曲长生. 购房观念在改变[N]. 中国石油报，1999年6月24日.

45. 易富贤，苏剑. 从单独二孩实践看生育意愿和人口政策2015-2080年中国人口形势展望[J]. 中国发展观察，2014，(12)：0-0.

46. 国家统计局. 农民工监测调查报告[EB/OL]. http://www.stats.gov.cn/tjsj/zxfb/201604/t20160428_1349713.html.

47. 深圳市规划和国土资源委员会. 深圳市住房建设规划（2016-2020）[EB/OL]. http://www.szjs.gov.cn/csml/bgs/xxgk/tzgg_1/bgszfbz/201601/t20160106_3420299.htm?mType=Group.

48. 中华人民共和国审计署. 全国政府性债务审计结果[EB/OL]. http://www.gov.cn/zwgk/2011-06/27/content_1893782.htm.

49. 中华人民共和国财政部. 2015年财政收支情况[EB/OL]. http://gks.mof.gov.cn/zhengfuxinxi/tongjishuju/201601/t20160129_1661457.html.

50. 辽宁省审计厅. 辽宁省政府性债务审计结果[EB/OL]. http://www.lnao.gov.cn/tzgg/201412/t20141209_1500044.html.

外文文献

51. Katharina Knoll, Moritz Schularick, Thomas Steger. No Price Like Home: Global House Prices, 1870-2012[EB/OL]. https://ideas.repec.org/p/zbw/vfsc16/145960.html.

52. M Spence, PC Annez, RM Buckley. Urbanization and growth[EB/OL]. http://xueshu.baidu.com/s?wd=paperuri:(a4202d01bd8eedf9a

fb9db782dfa534e)&filter=sc_long_sign&sc_ks_para=q%3DUrbanization+and+growth+%2F&tn=SE_baiduxueshu_c1gjeupa&ie=utf-8&sc_us=3622966047501844050.

53. N Gregory Mankiw, David N Weil. The Baby Boom, The Baby Bust, and the Housing Market[EB/OL]. https://ideas.repec.org/r/nbr/nberwo/2794.html.

54. Dr Christian, Lieberknecht. German housing markets-facts, figures and structures[EB/OL]. https://www.google.com/search?q=German+housing+markets+%E2%80%93facts%2C+figures+and+structures&oq=German+housing+markets+%E2%80%93facts%2C+figures+and+structures&aqs=chrome..69i57j69i60.940j0j4&sourceid=chrome&ie=UTF-8.

55. Kees Dol, Marietta Haffner. Housing Statistics in the European Union 2010[EB/OL]. http://www.iut.nu/Literature/2010/HousingStatistics_InTheEU_2010.pdf.

56. Kath Scanlon, Ben Kochan. Towards a sustainable private rented sector: the lessons from other countries[EB/OL]. http://eprints.lse.ac.uk/56070/.

57. German Institute for Economic Research (DIW Berlin) Konstantin a kholodilin, andreas mense. German Cities To See Further Rises in Housing Prices and Rents in 2013[EB/OL]. https://www.diw.de/documents/publikationen/73/diw_01.c.412712.de/diw_econ_bull_2012-12-3.pdf.

58. Robert J. Shiller. Understanding Recent Trends in House Prices and Home Ownership[EB/OL]. https://papers.ssrn.com/sol3/papers.cfm?abstract_id=1017546

59. Ben Shalom Bernanke. Monetary Policy and the Housing Bubble[EB/OL]. http://xueshu.baidu.com/s?wd=paperuri:(eb6eb289e2daa050efcda34e90a3616e)&filter=sc_long_sign&sc_ks_para=q%3DMonetary+policy+and+the+housing+bubble&tn=SE_baiduxueshu_c1gjeupa&ie=utf-8&sc_us=17711362230017655998